재난_의 세계사

THE BIG ONES

재난의 세계사

미래의 **자연재해에 맞서기** 위한
과거로부터의 교훈

루시 존스 지음 권예리 옮김 홍태경 감수

눌와

일러두기

◇ 외국의 지명과 인명 등의 표기는 국립국어원의 외래어 표기법을 따랐다.
◇ 책, 신문, 잡지는 《 》로, 방송, 영화, 글, 노래, 논문은 〈 〉로 표시했다.
◇ 별도의 해설이 필요한 용어의 경우 작은 글씨로 옮긴이 주를 달았다.
◇ 본문에 수록된 지도는 GMT(P. Wessel, W. H. F. Smith, R. Scharroo, J. F. Luis, and
F. Wobbe, "Generic Mapping Tools: Improved Version Released," *EOS Trans*. AGU 94
[2013]: 409–10), 지형자료는 NOAA(https://data.noaa.gov/dataset/5-minute-gridded-
global-relief-data-etopo5), 판 경계 관련 자료는 Bird(P. Bird, "An Updated Digital Model
of Plate Boundaries," *Geochem. Geophys. Geosyst.* 4, no. 3 [2003]:1027,
doi:10.1029/ 2001GC000252)를 바탕으로 제작되었다.

✦

이 도서의 국립중앙도서관 출판예정도서목록(CIP)은 서지정보유통지원시스템 홈페이지
(http://seoji.nl.go.kr)와 국가자료종합목록시스템(http://www.nl.go.kr/kolisnet)에서
이용하실 수 있습니다.(CIP제어번호: CIP2020015540)

✦

지역사회를 사랑하고
미래의 자연재해가
대참사로 번지는 일을
막기 위해
날마다 열과 성을
다하는 모든 분들,
보이지 않는 곳에서
묵묵히 일하는
우리의 영웅들을 위해

CONTENTS

✦

언제 닥칠지 모르는
재난에 맞서려면

지진은 세계 곳곳에서 늘 일어나고 있다. 내가 지진학자로 평생 일했고 지금도 살고 있는 남부 캘리포니아 지진관측소 네트워크에는 경보기가 하나 설치되어 있다. 12시간 동안 지진이 하나도 기록되지 않으면 기록계가 고장 났다는 뜻으로 경보음이 울린다. 1990년대에 지진관측소 네트워크가 가동하기 시작한 이래로 남부 캘리포니아에서는 두 지진 사이의 간격이 12시간 이상 벌어진 적이 단 한 번도 없었다.

지진은 규모가 작을수록 더 흔하다.여기서 규모는 지진파를 측정해 추정한 지진의 에너지를 나타내는 릭터 규모의 단위이다.—옮긴이 규모 2의 지진은 너무 약해서 진앙epicenter·지진이 기원한 진원(보통 땅속에 있다)에서 수직선을 그었을 때 지표면과 만나는 곳—옮긴이에 아주 가까이 있는 사람만 느낄 수 있고, 세계 어디선가 1분마다 계속 발생하고 있다. 규모 5의 지진은 선반에서 물건을 떨어뜨리고 일부 건물을 손상시킬 정도로 세다. 세계 어디선가 날마다 규모 5의 지진이 몇 개씩 일어난다. 규모 7의 지진은 도시를 통째로 파괴할 위력이 있는데, 평균 한 달에 한 번 이상 발생한다. 다행히 그중 대부분은 바다 아래서 일어나고, 육지에서 일어나더라도 사람이 살지 않는 곳일 때가 많다.

그런데 이런 지진 중 어느 것도, 아주 약한 지진조차도 지난 300여 년 동안 샌앤드리어스San Andreas단층의 가장 남쪽 부분에서 발생하지 않았다.

이 사실은 어느 날 뒤집힐 것이다. 샌앤드리어스단층 남쪽 부분에는 예전에 아주 큰 지진들이 일어났었다. 판의 이동이 갑자기 멈춘 것이 아니다. 판은 여전히 사람의 손톱이 자라는 속도(1년에 약 5센티미터) 정도로 로스앤젤레스Los Angeles를 샌프란시스코San Francisco 쪽으로 밀고 있다. 두 도시는 같은 주에 속하고 같은 대륙에 위치해 있지만, 각각 다른 판 위에 있다. 로스앤젤레스가 위치한 태평양판은 지구에서 가장 큰 판이고 캘리포니아주에서 일본, 알래스카의 알류샨열도에서 뉴질랜드까지 걸쳐 있다. 샌프란시스코가 위치한 북아메리카판은 동쪽으로 대서양 중앙해령mid-ocean ridge과 아이슬란드까지 뻗어 있다. 둘 사이의 경계가 바로 샌앤드리어스단층이다. 바로 이 단층에서 두 판이 천천히 서로 스치며 지나간다. 인간은 태양의 빛을 끌 수 없듯이, 판의 움직임을 멈출 수도 없다.

샌앤드리어스단층은 지진학 용어로 '약한' 단층이기 때문에 역설적으로 대규모 지진만 일으킨다. 수백만 년 동안 지진을 겪으며 매끄럽게 깎인 나머지, 파열rupture이 생겼을 때 미끄러지는 걸 막을 울퉁불퉁한 표면들이 없어진 것이다.

이 원리를 설명해 보자. 벽에서 벽까지 바닥 전체가 카펫으로 덮인 방바닥에 커다란 러그를 깔았다고 치자. 이미 깐 다음에 생각해 보니 벽난로 쪽으로 30센티미터 더 가까이 옮기고 싶다. 마룻바닥에 러그를 깔았다면 옮기기 쉬울 것이다. 벽난로 가까운 곳의 모서리를 잡고 끌어당기면 된다. 하지만 러그가 카펫 위에 놓였으므로 카펫과 러그 사이의 마찰력 때문에 그렇게 하기는 어렵다. 어떻게 해야 할까? 벽난로에서 먼 쪽 모서리를 들어올려 30센티미터 안쪽으로 옮긴 뒤 바닥에 놓으면 된다. 이제 러그에 불룩 튀어나온 부분이 생겼다. 이 불룩 튀어나온 부분이 반대쪽 모서리에 도달할 때까지 밀면, 러그 전체가 벽난로에 30센티미터 가까워진다.

지진학자는 지진에서 위 비유의 불룩 튀어나온 부분 대신 파열을 본다. 샌앤드리어스단층이라는 '러그'를 가로지르는 움직임이 지진 에너지를 만들어낸다. 일시적, 국소적으로 마찰력friction이 감소해 평소보다 작은 변형력stress을 받아도 단층이 이동하게 된다. 카펫 위의 러그를 단번에 움직일 수 없듯이 지진 역시 표면의 특정 지점, 즉 진앙에서 시작하고 거기서 발생한 지진파가 멀리까지 퍼져나간다.

파열이 이동하는 거리는 지진의 규모를 결정하는 주된 변수다. 1미터가량 이동하고 멈춘다면 규모 1.5로 너무 작아서 잘 느껴지지 않는다. 단층을 따라 1.5킬로미터쯤 이동하고 멈추면 규모 5로 가까운 지역에 약간의 피해를 입힌다. 수백 킬로미터 이동하면 규모 7.5로 광범위한 지역에 피해를 입힌다.

샌앤드리어스단층은 어찌나 매끄럽게 깎여나갔는지 이제는 지진이 시작되면 작은 규모로 그칠 가능성이 없다. 지진파는 단층을 따라 계속 움직이며, 지나가는 모든 지점에서 에너지를 방출해 1분 이상 지속되는 규모 7~8의 지진을 일으킬 것이다. 이런 대규모 지진이 단층을 부수어 울퉁불퉁하고 거친 부분이 새로 생긴 다음에야 작고 다시 피해가 덜한 지진이 일어나게 된다. 그리고 우리는 그 대규모 지진을 맞게 될 것이다. 언젠가 반드시.

샌앤드리어스단층의 남쪽 부분에선 1680년 무렵에 마지막으로 지진이 일어났다. 그 지진은 오늘날의 코첼라밸리Coachella Valley 상당 부분을 덮었던 선사시대의 호수 카위야Cahuilla호의 가장자리를 엇갈리고 무너지게 했다. 지금 해마다 코첼라음악축제가 열리는 평지가 물에 잠겼던 흔적을 보고 유추할 수 있다. 이를 보여주는 지질학적 표지들이 남아 있고, 이를 통해 더 오래된 지진도 확인할 수 있다. 그 덕분에 우리는 기원후 800년과 1700년 사이에 지진이 여섯 번 일어났다는 사실을 안다. 샌앤드리어스단층 남쪽 부분에서 지진이 일어난 지 330년이 지났는데, 이는 과거에 일어난 지진의 평균 주기의 두 배다. 왜 이렇게 주기가 길어졌는지는 모른다. 다만 판들이 지속적으로, 서로 느리게 스치면서 다음번 지진으로 발산될 에너지가 쌓이고 있다는 것만 안다. 마지막 지진 이후로 약 9미터의 상대운동이 단층의 마찰력에 가로막혀, 한 번의 급격한 움직임으로 방출될 날만 기다리고 있다.

내일이 될지 10년 후가 될지 모르지만 언젠가, 아마도 이 책을 읽는 여러분이 살아 있는 동안 샌앤드리어스단층의 어느 지점이 마찰력을 벗어나 움직이기 시작할 것이다. 일단 움직이기 시작하면, 에너지가 이토록 많이 쌓인 약한 단층은 절대로 멈추지 않을 것이다. 파열이 초속 3킬로미터의 속력으로 단층을 따라 달리고, 그 결과 생성된 지진파는 땅속을 통과해 거대 도시가 되어버린 남부 캘리포니아를 뒤흔들 것이다. 어쩌면 운 좋게 약 160킬로미터를 간 뒤 멈춰서 규모 7.5에 그칠 것이다. 그러나 이미 쌓인 에너지를 고려할 때 많은 지진학자들은 최소한 320킬로미터를 가서 규모 7.8의 지진이 날 것으로 내다보고 있다. 심지어 560킬로미터를 가서 규모 8.2의 지진을 일으키리라 예측하기도 한다.

파열이 중부 캘리포니아의 패소로블스Paso Robles와 샌루이스오비스포San Luis Obispo 근처까지 가면, 샌앤드리어스단층 중에서 다르게 움직이는 부분을 만날 것이다. 이 부분에서도 단층의 다른 곳과 마찬가지로 손톱이 자라는 속도 정도로 판의 단차가 쌓이고 있다. 그런데 이 부분은 '크리핑 영역creeping section ·

단층이 천천히 밀리는 영역-옮긴이'으로 알려져 있다. 이곳에서는 단층이 에너지를 저장했다가 한 번의 대규모 지진으로 분출하지 않고, 작은 움직임으로 그때그때 발산해 버린다. 때로 소규모 지진을 일으키기도 하고 어떤 때에는 지진 없이 움직인다. 과학자들은 크리핑 영역이 압력을 줄여주는 역할을 해서, 지진 규모가 8.2를 넘지 않게 막아주리라 기대하고, 또 희망한다.

2007~2008년에 미국지질조사국United States Geological Survey, USGS의 위험 감소 과학자문위원으로서 나는 300명 이상의 전문가들을 이끌고 셰이크아웃ShakeOut[1]이란 이름의 프로젝트를 진행해 미래에 샌앤드리어스단층에서 일어날 대규모 지진의 양상을 예측해 보았다. 우리는 멕시코와의 국경 근처에서 로스앤젤레스 북쪽의 산악지대까지 샌앤드리어스단층의 남쪽 300킬로미터를 따라 발생하는 지진 모형을 만들었다. 가능성이 높지만 최악의 시나리오는 아닌 모형이었다.

우리가 만든 지진 모형에서 로스앤젤레스는 50초 동안 강하게 흔들렸다.(1994년 노스리지Northridge 지진에서는 7초 동안 흔들렸고 400억 달러의 피해를 입었다.) 주변의 100개가량의 도시들도 마찬가지였다. 수천 개의 산사태가 일어나 도로를 막고 집과 사회기반시설을 파묻었다.

건물 15만 채가 무너지고 30만 채가 크게 손상되었다. 어떤 건물이 피해를 입을지 우리는 안다. 다른 장소의 다른 지진에서 무너졌던 유형으로, 이제 더 이상 캘리포니아주에서 건설이 허가되지 않는 건물이다. 하지만 기존에 세워진 모든 건물에 최신 기술을 반영해 보강하도록 강제하진 못했다. 몇몇 고층 건물이 무너질 수도 있다. 1994년 노스리지 지진과 1995년 일본 한신·아와지阪神·淡路 지진으로 철골건물의 철골에 금이 갔다. 이때 철골건물 건축법의 결함이 발견되었다. 같은 공법으로 지은 건물들이 지금도 로스앤젤레스 시내에 서 있다. 앞으로 많은 최신 건물에 출입금지 딱지가 붙고, 대대적인 보수 공사 또는 철거가 필요한 건물로 분류될 것이다. 현재의 내진 규정에 따르면 건축업자는 대규모 지진 이후에도 사용할 수 있는 건물을 지을 의무가 없다. 그저 지진 중에 인명 피해가 없는 건물을 지으면 된다. 가장 최근의 내진 규정에 따라 지은 새 건물의 10퍼센트가 위험군으로 분류될 것이다. 어쩌면 1퍼센트는 부분적으로 무너질 수도 있다. 건물 한 채가 무너지지 않을 확률이 99퍼센트라면 좋은 일이지만, 수백만 채의 건물이 있는 도시에서 1퍼센트의 건물이 무너진다면 얘기가 다르다. 지진으로 한 개인이 죽을 확률은 높지 않지만, 아주 오랫동안 직장에 출근하기 힘들어질 것이다.

우리가 예측한 결과 중에서 크게 걱정되는 것은 지진이 일으킬 화재의 영향이었다. 지진은 가스관을 손상시키고, 전기제품을 파괴해 인화성 천 위로 내던지고, 위험한 화학물질을 엎지르는 등 무수히 많은 방식으로 불을 낸다. 1906년 샌프란시스코 지진과 1923년 간토 지진은 20세기에 도시에서 발생한 대표적인 지진이었다. 둘 다 불이 나서 폭풍처럼 번졌고 도시의 많은 곳이 불탔다. 어떤 사람들은 현대 기술로 지진이 유발하는 화재를 거의 막아낼 수 있다고 생각한다. 20세기 말 캘리포니아주에서 발생한 두 번의 큰 지진인 1989년 샌프란시스코의 로마프리에타Loma Prieta 지진과 1994년 로스앤젤레스의 노스리지 지진에서 화재가 크게 번지지 않았기 때문이다. 하지만 그런 생각은 틀렸다. 기술이 발달하지 않았기 때문은 아니고, 지진학자의 관점에서 이 두 지진은 대규모 지진이 아니기 때문이다. 두 지진을 직접 겪은 사람들은 이에 동의하지 않을지도 모른다. 이 지진들이 도시에 입힌 피해도 부정할 수 없다. 하지만 그들은 진정한 대규모 지진이 무엇인지 모른다.

지진학자가 '대지진'이라고 부르는 규모 7.8 이상의 지진은 진동이 더 강할 뿐 아니라 더 넓은 지역을 아우른다. 로마프리에타 지진과 노스리지 지진에서 가장 강하게 흔들린 곳은 진앙 근처였는데 둘 다 진앙이 도심에서 멀리 떨어져 있었다. 로마프리에타 지진은 샌타크루즈Santa Cruz산, 노스리지 지진은 샌타수재너Santa Susana산에서 가장 강한 진동이 감지되었다. 그렇더라도 각 지진에서 제법 큰 화재가 100개 이상 발생했다. 이를 진압할 수 있었던 것은 협력 덕분이었다. 시에서 광범위하게 도움을 요청했고 다른 행정구역의 소방관들이 도와주러 왔다. 여기저기서 온 소방관들의 놀랍고 용기 있는 활동 덕분에 도시 전체에 퍼진 화재를 진압할 수 있었다.

우리가 만든 모형에서처럼 대규모 지진이 일어나면 남부 캘리포니아의 모든 도시에서 화재가 일어날 것이다. 이웃에 도움을 요청하면 상대에게서도 도움이 절실히 필요하다는 대답이 돌아올 게 분명하다. 북부 캘리포니아, 애리조나주, 네바다주에서 도우러 오는 수밖에 없다. 소방관들은 7~10미터 움직인 샌앤드리어스단층을 넘어 남부 캘리포니아로 와야 할 텐데, 고속도로는 지진에 의해 모조리 손상되었을 것이다. 도와주러 오는 이들은 부서진 도로를 지나 장비를 가져오느라 어쩌면 며칠씩 곤경에 처할 것이다. 소방관들이 도착해도, 투입된 화재 현장의 소화전에 연결된 수도관이 부서져 물이 나오지 않을 가능성이 높다. 노스리지 지진과 로마프리에타 지진의 화재 진압을 이끌었던 소방서장들이 검토한 우리 모형의 결론은 화재가 지진의 경제적 피해와 사상자를 두 배로 늘린다는 것이었다. 1600개의 화재가 발생하고 그중 1200개는 하나 이상의 소방서 인력과 시설이 투입되어야 할 정도로 커질 것이다. 남부 캘리포니아에는 소방서가 그 정도로 많지 않다.

상당히 비관적으로 보이지만, 상황이 더욱 심각할 수도 있다. 셰이크아웃 시나리오에서 나는 날씨를 골라 입력했다. 서

늘하고 바람이 잠잠한 날로 설정했다. 불행히도 진짜 대규모 지진이 닥칠 때에는 날씨를 고를 수 없다. 해마다 남부 캘리포니아에 산불을 일으켜 수십억 달러의 피해를 입히는 악명 높은 샌타애너 바람Santa Ana winds · 미국 내륙에서 형성되어 해마다 가을에 남부 캘리포니아에 부는 매우 건조한 강풍 ‒ 옮긴이이 부는 기간에 대지진이 나면, 화재를 도저히 막을 수 없을지도 모른다.

우리 대부분이 목숨을 건질 것이다. 우리가 추정한 사망자는 1800명, 응급치료가 필요한 부상자는 5300명이었다. 병원도 피해를 입어 많은 수의 병상을 사용할 수 없을 것이다. 그리고 병원으로 이동하기는 매우 어려울 것이다. 다리를 건널 수 없게 되고, 길이 무너진 건물 잔해에 막히고, 전력 공급이 차단되어 신호등이 작동하지 않을 것이다. 많은 사람이 건물에 갇히고 초기 긴급구조 인력은 할 일이 너무 많아 감당하지 못할 것이다. 피해자 대부분은 이웃의 손에 구출될 것이다. 피해액은 2조 달러가 넘을 것으로 추정된다.

남부 캘리포니아 주민들의 삶은 제법 긴 시간 동안 정상으로 돌아가지 못할 것이다. 대지진 이후 몇 달 동안 수만 개의 여진이 발생하고, 그중 일부는 큰 피해를 야기할 것이다. 도시 생활의 기반인 전기, 가스, 통신, 상수도, 하수도 시설이 고장난 채로 지내야 한다. 식품, 물, 에너지를 남부 캘리포니아로 가져오는 운송망은 죄다 샌앤드리어스단층을 가로지르고 있으니 지진이 나면 마비될 것이다. 시골이라면 하수 시설이 고장 나면 뒷마당에 임시 변소를 만들면 된다. 하지만 현대의 도시 환경에서 하수 시설이 없다는 건 대참사를 일으킬 수 있는 공중보건 위기를 뜻한다. 도시는 그 바탕이 되는 복잡한 기술 체계 덕분에 돌아간다. 대지진이 나면 그것들을 잃게 된다.

우리 모형에서 경제적 피해의 절반은 기업의 피해에서 비롯했다. 물이 공급되지 않으면 미용실이 문을 열 수 없다. 전기가 없으면 사무실이 돌아가지 않는다. 인터넷 없이는 기술직 근로자가 서로 소통할 수 없다. 직원과 손님이 상점에 갈 교통수단이 없다면 상점 운영이 힘들어진다. 주유소는 전기 없이 휘발유를 주유할 수 없고 인터넷이 없으면 신용카드로 결제할 수 없다. 그리고 한 달 동안 샤워도 할 수 없다면, 대체 누가 직장에 출근하기는커녕 로스앤젤레스에 계속 남아 있고 싶을까?

바로 여기서 우리 기술적 분석이 한계에 다다른다. 과학자, 공학자, 공중보건 전문가는 건물이 무너지고, 수도관이 고장 나고, 부상자가 발생하고, 교통에 문제가 생기리라 추정할 수 있다. 남부 캘리포니아의 미래를 생각할 때 중요한 것은 지역 사회의 미래다. 우리는 남부 캘리포니아에 물질적으로 어떤 일이 벌어질지는 알고 있다. 하지만 남부 캘리포니아 사회가 입을 정신적인 충격은 어떨까?

자연재해는 인류가 탄생한 이래로 우리와 함께해 왔다. 인간은 물을 쉽게 구하기 위해 단층을 따라 형성된 강과 샘 근처에 작물을 심고, 기름진 토양을 이용하기 위해 화산의 산자락에 농장을 짓고, 물고기를 잡고 무역을 하기 위해 해안가에 정착했다. 이런 위치는 자연의 맹렬한 힘에 노출되어 있다. 실제로 인간은 때때로 나타나는 홍수, 열대저기압, 약한 지진에 익숙하다. 그래서 제방이나 해벽을 짓고, 버팀대를 설치해 건물을 보강한다. 작은 지진이 열 번쯤 일어나면 별로 무서워하지 않게 된다. 이제 인간이 자연을 통제할 수 있다는 자신감을 느끼기 시작한다.

자연현상은 지구의 물리적 변화의 필연적인 결과다. 급격한 변화를 견디지 못하고 무너지는 인공 구조물 근처에서 자연현상이 발생할 때만 '재난'이라는 이름이 붙는다. 2011년 뉴질랜드 크라이스트처치Christchurch에서 규모 6.2의 지진[2]이 일어나 185명이 사망하고 약 200억 달러의 경제적 피해를 입혔다. 그러나 이 정도 규모의 지진은 지구 어딘가에서 며칠에 한 번씩 일어나고 있다. 상대적으로 크지 않은 지진이지만, 도시 바로 아래에서 발생했고 도시의 건물과 사회기반시설이 지진을 견딜 수 있을 만큼 튼튼하게 지어지지 않았기 때문에 재난이 되었다. 자연현상은 피할 수 없지만, 재난은 그렇지 않다.

나는 평생 재난을 연구해 왔다. 직장 생활의 대부분을 통계지진학 연구자로 일하며 지진이 언제 어떻게 일어나는지 패턴을 찾고 이치를 파악하고자 했다. 나와 내 동료들은 인간의 시간 감각으로는 지진이 무작위적으로 일어난다는 사실을 과학적으로 증명할 수 있었다. 그러나 '무작위'라는 개념을 대중에게 받아들이라고 설득할 수 없다는 것을 깨달았다. 따라서 재난 예측의 욕구가 사실은 통제의 욕구임을 간파하고, 나는 과학 연구의 방향을 자연재해의 '영향'을 예측하는 쪽으로 틀었다. 내 목표는 사람들이 더 나은 선택을 하게 해 피해가 발생하지 않도록 예방하는 것이다.

나는 지질학적 자연재해에 관한 과학 정보를 제공하는 정부 기관인 미국지질조사국과 평생 일해왔다. 일단은 남부 캘리포니아 차원의 시험 프로젝트[3]에서, 나중에는 전국을 대상으로 한 프로젝트에서 나와 동료들은 지역사회를 더 안전하게 만들기 위한 과학 정보를 제공하기 위해 홍수, 산사태, 해안 침식, 지진, 쓰나미지진 때문에 해저면에 생긴 지각 변동으로 일어난 해일-옮긴이, 산불, 화산을 연구했다. 폭풍우가 닥쳤을 때 산사태를 예측하고, 생태계 관리를 위해 산불 통제를 권장하고, 대규모 지진의 피해를 줄이기 위해 우선순위를 판단했다.

나는 지진 이후 주민들에게 정보를 제공하는 과학자 중 한 명이기도 했다. 주민들은 과학 정보에 목말라 했지만, 내가 생각했던 이유 때문에 그런 것이 아니었다. 나는 과학을 이용해서 피해를 최소화하려 했다. 그러나 자연재해가 닥쳤을 때 사람들은 과학자가 피해뿐만 아니라 공포도 덜어주길 바란다. 내가 지진을 명명하고 규모와 원인이 된 단층을 발표할 때, 나는 우연찮게도 사제와 샤먼이 수천 년 동안 했던 심리적 역할을 맡고 있었던 것이다. 지구의 무작위적이고 어마어마한 힘을 마치 통제할 수 있는 것처럼 보이게 꾸미고 있었다.

자연재해가 일어나는 위치는 예측할 수 있다. 홍수는 강 근처에서, 대규모 지진은 (일반적으로) 거대한 단층에서, 화산 폭발은 기존에 존재하는 화산에서 일어난다. 하지만 자연재해가 일어나는 시점은 인간의 시간 감각에 따르면 무작위적이다. 과학자는 자연재해 발생률이 무작위적이지만 통계적으로 특정 수치에 근접한다고 말한다. 이는 엄청나게 오랜 기간 동안 자연재해가 몇 번쯤 일어날지 알 수 있다는 뜻이다. 과학자들이 단층에 관해 많은 것을 알아낸 결과, 지진은 반드시 특정한 주기로 일어날 수밖에 없다는 사실이 밝혀졌다. 이를테면 어느 지역의 기후를 속속들이 탐구해 평균 강우량을 예측할 수 있는 것과 비슷하다. 하지만 올해 홍수가 날지 가뭄이 들지, 올해 특정 단층에서 일어날 가장 큰 지진의 규모가 4일지 8일지는 완전히 무작위적이다. 그리고 인간은 무작위성을 좋아하지 않는다. 무작위성은 곧 모든 순간에 위험이 도사리고 있다는 뜻이므로, 결코 불안을 떨쳐낼 수 없다.

심리학자들은 인간이 보고 싶은 것만 보는 확증편향의 경향을 이야기한다. 확증편향에 빠지면 우리가 지금 또는 최근에 경험한 것이 가능성의 전부가 되어버린다. 흔히 일어나는 작은 규모의 자연재해가 전부라고 여기고, 겪은 적이 없어서 아무도 기억하지 못하는 대규모 재해는 사실로 받아들이지 못한다. 하지만 단층의 끝에서 끝까지 미끄러지는 지진, 노아의 홍수에 비견할 만한 대홍수, 화산의 대폭발에서 우리는 흔한 자연재해 그 이상을 마주하게 된다. 대재앙이 닥치는 것이다.

재앙 속에서 우리는 우리의 몰랐던 일면을 발견하게 된다. 영웅이 탄생한다. 신속한 판단과 불굴의 의지를 찬양한다. 평범한 사람이 용감하게 대단한 일을 해내 칭송받는다. 모두가 도망쳐 나오는 불타는 건물 안으로 들어가는 소방관은 사회에서 매우 명예로운 대접을 받는다. 재난 영화의 영웅은 언제나 〈대지진Earthquake〉1974의 찰턴 헤스턴, 〈볼케이노Volcano〉1997의 토미 리 존스, 〈샌 앤드리아스San Andreas〉2015의 드웨인 존슨처럼 대담한 응급구조대원이다. 악당은 경고를 막은 관료나 마지막 구명정을 차지하는 이기적이고 겁이 많은 피해자다.

자신도 피해자가 될 수 있었다는 사실을 알기에 우리는 그들에게 연민을 느낀다. 물론, 누구든 피해자로 삼고야 마는 무작위성이 재해에 정서적인 반응을 보이게 하고, 피해자를 위해 넉넉하게 기부하게 한다. 많은 사람들에게 희생자를 돕는 일은 같은 운명이 자신들에게 닥치지 않게 물리쳐 주는 일종의 무의식적인 행운의 부적으로 작용한다. 우리는 위험으로부터 보호해 달라고 신에게 기도한다.

기도가 받아들여지지 않고 재앙이 닥쳤을 때, 인간은 자연재해가 가차 없고, 그리고 화가 치밀도록 무작위적이라는 사실을 선뜻 수용하지 못한다. 그래서 탓할 대상을 찾는다. 인류 역사의 대부분에 걸쳐 대규모 재난은 신의 불만을 드러내는 신호로 여겨졌다. 성경의 소돔과 고모라 이야기에서 1755년 리스본 지진까지, 재난을 목격하고 재난에서 살아남은 사람들은 희생자들이 죄에 대한 처벌을 받았다고 확언했다. 그럼으로써 인간은 같은 잘못을 저지르지 않으면 자신을 보호할 수 있다고, 따라서 난데없는 재앙을 두려워할 필요가 없다고 말할 수 있었다.

현대 과학은 인간의 여러 신념을 바꿔놓았지만, 잠재의식 속의 충동을 바꾸지는 못했다. 남부 캘리포니아에 오래전부터 예고되어 온 대지진이 마침내 일어나면 나는 두 가지 일이 벌어질 것이라고 확신한다. 첫째, 과학자들이 또 다른 지진이 다가오고 있다는 것을 알면서도 공포를 조장하지 않기 위해 아무 말도 하지 않고 있었다는 소문이 퍼질 것이다. 이는 인간으로서 무작위성에 대한 너무나 당연한 거부 반응이다. 누구나 규칙성을 찾고, 무언가 확실한 사실을 알아내고 싶어 한다. 둘째, 사람들이 책임을 추궁할 것이다. 어떤 이들은 연방긴급재난관리청Federal Emergency Management Agency, FEMA이 재빠르게 대처하지 않았다고 탓하고, 어떤 이들은 부실한 건축을 허용한 정부를 탓할 것이다.(어쩌면 약한 건물의 보강 작업을 강제하는 법안 통과를 반대했던 바로 그 사람들이 정부를 탓할지도 모른다.) 그 주의 지진 예측에 주의를 기울이지 않은 과학자들을 탓하는 사람도 있을 것이다. 그리고 수백 년 동안 지속되어 온 경향에 따르면 라라랜드La-La Land · 로스앤젤레스의 별명-옮긴이의 수많은 쾌락주의자들을 탓하는 사람도 있을 것이다.

사람들이 진정으로 꺼리는 것은 때로는 아무 이유 없이 엄청난 변화가 일어나고야 만다는 사실을 받아들이는 일이다.

대부분의 도시에는 미래에 대재난이 닥칠 가능성이 있다. 일상생활을 가능하게 하는 항구, 기름진 밭, 강 등은 자연현상 덕분에 존재하고, 자연현상은 재해를 불러일으킬 수 있다. 그리고 이 대재난은 최근에 겪은 소규모 재난과 성격 자체가 다를 것이다. 대재난이 일어나면 내 집이 무너진다. 내 집뿐 아니라 이웃집과 지역사회의 기반시설이 파괴되어 사회 기능 자체가 붕괴한다. 바로 지금, 우리는 도시들이 거대한 자연재해를 더 높은 확률로 이겨내고 그것으로부터 회복할 수 있도록 선택을 해야만 한다. 잠재적 미래를 고려하고 과거를 철저히 살펴보아야만 제대로 된 정보에 기반해 선택할 수 있다.

나는 이 책에 지구의 몇몇 참사에 대해, 그리고 그 참사가 인간의 어떤 면을 드러냈는지에 대해 썼다. 각 사건은 해당 지역의 대재난이었고, 지역사회의 성격을 바꿔놓았다. 이 재난들은 공포에 지배당한 인간이 무작위적인 재난에 반응해 어떤 방식으로 사고하고 어떤 신념을 드러내는지 보여준다. 인간이 기억력의 한계 때문에 수백만 년에 한 번 일어나는 재해, 아니 심지어 수천 년에 한 번 일어나는 재해를 영원히 겪지 않으리라 착각하는 모습도 담겨 있다. 그리고 위험이 점점 커지고 있다는 사실을 직면하게 된다. 현대 도시의 점점 높아지는 밀도와 복잡성 때문에 어느 때보다 더 많은 사람이 삶을 유지시켜주는 기반을 잃을 위험에 놓여 있다.

결국 우리는 모든 방어 기제가 까발려진 상태에서, 인간의 정신을 꺾어버리는 무의미한 고난을 맞닥뜨리는 상황에 놓일 것이다. 인간은 삶의 다른 모든 것과 마찬가지로 재난에서도 의미를 찾으려 한다. 희생양을 찾으려는 심리를, 신의 처벌이라는 해석을 부정당하면 인간에게는 무엇이 남는가? "왜 지금?" 또는 "왜 우리가?"라는 질문에 우리는 영원히 만족스러운 답을 얻지 못할 것이다. 하지만 의미 찾기의 함정에서 벗어날 수 있다면, 진지한 윤리적 성찰을 요구하는 질문 하나와 마주하게 된다. 재난이 닥쳤을 때 우리가 어떻게 해야 자신과 주변 사람들의 목숨을 구하고 또 더 나은 삶을 살 수 있을까?

CHAPTER1

✦

하늘에서
유황과 불이
쏟아지다

기원후 79년, 로마제국
베수비오산 분화

✦

"그가 한번 노하시니
땅이 뒤흔들리고
산뿌리들도 뒤틀리며
흔들렸다."

《성경》시편 18편

폼페이Pompeii 이야기를 모르는 사람은 없다. 약 2000년 전, 화산이 폭발해 독성 기체와 다량의 화산재가 고대 로마제국의 도시 폼페이를 뒤덮었다. 사람들은 집에 있다가 산 채로 묻혔고, 불과 며칠 사이에 도시가 멸망했다. 지금 돌이켜보면 폼페이는 파괴될 수밖에 없었다. 그 사실을 미처 몰랐던 시민들이 안타깝다. 대체 누가 활화산 자락에 도시를 세운단 말인가? 오늘날 관광객이 몰려드는 폼페이는 주변 환경의 위험을 개의치 않고 생활 터전을 정했을 때 어떤 일이 벌어지는지 보여주는 우화인 셈이다. 마치 우리에게 교훈과 볼거리를 주기 위해 보존된 장소 같다. 그 광경을 보면서 우리는 같은 실수를 저지르지 않으리라고 확신한다.

베수비오Vesuvio산은 나폴리Napoli만에서 1300미터 넘게 솟은, 전형적인 원뿔 모양의 화산이다. 지질학자들은 화산의 겉모양을 바탕으로 땅속에서 벌어지는 일을 대부분 유추할 수 있다. 산이 거대한 원뿔 모양인 것은 곧 용암이 침식 작용으로 깎이는 속도보다 더 빠르게 흘러나온다는 뜻이므로 활화산임을 알 수 있다. 그리고 지질학적 시간 척도에 따르면 활화산은 미래에 언젠가는 폭발한다. 액체처럼 땅 위를 흐르지 않고 우뚝 솟아 산을 이룬 것을 보면, 이곳의 용암은 제법 끈적끈적할 것이다.(학술 용어로는 점성이 높다고 말한다.) 끈적한 용암은 적어도 한동안 기체를 내보내지 않고 품을 수 있다. 이는 마침내 화산이 터질 때 격렬하게 폭발한다는 뜻이다. 높은 산이 만들어지려면 맹렬하게 폭발해 층층이 쌓인 화산재와 식은 용암이 번갈아 쌓여야 한다. 이런 유형의 화산을 성층화산화산재와 용

폼페이 유적 저 너머로 베수비오산이 보인다. 기원후 79년의 베수비오산 분화 이후 폼페이는
거의 1500여 년 동안 화산재에 묻혀 있었다.

암이 산꼭대기를 중심으로 번갈아 쌓여 층을 이룬 원뿔 모양의 화산. 세계의 큰 화산들이
여기에 속한다.─옮긴이이라고 부른다.

　그렇다면 왜 이토록 위험한 곳에 도시를 세웠을까? 시애틀Seattle
이 레이니어Rainier산의 영향권에 자리 잡고 있고, 도쿄東京 어디에
서든 후지富士산을 올려다볼 수 있고, 자카르타Jakarta가 크라카타우
Krakatau섬을 비롯한 다섯 개의 활화산으로 둘러싸인 것과 같은 이유
에서다. 폭발만 하지 않는다면 화산은 무척 살기 좋은 환경이다. 화
산토는 투과성이 높아 물이 잘 빠지고 새로운 영양소가 많아서 작
물이 잘 자라는 기름진 경작지가 된다. 게다가 화산 주변의 변형된
암석은 훌륭한 천연 요새가 되어주고 방어에 유리한 골짜기를 형성

한다. 판 구조론지구의 지각이 여러 개의 판으로 이루어지고, 판들의 움직임이 지진, 화산 등의 지질 현상을 일으킨다는 이론―옮긴이에 따르면 화산은 반드시 미래 의 어느 시점에 폭발할 것이다. 하지만 그 재난을 어느 세대가 겪을 지는 미리 내다볼 수 없다. 그리고 기원후 79년에 폼페이에 살던 사 람들이 그랬듯이, 대다수 인간은 자신에게 일어난 일이 아니면 사실 상 일어나지 않은 것으로 여긴다.

✦

베수비오산은 기원전 6세기에 폭발한 적이 있다. 그래서 그 지역 에 살던 오스크족과 나중에 그곳을 정복한 로마인들은 베수비오산 을 불의 신 불카누스Vulcanus의 집이라고 말했다. 산꼭대기에서 주기 적으로 증기가 뿜어져 나와, 불카누스가 신성한 용광로에서 신들의 무기를 만드는 대장장이 신이라는 사실을 상기시켰다. 하지만 비옥 한 화산토에 수분이 풍부해 로마제국에서 손꼽히는 곡창지대였으 므로 이곳에선 문명이 번성했다. 게다가 600년 동안 폭발하지 않았 기에 베수비오산은 더없이 안전해 보였다.

1세기 초 무렵에는 베수비오산 옆에 폼페이를 비롯해 헤르쿨라 네움Herculaneum, 미세눔Misenum 등 도시들이 자리 잡고 있었다. 이 지 역은 기원전 3세기에 로마의 영토가 되었고, 번화한 지역이 되었 다. 발굴 결과, 매우 번창한 상업 중심지의 흔적이 발견되었다. 프레 스코 벽화에는 당시 이 지역의 산업을 주도했던, 천을 짜고 물들이는 장인들의 모습이 그려져 있다. 식당을 갖춘 대규모 노천 시장의 터도 발굴되었다. 남아 있는 세금 기록에 따르면 폼페이의 포도밭은 로마시 주변의 포도밭보다 생산성이 높았고 폼페이산 포도주는 로마제국 전역으로 팔려나갔다. 폼페이산 포도주 브랜드 '베수비눔 Vesuvinum'⁴ 베수비오산의 고대 라틴어 이름 베수비우스Vesuvius와 포도나무 또는 포도 주를 뜻하는 비눔vinum을 합친 낱말이다.—옮긴이은 우리가 아는 한 최초로 언어유희를 활용해 지은 상표다.

부유한 로마 사람들은 바닷가 풍경을 즐기기 위해 이곳에 별장을 지었다. 크고 넓은 시장, 사원, 관청으로 미루어 볼 때 폼페이 시민들은 단순히 먹고사는 수준을 넘어 풍족하게 생활했다. 폼페이에서 발굴된 많은 집들은 넓고 우아했다. 대리석을 깎아 만든 침대들이 발견되었다. 목욕탕이 딸린 집도 있었고, 로마의 뛰어난 수도 시설에서 공급된 물로 시민들을 위한 공중목욕탕이 운영되었다. 아말피 해안 끝자락에 있는 폼페이는 그 옛날에도 유명 인사들이 모여드는 곳이었다.

재난을 뜻하는 영어 단어 disaster는 로마인들에게서 유래했다. 어원을 따지면 '불길한 별'이라는 뜻이다. 고대 로마인들은 자신들의 운명이 별들에 적혀 있다고 생각했고, 그에 따라 재난이 일어난다고 믿었다. 한 사람의 일생에 견주었을 때 재난은 규칙 없이 무작위로 일어나는 것처럼 보이기 때문에 극도의 공포를 불러일으키고, 모든 인류 문명은 어떻게든 재난에 의미를 부여하는 방법을 찾아냈다. 윌리엄 셰익스피어William Shakespeare의 《줄리어스 시저Julius Caesar》에서 카시우스는 "친애하는 브루투스여, 잘못은 별에 있는 게 아니라, 우리 자신에게 있네"라고 말한다. 이때 그는 예기치 못한 상황을 운명의 탓으로 돌리는 고대 로마의 전통을 거스른 것이다.

로마인은 운명뿐 아니라 변덕스러운 신들의 손에 좌지우지되었다. 고대 그리스에서 그랬듯이 로마에서도 신화 속 신들은 전능하지만 자기중심적이고 경솔한 존재로 묘사되었다. 강한 신들 사이의 실랑이에 인간이 휘말릴 때 재난이 일어났다. 불의 신 불카누스는 외모가 볼품없었지만 사랑의 여신 베누스Venus를 아내로 맞았다. 그리고 화산 폭발은 곧 베누스의 수많은 외도 중 하나를 알아차린 불카누스의 분노였다.

이것은 화산이 폭발하는 까닭을 말해줄진 몰라도, 안심이 되는 설명은 아니었다. 정말 그렇다면 인간은 속 좁은 신들과 그들의 투정 앞에서 딱히 할 수 있는 일이 없었다. 그래서 해마다 불카누스를 기리는 축제를 열어 그의 화를 누그러뜨리려고 했다. 이는 인간이 상황을 통제하고 있다고 믿기 위한 시도였다. 불카누스는 대장일처럼 불의 이로운 측면을 나타내는가 하면, 화산이나 들불처럼 불의 파괴적인 측면도 대표했다.(무더운 한여름이면 곡식 창고에서 불이 자주 났다.) 따라서 수확한 농작물의 피해를 막기 위해 사람들은 매년 8월 23일 불카날리아Vulcanalia 축제에서 모닥불을 피우고 제물을 바치며 신의 노여움을 달랬다.

기원후 79년, 아무것도 모르는 폼페이 시민들이 불카날리아 축제를 즐기고 있을 때, 베수비오산은 대규모 폭발을 일으킬 준비를 마쳐가고 있었다. 당시의 화산 폭발에 대해 우리는 두 자료를 통해 알수 있다. 하나는 나폴리에서 24킬로미터 떨어진 폼페이에 남아 있는 증거들이다. 화산이 폭발하자 화산재가 몇 주에 걸쳐 도시 전체를 묻어버렸고 완전히 파괴했다. 폼페이 시민의 90퍼센트가 도망쳐서 목숨을 건졌지만, 고향을 버리고 멀리 떠났다. 이곳에 도시가 존재했다는 사실조차 잊혀갔다. 폼페이는 18세기에 다시 발견되어 발굴되었다. 미처 도망치지 못한 사람들의 시신도 이때 함께 발굴되었다.

두 번째는 고대 로마의 젊은 학자 소小 플리니우스Plinius Minor의 글이다. 그는 베수비오산이 폭발했을 때 숙부 대大 플리니우스Plinius Maior의 죽음에 관한 편지를 썼다. 두 플리니우스는 로마의 지배 계급 중에서 지위가 낮은 쪽인 기사 계급equites에 속했고, 원래 이탈리아 북부의 코모Como호 지방 출신이었다. 대 플리니우스는 20대와 30대에 주로 게르마니아에 주둔한 로마 군단에서 복무했다. 평생 결혼하지 않았지만 군대를 떠난 후, 과부가 된 누이와 어린 아들을 데려와서 함께 살았다. 대 플리니우스는 조카를 입양하고 자신의 이름을 물려주었다. 로마에서 대 플리니우스는 저술 활동과 베스파시아누스Vespasianus 황제와의 친분으로 유명했다. 그는 군대에 있을 때 말의 움직임을 이용해 투창을 더 효율적으로 쓰는 방법 등 세세한 정보까지 담은 게르마니아 전쟁사를 기록했다. 나중에는 다양한 지역의 행정관, 외교관으로 일하면서 그곳의 역사와 자연환경에 대한 정보를 수집했다.

베수비오산이 폭발하기 2년 전, 대 플리니우스는 최초의 백과사전이라 불리는 37권짜리 《박물지Naturalis Historiae》[5]를 출간했다. 로마제국을 여행하며 관찰한 내용으로, 오늘날까지 전하는 로마시대의 유산 중에서도 매우 방대한 작품이다. 그는 서문에서 "살아 있다는 것은 주의 깊게 눈여겨본다는 뜻이다"라고 썼다. 그가 수록한 광범위한 주제들에서 그의 열정을 느낄 수 있다. 현대 과학자의 관점에서 보면 간혹 남의 말에 쉽게 속아 넘어가는 듯하다.(예를 들어 개의 머리를 가진 괴물 인종이 있다고 적어놓았다.) 하지만 대 플리니우스는 지식을 향한 과학자다운 열정 또한 보여주었다. 《박물지》의 마지막 문장은 이렇다. "모든 창조물의 어머니인 자연이여, 로마 시민 중에서 오직 나만이 자연의 모든 면을 찬양했으니 나를 각별히 아껴주시오." 그는 잠을 줄여가며 글을 쓸 정도로 이 책에 매달렸다고 한다.

대 플리니우스가 《박물지》를 출간한 기원후 77년, 그는 황제의 명으로 나폴리만에 주둔하는 로마 함대의 제독으로 임명되었다. 플리니우스 가족은 나폴리만 입구의 미세눔으로 이사했다. 저택에서 나폴리만 저편의 베수비오산이 잘 보였다. 대 플리니우스는 함대를 이끌며 《박물지》를 퇴고했다. 이 시기에 소 플리니우스는 법학 교육 과정을 거의 끝내가고 있었고 숙부의 가르침도 받았으며 그 자신도 왕성하게 기록을 남기고 있었다.

수백 년 동안 잠잠했던 이곳에서 1세기 후반에 지진이 점점 잦아지고 있었다. 특히 62년에 강한 지진이 일어났다. 이 지진으로 폼페

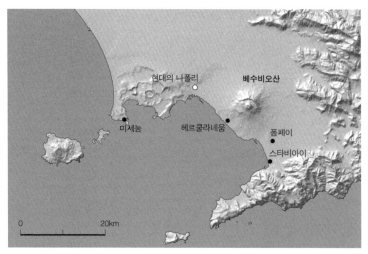

나폴리만 지도. 플리니우스 가족이 살던 미세눔을 비롯해 기원후 79년 베수비오산의
화산 폭발로 전부 또는 일부 파괴된 도시들을 표시했다.

이에 있던 집 몇 채가 손상되었다.(이때 손상되었던 몇몇 집은 79년
에 화산이 터졌을 때에도 수리 중이었다.)

70년대에도 수많은 지진이 기록되었고, 사람들은 지진을 삶의 일
부로 받아들이기 시작했다. 불카날리아 축제가 열린 79년 8월 23
일, 소 플리니우스의 일기에는 그날 지진이 여러 번 일어났지만 "캄
파니아Campania·나폴리만을 포함한 이탈리아 남부 지방을 가리키는 이름—옮긴이에
는 지진이 흔하므로" 주의를 기울이지 않았다고 적혀 있다. 오늘날
우리는 화산이 폭발하려면 보통 수 킬로미터 땅속의 마그마굄지각에
서 마그마가 고여 있는 공간—옮긴이에서 마그마가 지표면으로 이동해야 한
다는 것을 안다. 마그마가 이동할 때 지진이 일어나 지표면이 볼록

튀어나오고 기체가 빠져나온다. 화산 폭발을 일으킬 만큼 압력이 높아지려면 수개월, 수년, 심지어 수십 년이 걸리기도 한다.(따라서 화산 폭발은 다른 지질 현상보다 예측 가능성이 높다.)

이튿날인 8월 24일, 캄파니아 지방에 사는 모든 사람의 목숨이 위태로워졌다. 정오가 조금 지난 후, 베수비오산이 격렬하게 폭발했고 독성 기체와 화산재의 기둥이 하늘 높이 치솟았다. 두 플리니우스는 나폴리만 건너편에서 이 광경을 목격했다. 소 플리니우스는 이렇게 썼다. "이보다 더 정확히 묘사할 수 없다. 그것은 소나무 같았다. 나무 몸통처럼 길고 높게 솟아올랐고, 꼭대기에서는 마치 나뭇가지처럼 옆으로 퍼져나갔다."[6]

대 플리니우스는 그답게 화산 폭발을 더 가까이에서 보고 싶었다. 그는 주민들의 대피를 돕기 위해 함대의 선박들을 준비했다. 자신도 배를 타고 나폴리만을 건너가서 화산을 더 자세히 관찰할 생각이었다. 소 플리니우스는 분별 있게 집에 남아 학업에 열중하기로 했다. 준비하던 중에 대 플리니우스는 베수비오산 아래의 도시 스타비아이Stabiae의 친분이 있는 귀족 여인으로부터 제발 구해달라는 전갈을 받았다. 그는 선박들을 헤르쿨라네움으로 보내면서 자신은 "작고 빠른 배"를 탔다. 그가 탄 배가 헤르쿨라네움에 가까워지자 하늘에서 그을음과 재가 쏟아져서 선장은 미세눔으로 돌아가는 편이 좋겠다고 조언했다. 하지만 대 플리니우스는 "운명은 용감한 자를 돕는다"[7]라고 답하고는 계속해서 스타비아이로 가라고 명령했다. 배는 화산 폭발이 일으킨 거센 바람의 도움으로 스타비아이의 항구에 도착했지만, 그 뒤로는 바람 때문에 배가 뜰 수 없었다.

대 플리니우스가 도우러 간 귀족 여인의 가족은 화산 폭발 때문에, 그리고 그로 인해 바다가 거칠어져서 배를 타고 이동할 수 없다는 사실에 공포에 휩싸였다. 그들의 집에서 대 플리니우스는 바람이 잦아들기를 기다리며 만찬을 대접하고 목욕을 시키고 잠을 재워서 이들을 안심시키려 애썼다. 하지만 화산 활동은 더욱 심해졌고 바람이 잦아들 기미가 없었다.(사실은 화산 폭발 때문에 바람이 부는 것이었는데, 대 플리니우스는 그 사실을 몰랐다.) 그러다가 그들은 배를 바다에 띄워보기로 했다. 위에서 떨어지는 화산재와 용암을 피하기 위해 머리에 베개를 묶고 바닷가로 가보았다. 바다는 여전히 배를 타기에 너무 거칠었고, 숨을 쉬기 힘들 정도로 공기가 나빴다. 거기서 대 플리니우스는 쓰러졌고 다시는 일어나지 못했다. 다른 사람들은 어쩔 수 없이 그를 버려두고 배에 올라탔다. 그들은 도망치는 데 성공했고 소 플리니우스에게 숙부의 최후를 알렸다. 그리고 사흘 뒤에 돌아가 화산재에 뒤덮인 대 플리니우스의 시신을 발견했다. 겉보기에 다친 곳은 없었다. 대부분의 학자들은 아마도 독성 기체 때문에 심장마비가 와서 죽었을 것이라고 결론 내렸다.

✦

마치 폭탄이 터지듯이 용암을 하늘 높이 분출하는 화산 폭발은 성층화산의 대표적인 특징이다. 하늘로 올라간 용암은 대기 중에서 굳어서 입자가 되고 이를 (크기에 따라) 화산모, 화산재, 화산탄이라고 부른다. 이런 성층화산은 판 하나가 다른 판 아래로 들어가는 섭입대subduction zone에서 생긴다. 베수비오산의 경우 아프리카대륙이 천천히 유럽 쪽으로 이동하면서 알프스Alps산맥, 피레네Pyrénées산맥, 아펜니노Apennino산맥의 산들을 밀어올리고, 지중해 해저면을 이탈리아 밑으로 밀어 넣는다. 지중해 해저면과 그 위의 퇴적물은 대륙 밑으로 밀려들어 가면서 마찰로 올라간 온도 탓에 녹는다.

이 퇴적물은 성층화산을 이해하는 열쇠다. 첫째, 다른 종류의 화산에서 발견되는, 땅속 깊은 곳에서 솟은 용암과 비교할 때 성층화산의 용암에는 가벼운 광물인 석영이 풍부하게 들어 있다. 그리고 암석이 이동할 때(지질학적 시간 척도로 보면 암석은 상당히 많이 움직인다), 석영은 주변의 무거운 광물보다 위쪽으로 이동하는 경향이 있다. 석영은 지구의 더 깊은 부분보다는 이탈리아 대륙지각 내부, 그리고 지중해판이 침강하는 도중 이탈리아 대륙지각에서 깎여 나온 퇴적물 내에 점차 농축된다. 성층화산의 용암에는 이 석영이 들어 있기 때문에 다른 화산의 용암보다 점성이 높다. 둘째, 퇴적물에 수분이 많이 포함되어 있어 용암에도 수분이 많다.

전방으로 지속적으로 흐르는 하와이 화산의 용암과는 달리, 석영이 포함된 용암은 점성이 높아 잘 흐르지 않고 달라 붙는 경향이 있다. 그리고 수분이 많다는 것은 용암에 기체와 증기가 많다는 뜻이다. 기체와 증기는 온도가 올라가면 팽창해 폭발을 일으킨다. 크라카타우섬, 세인트헬렌스St. Helens산, 베수비오산 모두 섭입대에 있고,

이렇게 맹렬하게 분화할 가능성이 있다.

화산학자들은 폼페이와 그 주변의 화산재와 소 플리니우스가 남긴 기록을 연구한 결과, 79년의 베수비오산 화산 분화가 크게 두 단계로 진행되었다고 결론 내렸다. 첫 번째 단계는 8월 24일에 일어난 기둥 모양의 분화였다. 이런 형태의 분화를 지금은 플리니우스식 분화라고 부른다. 기둥은 폭발적인 힘으로 하늘로 치솟았지만 중력에 이끌려 옆으로, 아래로 흩어졌다. 소 플리니우스가 썼듯이 소나무 모양으로. 그는 나폴리만 건너편에서 그날의 상황을 서술했다. 최초의 수직 방향 분화 후에 화산재가 땅으로 가라앉았고, 낮인데도 "달이 보이지 않는 밤이나 구름이 낀 밤이 아니라 불을 끄고 문을 닫은 방처럼 검고 어두웠다. 여자들이 슬퍼하고 아이들이 울고 남자들이 외치는 소리가 들렸다. 사람들은 부모를, 자식을, 배우자를 찾고 있었다. 목소리로만 서로를 확인할 수 있었다."

약 1만 1000명의 지역 주민 대다수가 어둠 속에서 걸어서 도망쳤다. 숙부의 최후를 알게 된 소 플리니우스도 (숙부처럼 나이 들고 살찐) 어머니를 모시고 걸어서 피난을 갔다. 피난민들이 도로를 가득 채운 채 어둠 속에서 버둥거렸다. 소 플리니우스는 세계의 종말이 다가왔다고 믿는 사람들을 묘사했다.

많은 사람이 신들에게 도움을 청했다. 하지만 신들이 사라졌고, 우주가 영원한 어둠 속에 던져졌다고 생각한 사람이 더 많았다. 설상가상으로 안 그래도 고된 상황에서 무서운 소식을 가짜로 지어내는 사람도 있었

하늘에서 유황과 불이 쏟아지다

다. 어떤 이들은 미세눔 이곳저곳이 주저앉았다고, 다른 이들은 불타고 있다고 말했다. 거짓말이었지만 믿는 사람들이 있었다.… 이토록 위태로운 나날 중에도 나는 단 한 번도 두려움 때문에 신음이나 비명을 내지 않았다고 자부한다. 하지만 나도 언젠가 죽을 인간으로서 온 세상이 나와 함께 죽어가고 있고, 나도 세상과 더불어 죽어가고 있다는 믿음에서 하찮은 위안을 얻었다는 사실을 고백한다.[8]

며칠 후 소 플리니우스는 어머니와 안전한 곳에 도달했고, 결국 로마시로 돌아갔다. 그들과 달리 일부 주민은 적어도 첫날 밤에는 집에 머무르기도 했다. 이미 화산재가 하루 종일 내려앉은 상태였고, 집에 있으면 떨어지는 암석을 피할 수 있었다. 자기 집에 머무른다는 결정은 언뜻 타당해 보인다. 다만 폼페이와 헤르쿨라네움 주민들은 그날 밤에 화산 분화의 두 번째 단계가 시작될 것이라는 사실을 알지 못했다.

성층화산이 폭발할 때, 분출된 물질은 대기 중에서 보통 수천 미터 높이까지 올라간다. 분화가 진행될수록 무거운 물질이 분출되어 하늘 높이 솟은 버섯 모양의 구름이 생기는 대신 뜨거운 기체와 화산재가 산을 타고 빠르게 흘러내리기 시작한다.(이 기체는 공기보다 무거우므로 아래로 흐른다.) 이런 물질의 흐름을 화산쇄설류 pyroclastic flow라고 부른다.(고대 그리스어로 불을 뜻하는 파이로pyro와 잘게 부서졌다는 뜻의 클라스틱clastic을 합친 낱말이다.) 이때 기체는 보통 시속 80킬로미터로 빠르게 이동하는데, 기록된 최고 기

폼페이의 희생자들의 시신이 묻혔던 자리에 석고를 부어 넣자 그 모습이 생생하게 드러났다.

록은 시속 480킬로미터다. 온도는 대략 섭씨 260도로 너무 뜨거워서 사람은 닿자마자 죽는다.[9]

화산쇄설류는 가장 치명적인 형태의 화산 분화다. 피해 달아나기엔 너무 빠르고, 희생자들을 갑자기 덮친다. 폼페이에 묻힌 시신 1800구의 뒤틀린 자세를 목격한 초기 연구자들은 희생자들이 극심한 고통을 겪었다고 짐작했다. 하지만 그보다는 극도로 뜨거운 열에 닿아 즉시 사망했고, 죽은 후에 고열에 충격을 받은 시신이 경련을 일으켰을 가능성이 높다. 희생자들이 고열에 사망한 직후 밀어닥친 화산재는 희생자의 시신을 그들의 집과 함께 묻었고, 폼페이 주민들의 비극은 2000년 동안 보존되었다.

하늘에서 유황과 불이 쏟아지다

✦

이론을 만드는 능력은 인간의 대단한 강점이다. 진화의 압력은 뇌가 무작위 속에서도 규칙과 패턴을 찾아내도록 이끌었다. 인간은 풀숲의 바스락대는 소리를 듣고는 그저 산들바람이라고 생각하고 무시할 수도 있고, 포식자가 숨어서 기다리고 있다는 가설을 세우고 도망칠 준비를 할 수도 있다. 많은 경우 산들바람일 뿐이어서 쓸데없이 불안해한 것이었고, 생존에 문제가 있지는 않았다. 다만 드물게 포식자가 숨어 있었던 경우에 불안해한 사람들은 살아남았고, 별것 아니라고 여겼던 이들은 죽었다. 인간은 무작위한 상황에 취약하기 때문에 본능적으로 무작위성을 혐오한다.

무작위성 속에서 의미를 찾으려는 욕구는 생존의 위협을 느낄 때만 나타나지 않는다. 이를테면 하늘에 보이는 별들의 위치는 무작위적이다. 이쪽 하늘에는 별이 하나만 보이고, 저쪽 하늘에는 여러 개의 별이 줄지어 늘어선 것은 무작위로 분포된 결과일 뿐이다. 이런 분포에 바탕해 다른 위치에 별이 보일지 짐작한다는 건 불가능하다. 무작위란 이전에 일어난 일에 기반해 다음에 일어날 일을 예측할 수 없다는 뜻이다. 그런데도 인간은 패턴을 만들어낸다. 별자리를 만들고, 별자리에 얽힌 사연을 지어낸다.

고대 그리스와 로마 사람들은 별자리를 설명하기 위해 신화(오리온의 허리띠, 카시오페이아 등)를 이용한 것처럼, 앞에서 보았듯이 지질 현상도 신들이 벌인 일이라고 생각했다. 이 믿음은 달리 설명할 수 없는 자연현상을 설명해 주었고, 왜 특정 시대의 사람들만 고통을 겪고 그들의 조상과 후손은 겪지 않는가에 대한 의문을 잠재워 주었다. 하지만 폼페이 시민들이 직접 경험했듯 아무리 신들에게 제물을 바쳐도 자연을 통제하는 힘을 얻을 순 없었다. 그 어떤 방법으로도 불가능했다.(아마 고대 로마인 대다수가 이런 무력감에 익숙해져 있었을 것이다. 자연만큼이나 지배자들도 그들의 목숨을 내키는 대로 앗아갔기 때문에.)

이처럼 고대 그리스·로마 문명이 펼쳐지는 사이에 유대 민족은 신에 대한, 그리고 신과 인간 세계의 교류에 대한 색다른 개념을 발달시키고 있었다. 유대인은 신이 이기적이고 옹졸하다는 생각을 거부했다. 그들은 원래부터 선량하고 사랑이 넘치며 계약을 맺을 만한 신을 믿었다. 하지만 신이 선하다면 지진, 홍수, 화산 폭발로 인한 인간의 고난을 어떻게 설명해야 할까? 유대인의 해답은 잘못이 인간에게 있다는 것이었다. 대홍수 이야기는 많은 고대 문명에 존재하지만, 노아의 방주 이야기에서는 신이 아니라 홍수의 희생자들에게 책임이 있었다.

소돔과 고모라 이야기는 인간의 죄가 자연재해를 일으킨다는 논리를 더욱 명백하게 보여준다. 창세기에 적힌 다음 문장은 분명 화산쇄설류를 묘사한 것으로 보인다. "야훼께서 손수 하늘에서 유황불을 소돔과 고모라에 퍼부으시어." 소돔과 고모라가 멸망한 것은 두 도시의 주민 중에 선한 사람이 채 열 명이 되지 않았기 때문이다. 성경에서는 지진과 폭풍이 인간이 신의 심기를 건드렸다는 신호라고 되풀이해 말한다. 시편에는 "그가 한번 노하시니 땅이 뒤흔들리고 산뿌리들도 뒤틀리며 흔들렸다"라는 대목이 있다.

당시의 기독교와 유대교 역사가들은 폼페이가 멸망한 것은 9년 전 로마제국이 예루살렘을 약탈했기 때문이라고 보았다. 예루살렘 점령과 약탈을 이끌었던 로마 장군 티투스Titus · 베스파시아누스 황제의 아들 — 옮긴이가 폼페이에서 화산이 분화하기 정확히 두 달 전에 황제가 되었던 것이다.(이 관점은 폐허가 된 폼페이의 어느 벽에 새겨진 낙서에도 드러나 있다. 1세기에 누군가가 "소돔과 고모라"라고 적었다.) 이런 믿음은 선량한 신이 악을 용인하는 것을 정당화하는 데 그치지 않고, 우리 인간이 세상을 통제할 수 있다는 환상을 안겨준다. 재앙이 죄에 대한 처벌이라면, 결백한 삶을 통해 구원을 얻을 수 있을 테니.

오랜 세월 동안 유대교와 기독교 신자 대부분은 이 해석에 만족했다. 이런 해석은 운명론, 미래가 결정되어 있다는 세계관과 잘 맞아 떨어졌다. 하지만 서양에서 신학이 발달하면서, 자연재해로 죽은 사람들 중에 죄 없는 이가 단 하나도 없다는 사실을 받아들이지 못하는 학자들이 나타났다. 겉으로 경건해 보이는 사제라면 끔찍한 죄를 숨겼을 수도 있겠지만, 엄마 품에 안긴 아기들이 죄를 지었을 리는 없었다.

아우구스티누스Augustinus의 사상은 이 딜레마를 해결하기 위해 발달했다.[10] 이를 나중에 토마스 아퀴나스Thomas Aquinas가 더욱 확장했다.[11] 그들은 신이 인간에게 자유의지를 주어야만 했다고 보았다.

신은 인간이 선 또는 악을 자유롭게 선택하게 했다. 인간이 선택을 한 이후에는 신이 우리 죄를 씻어줄 수 없다. 인간은 선택의 결과를 짊어지고 살아야만 한다.

전쟁을 설명하는 데에는 이 정도면 충분하다. 하지만 자연재해를 설명하기에는 조금 문제가 있다. 특히 지진의 물리적 원인을 이해하지 못한 상태에서 수백 년 동안 아무 일도 없다가 갑자기 지진이 일어나면 무척 억울하게 느껴진다. 아우구스티누스는 이런 재해를 '자연악malum physicum'이라고 불렀다. 그는 천지창조가 아담과 하와의 타락으로 오염되었다고 믿었고, 자연재해는 이들이 악을 선택했기 때문에 일어난다고 보았다. 아퀴나스는 자연재해로 인한 고통은 용기와 연민 같은 선을 인식하기 위해 필요하다고 주장했다. 바로 이런 이유로 신은 '자연악'의 존재를 허용했다는 것이다.

이렇게 주장한 학자들이 미처 이해하지 못한 것은 바로 자연의 위험이 지구에 생명체가 살 수 있게 하는 체계의 일부라는 사실이었다. 대기 중에 퍼져 있던 열기가 합쳐져 폭풍이 되는 현상은 물이 바다에서 빠져나와 비가 되어 땅에 떨어지는 과정과 원리가 같다. 지진이 없는 행성에는 비구름을 머물게 할 산도 계곡도 없고, 지하수를 고이게 하고 지표면으로 이동시켜 샘을 솟게 하는 단층도 없다. 앞에서 보았듯이 자연재해는 생명을 낳고 기르는 자연환경의 피할 수 없는 변동이다.

자유의지를 강조한 의견은 오늘날 다르게 해석할 수 있다. 자연재해로 인한 고통은 인간이 선택한 결과로 볼 수도 있다. 하지만 여기서 인간의 선택이란 과학의 발달과 경험의 축적으로 지식이 풍부한 시대에 건물을 충분히 튼튼하게 짓지 않은 일, 수도관을 적절하게 관리하지 않은 일 따위다. 이런 관점에서 가족과 공동체 구성원의 건강과 안전을 저버리고 개인의 단기적 이익을 앞세우는 행위의 도덕적 결함이 명백해진다.

하지만 사람들이 자연재해를 신이 정한 운명으로 여기는 동안에는 재해의 물리적 원인에 대한 탐구가 제한적으로만 이루어졌다. 신이 지진을 보냈다는 믿음은 수천 년 동안이나 의심 없이 받아들여졌다. 그 믿음이 틀렸다는 증거가 확고하게 쌓여서 도저히 반박할 수 없게 될 때까지.

CHAPTER2

죽은 자는 묻고
산 자는 먹여라

1755년, 포르투갈
리스본 지진

✦

"하지만 어떻게 지극히
선량한 신을 상상하겠는가
사랑하는 아들들에게
호의를 듬뿍 나누어주면서
그토록 커다란 손으로
악을 흩뿌리다니"

볼테르, 〈리스본 참사에 관한 시〉 중에서

1755년에 리스본Lisboa은 유럽에서 런던, 파리, 베네치아 다음으로 네 번째로 큰 도시였다. 테주Tejo강 하구에 세워진 리스본의 항구는 유럽에서 손꼽힐 정도로 규모가 컸고, 신대륙의 부富를 들여오는 통로였다. 포르투갈은 식민지인 브라질에서 캐온 금과 다이아몬드를 독차지했다. 한때 스페인이 계승권을 구실로 포르투갈의 독립을 위협해 혼란에 빠졌다가, 다시 주권을 회복해 주제 1세José I를 왕으로 받들고 있었다. 포르투갈은 로마가톨릭을 굳게 믿었고, 법과 교육 체계를 통해 가톨릭에 대한 헌신을 강화했다. 대학교를 비롯한 대부분의 교육기관을 예수회가 운영하고 있었다. 아직 종교재판이 열리고 있었다. 여기에는 이단자들의 속죄를 대중에게 볼거리로 보여주는 아우토다페auto-da-fé('믿음의 행위'라는 뜻)가 포함되어 있었는데, 때로는 죄인들을 화형대에서 불태우기도 했다.

한편 유럽의 다른 나라에서는 계몽주의가 싹트고 있었다. 과학혁명과 함께 주지주의intellectiualism·감정, 행동, 의지보다 이성과 추론을 중시하는 세계관-옮긴이가 나타나 경제학, 철학, 정치학, 자연철학을 포괄해 세상을 바꿀 개념과 학문으로 통합하고 있었다. 르네 데카르트René Descartes의 수학부터 애덤 스미스Adam Smith의 경제학 이론까지, 사람들은 사회의 본질에 관해 토론하고 사회를 개선하려 애썼다. 그러나 포르투갈에서는 독실한 가톨릭 신앙과 교육계를 장악한 예수회 때문에 다른 주요 국가와 달리 지적인 발전이 제한되었다.

5년 전 서른여섯의 나이로 왕위에 오른 주제 1세는 절대왕권을 누렸다. 그는 열다섯 살에 스페인 국왕의 딸과 결혼했다.(주제 1세의 누나와 결혼한 스페인 국왕의 아들은 나중에 스페인에서 페르난도 6세Fernando VI로 즉위했다.) 주제 1세는 모든 기록에 총명한 사람이었다고 전하지만, 아내가 매우 좋아했던 음악과 사냥에 지나치게 몰두했다.(뒤에 나오겠지만, 그 덕분에 목숨을 건졌을 수도 있다.) 나라를 다스리는 데 관심이 없었던 주제 1세는 내무, 외교, 군사 분야를 각각 담당하는 세 명의 대신을 임명하고 그들을 신뢰하며 통치를 맡기다시피 했다. 외무장관이었던 세바스티앙 주제 드카르발류 이 멜루Sebastião José de Carvalho e Melo는 곧 포르투갈 국정의 일인자가 되었다.

드카르발류는 늦은 나이에 공직에서 두각을 나타내기 시작했다. 시골 지주의 아들로 태어나 쿠임브라대학을 다니고 변호사가 될 예정이었다. 하지만 예수회의 융통성 없는 교육 과정 때문이었는지, 공부가 어려워서였는지 중간에 좌절하고 공부를 그만두었다. 이번에는 군대에 들어갔지만, 군대 생활도 맞지 않았다. 군대에서 보낸 시절은 짧았다. 그는 갈피를 잡지 못하고 리스본에서 10년가량 한량으로 지냈다. 옥스퍼드대학 출신의 19세기 역사학자 모스 스티븐스Morse Stephens는 드카르발류에 대해 이렇게 썼다. "얼굴이 잘생기고 체력이 강하며 운동 능력이 탁월했던 그는 보통 귀족들보다 가난했는데도 수도 리스본의 모든 사교계에서 인기가 높았다."[12]

귀족들의 연회에서도 드카르발류는 인기 좋은 손님이었다. 적어도 지위가 높은 어느 귀족의 조카딸과 눈이 맞아 함께 달아나기 전에는. 그녀의 가족은 결혼을 철회하려고 했지만, 그녀가 완강히 반대했다. 가족은 상황을 무마하기 위해 1739년 마흔 살의 드카르발류에게 주영국 대사 직위를 마련해 주었다.

런던에서 드카르발류는 마침내 적성을 찾은 것으로 보인다. 그는 세인트제임스궁전영국 왕실이 외교 사절들을 맞이하던 곳. 1837년 빅토리아 여왕이 즉위하기 전까지 공식적으로 왕이 거주하는 곳이기도 했다.─옮긴이에서 포르투갈의 입지를 성공적으로 다졌고, 종교 차이에도 불구하고 영국과 긴밀한 관계를 맺었다. 드카르발류는 런던에 머물면서 더 넓은 세계를 접했다. 상업 분야에서 영국의 힘을 알아보고, 그 성공을 뒷받침한 정치학과 경제학을 공부했다. 1745년, 드카르발류는 리스본으로 불려갔다가 오스트리아 궁정과 교황 사이의 까다로운 갈등을 중재하는 특별사절단으로 임명되어 오스트리아로 갔다. 당시 프랑스 외교관은 드카르발류의 업무 능력에 관해 이렇게 썼다. "이런 외교 활동에서 그는 자신의 기술, 지혜, 강직함, 붙임성을 한껏 발휘했다. 특히 인내심이 대단했다. … 거드름을 피우지 않으면서 당당하고 지혜롭고 신중하다. … 훌륭한 세계시민이다."[13]

1749년 포르투갈로 돌아올 무렵, 드카르발류는 정부가 경제를 뒷받침하는 사회기반시설에 적극적으로 투자해야만 하며 전반적인 세속화, 특히 교육 분야에서의 세속화가 필요하다는 확신을 가지고 있었다.

주제 1세의 권력을 등에 업은 드카르발류는 포르투갈을 개혁하고자 한발 나아갔다. 그는 중앙은행을 만들었고 다양한 산업을 키우고 보호하는 제도를 마련했다. 또한 그는 예수회가 포르투갈의 교육을 옭아매서 지적인 발전을 가로막는다고 생각했지만, 독실한 가톨릭 국가에서 예수회에 반기를 들기는 어려웠다. 포르투갈 국민 300만 명 중 20만 명 이상이 수녀원이나 수도원에 들어가 있었다. 종교재판이 포르투갈을 이렇게 만든 것이었다. 포르투갈에서는 여전히 15세기에 강제로 개종한 유대인과 무어인(포르투갈과 스페인이 자리한 이베리아반도를 8세기에 정복한 이슬람교도를 가리키는 말―옮긴이)의 후손인 '신新 기독교인'을 순혈주의적 법률로 추적하고 구분하고 있었다. '구舊 기독교인'이 그들과 결혼해서 가계를 더럽히지 않도록 말이다.

외무장관이 된 드카르발류는 처음에는 자신의 입지를 굳히기 위해 예수회에 협력했다. 하지만 그러면서도 예수회의 권위를 제한하려 했다. 1751년, 그는 예수회 심문관들이 정부의 동의를 얻어야만 사형을 선고할 수 있게 하는 법에 대해 교황의 승낙을 받았다. 1755년 11월 1일 모든 성인의 날 대축일 무렵에 드카르발류는 포르투갈의 실질적 지배자로 여겨지고 있었다.

✦

유럽에서 규모 8이 넘는 강한 지진이 난 적이 있다는 사실에 많은 사람이 놀라곤 한다. 지진이 발생하는 장소라면 어느 곳이든 큰 지진과 작은 지진의 발생 비율이 일정하다. 이는 곧 약한 지진이 일어나는 장소에서 큰 지진이 일어날 확률이 높다는 것이다. 포르투갈 인근에서도 약간의 지진 활동이 있지만 유럽의 다른 지역, 특히

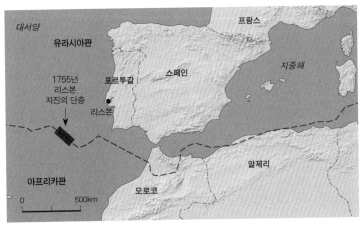

남서부 유럽 지도. 판 경계와 1755년 리스본 지진을 일으켰다고 추정되는 단층을 표시했다.

남동부만큼 많이 일어나지는 않는다.

하지만 소규모 지진이 집중된 지역에서 반드시 대규모 지진이 일어나지는 않듯이, 소규모 지진이 많이 발생하지 않은 곳에서 대규모 지진이 발생하지 말라는 법도 없다. 지진의 규모를 제한하는 것은 어긋나는 단층의 길이뿐이다. 판 구조론 덕분에 우리는 아프리카가 유럽을 향해 이동해 알프스산맥을 밀어올리고 그리스, 이탈리아, 터키의 지진과 에트나Etna산과 베수비오산의 화산 활동을 일으킨다는 사실을 안다. 이런 압축은 지브롤터해협 서쪽으로도 아소르스—지브롤터Açores–Gibraltar 단층대를 따라 계속된다. 그리고 실제로 1900년 이후 이 지역에서 규모 6~7의 지진들이 많이 기록되었다. 하지만 해안에서 멀리 떨어졌고 규모가 상대적으로 작아서 피해를 주지 않았고 주목받지 못했다.

1755년 모든 성인의 날 대축일에 일어난 지진은 인류 역사상 이 지역에서 일어난 가장 큰 지진이었다. 오늘날 지진의 규모는 지진계로 땅의 움직임을 측정해서 정하는데, 이 기술이 개발되기 전에 일어난 지진의 규모를 이 방법으로 짐작할 수는 없다. 다행히 우리는 지진이 발산하는 에너지가 움직이는 단층의 넓이(이에 대해 나중에 더 자세히 설명하겠다)와 한쪽 면이 다른 면에 맞붙어 미끄러지는 거리를 곱한 값에 비례한다는 사실을 알고 있다. 이 지질 정보를 이용해서 옛날에 일어난 지진의 규모를 추정할 수 있다. 그런데 리스본 지진의 경우처럼 관찰해야 할 단층이 물속에 있으면 규모를 추정하기 어려워진다. 지진이 일어났을 때 쓰나미가 발생했다면 쓰나미에 포함된 물의 양으로 단층의 크기와 지진의 규모를 추정할 수 있다. 하지만 오래된 자료로 추정한 결과가 정확하지는 않다. 규모를 추정하는 세 번째 방법은 피해를 입고 진동이 느껴진 면적이 얼마나 넓은지 살펴보는 것이다.

이 모든 접근법을 써서 리스본 지진의 규모를 추정한 결과, 규모는 최소 8.5, 최대 9.0이었다. 리스본은 가장 피해가 큰 영역의 북쪽 끝에 있었고, 리스본 남쪽으로 포르투갈 해안 전체가 그만큼 큰 피해를 입었다. 이로 미루어보아 실로 어마어마한 규모의 지진이 일어났던 것이다. 분명히 길이 320킬로미터 이상인 단층에서 발생했을 것이다.

⬥

　모든 성인의 날은 모든 가톨릭 신자가 미사에 참여할 의무가 있
는 날이다. 리스본에 있는 수많은 교회가 신자들을 위해 오전 내내
미사를 여러 차례 진행할 예정이었다. 하인들은 아마도 대축일 기
념 만찬을 준비하기 위해 새벽에 다녀왔을 것이다. 상류층과 귀족
들은 아침 9시 미사에 갔을 것이다. 예외적으로 왕실은 말을 타고
사냥하기 위해 새벽 미사에 갔다. 그리고 전원의 별장으로 가서 휴
일을 즐길 계획이었다. 교회에 모여든 사람들은 서로 바짝 붙어 신
도석을 가득 메운 상태라서 빠르게 대피할 수 없었을 것이다. 게다
가 큰 교회에는 부속 예배당이 여러 개 있고, 예배당마다 제단이, 제
단마다 불 켜진 양초들이 놓여 있었다.

　오전 9시 40분에 땅이 흔들리기 시작했다. 대규모 지진의 경우에
는 파열이 아주 긴 단층을 따라 이동하므로 흔들림은 3~5분 지속
되었을 것이다. 처음에는 가볍게 흔들리다가 점점 심해졌다. 그때
리스본에 살고 있었던 영국 목사 찰스 데이비Charles Davy는 나중에
이렇게 회상했다.

　바람이 전혀 불지 않았는데 글을 쓰고 있던 탁자가 약하게 떨리기 시작
　해서 크게 놀랐다. 탁자가 떨리는 진짜 원인을 전혀 짐작하지 못한 채
　이리저리 궁리하고 있을 때, 집이 토대부터 흔들리기 시작했다. 처음에
　는 으레 그 시각이면 벨렝Belém·리스본 남서쪽의 지역—옮긴이에서 궁전으로

가기 위해 집 앞 큰길을 지나가는 마차들이 덜컹거려서 그런 줄 알았다. 하지만 귀 기울여 듣다가 곧 진실을 알게 되었다. 땅속에서 멀리서 우르릉대는 천둥소리 같은 이상하고 무서운 소음이 나서 집이 흔들린 것이었다. 이 모든 일이 일어나는 데 1분이 채 걸리지 않았다.[14]

지진이 날 때 단층의 급작스런 미끄러짐은 주위 지면을 뒤틀어 대표적인 두 종류의 지진파를 만들어낸다. P파는 지각을 압축시키고 소리의 속도(음속)로 이동한다.(음파 역시 압축파다.) 데이비가 기록한 '땅속 소음'은 P파를 가리킨다. 한편 S파는 지각을 비튼다. P파보다 느리게 이동하지만 흔들림이 더 크다. P파와 S파의 시간차는 두 지진파가 8킬로미터를 이동할 때마다 1초씩 벌어진다. 어느 지점에 P파가 도착하는 시각과 S파가 도착하는 시각의 차이가 30초라면, 지진이 시작된 곳이 240킬로미터 떨어져 있다고 유추할 수 있다.

S파의 영향은 P파와 완전히 달랐다.

마치 도시의 모든 건물이 한꺼번에 쓰러지는 것처럼 소름 끼치게 으스러지는 소리가 나서 크게 놀랐다. 내가 살던 건물이 너무도 격렬하게 흔들려서 2층 위로는 즉시 주저앉았다. (1층에 있던) 내 집은 바로 무너지지 않았지만 마구 어질러져서 두 발로 서 있기조차 힘들었다. 벽들이 여기저기 갈라지고 무섭게 앞뒤로 흔들려서 금방이라도 나를 덮쳐 죽일 것 같았다. 벽이 갈라진 틈에서 커다란 돌들이 사방으로 떨어졌고

서까래 끝부분이 지붕 바깥으로 튀어나갔다.

교회 신도석에 앉아 초반의 약한 떨림을 느낀 사람들을 상상해 보자. 처음에는 착각이 아닌가 싶었을 것이다. 잠시 후 조금 더 세게 흔들리자 서로 눈을 마주치며 어떻게 해야 할지 고민했다. 사람들이 빽빽하게 모여 있어 바깥으로 나갈 수가 없었다. 그러다가 S파가 와서 건물 일부가 붕괴했다. 켜진 촛불이 사람, 양탄자, 책 위로 떨어지고, 건물 전체가 무너질 때까지 땅이 계속 흔들렸다. 그들이 겪은 공포를 우리는 상상하는 수밖에 없다.

무너진 건물에 깔려 많은 사람이 죽었다. 특히 교회에서 사망자가 많이 나왔다. 얼마 뒤에는 강한 여진이 들이닥쳐 최초의 타격을 견뎌낸 건물들을 쓰러뜨렸다. 그 무렵에는 건물에서 빠져나갈 수 있는 사람들이 다 빠져나갔고, 그중 다수가 무너지는 건물들을 피하기 위해 부두로 모여들었다. 그곳이 안전해 보였던 것이다. 하지만 첫 번째 강한 여진 직후에 쓰나미가 바로 그곳으로 왔다.

쓰나미는 해저면seafloor의 모양이 갑자기 바뀔 때 생긴다. 리스본 지진은 하나의 판이 다른 판 위로 밀려 올라가서 더 높은 해령이 새로 생기는 충상단층thrust fault에서 일어났을 것이다. 해령 바로 위에 있던 물은 위로 밀려 올라갔다가 액체이기 때문에 곧바로 낮은 곳으로 흘러내린다. 이때 생긴 파도가 해안을 향해 이동한다. 그리고 단층 위의 바닷물 전체가 움직였기 때문에 이 파도에는 엄청난 에너지가 들어 있다. 해령이 생긴 지점의 깊이가 깊을수록 더 많은 물이 파도에 포함된다. 파도가 해안에 다가가서 수심이 얕아질수록 파도의 높이가 점점 높아진다. 그러다가 리스본의 테주강에서 그랬 듯이 강어귀에 다다르면 파도가 강을 거슬러 올라가 강물을 출렁이 고, 몇 시간씩 지속되는 세찬 흐름을 만든다.

데이비는 무너지는 건물들을 피해 강가로 가는 수많은 사람들 틈 에 끼어 있다가 눈앞에 펼쳐진 광경을 보고 깜짝 놀랐다.

그 지점에서 폭이 약 6.5킬로미터인 강을 향해 눈길을 돌렸다. 바람이 전혀 없는데도 설명할 수 없는 방식으로 강물이 부풀고 들썩이고 있었 다. 눈 깜짝할 사이에 조금 먼 곳에서 엄청난 양의 물이 마치 산처럼 솟 아올랐다. 물이 거품을 일으키며 요란하게 다가왔다. 어찌나 맹렬하게 강가로 밀려오는지, 우리 모두 목숨을 건지기 위해 있는 힘껏 빠르게 달아났다. 많은 사람이 떠내려갔고, 강가에서 멀리 떨어진 곳에 있던 나머지 사람들도 허리까지 물에 잠겼다. 나는 간발의 차이로 겨우 살아 남았다. 물은 들이닥칠 때만큼 재빨리 강으로 돌아갔는데, 그때까지 바 닥에 있던 커다란 기둥을 붙잡고 있지 않았더라면 분명 나도 휩쓸려 가 고 말았을 것이다.

더 나빠질 여지가 없을 것 같은 순간, 사태는 더욱 악화되었다. 대 축일 미사를 위해 제단에 켰던 수많은 촛불이 나무 조각상, 제단 위 에 깔아놓은 수놓인 천, 오래된 기도서 등을 불태우기 시작했다. 불 은 널리 번졌고 불을 제압하려는 조직적인 움직임은 없었다. 밤이

1755년 리스본 지진 당시의 상황을 묘사한 목판화.
자료 출처 | 영국 메리에반스화보도서관

되자 불길이 그나마 도시에 남아 있던 것들을 삼켜버렸고 엿새 동안 타올랐다. 리스본에 있던 건물의 85퍼센트가 지진 또는 불로 파괴되었다. 성기게 쌓인 강변의 퇴적물이 진동을 증폭시킨 탓에 강변을 따라 피해가 막심했다. 이 구역은 역사적인 중심지였고 궁전, 기록 보관소, 교회 등 가장 중요한 건물들이 있던 곳이었다.

리스본만 피해를 입은 게 아니었다. 포르투갈 남부 해안의 거의 모든 마을이 큰 피해를 입거나 파괴되었다. 으레 그렇듯이 추정된 사상자 수는 편차가 크지만, 가장 온건하게 추정한 자료에 따르면 4~5만 명이 사망했고 그중 4분의 3이 리스본에서 죽었다.

리스본 지진은 유럽을 강타한 최대의 자연재해로 기억되지만, 또한 중앙정부가 자연재해에 진지하게 대처한 첫 번째 사례로도 기억되어야 한다. 이는 오늘날까지도 매우 효율적인 대처로 여겨진다. 리스본의 왕궁은 완전히 붕괴되었지만, 왕실 가족은 이른 아침에 떠난 후였다. 포르투갈 궁정은 리스본 외곽의 벨렝에 있는 작은 궁전에서 왕을 중심으로 통치를 재개했다. 왕은 드카르발류에게 이렇게 외쳤다고 전해진다. "하느님의 심판으로 인한 이 형벌 앞에서 대체 무엇을 해야 하나?" 드카르발류의 침착한 대답은 전설이 되었다. "폐하, 죽은 자는 묻고 산 자는 먹이면 됩니다." 그는 곧이어 통치를 떠맡았다. 그때 지진으로 충격을 받은 국민들은 그의 결단과 조치에 고마워하고 복종할 따름이었다고 한다. 이 점에 대해 모든 기록이 일치한다.

이튿날부터 여드레 동안 드카르발류는 마차에서 생활하면서 재난에 대한 대응을 시작하고 질서를 바로 세웠다. 리스본 경계에 감시병을 배치해 몸이 성한 주민들이 리스본을 떠나지 못하게 막았다. 그들에게 도시 안에 머무르면서 지진의 잔해를 치우고 생존자들을 위한 피난처를 짓게 했다. 약탈을 막기 위해 도시의 몇몇 높은 곳에 교수대를 세웠다. 혼란을 틈타 물건을 훔치다가 잡힌 사람들을 즉결심판으로 교수대에 매달았다. 한 달 사이에 서른 명 이상이 교수형을 당했다.

드카르발류는 질서를 유지하고 도시 재건을 시작하는 과정에서 200개의 법령을 공포했다. 어떤 법령은 너무도 급하게 종이를 무릎에 대고 연필로 써서 복사본을 만들지도 못한 채 목적지로 보내졌다. 이 법령들엔 오늘날의 재난 대응과 크게 다르지 않은 지시가 담겨 있었다. 집을 잃은 사람을 위해 피난처와 음식을 마련하고, 부상자를 치료하고, 재난을 틈탄 물가 인상을 금지하고, 학교와 교회를 다시 세우는 것이었다. 시신이 너무 많아서 땅에 묻기도 전에 부패가 시작되어 공중보건에 심각한 문제가 생기자 예수회의 반대에도 불구하고 시신에 무거운 추를 매달아 바다에 던졌다.

드카르발류의 가장 위대한 통찰은 신속히 재건을 시작해야 한다는 사실을 알아차린 것이었다. 사람들에게 희망을 주고 각자의 자리에 머물게 하는 일이 중요했다. 1755년 12월 4일, 지진이 나고 겨우 한 달이 지난 시점에 리스본 최고의 공학자는 재건을 위한 네 가지 선택지를 왕에게 보여주었다. 리스본을 버리고 떠나기, 자재를 재활용해 재건하기, 미래의 화재 피해를 줄이기 위해 몇몇 길을 넓히고 개선하면서 재건하기, 도시를 완전히 새롭게 다시 짓기. 이렇게 네 가지였다. 왕은 유럽의 다른 나라들, 특히 영국의 도움을 받아 가장 야심찬 계획을 골랐다. 1년이 지나기 전에 잔해가 치워졌고 재건 작업이 시작되었다.

드카르발류는 리스본의 영웅이 되었다. 왕은 그를 재상으로 임명하고 재건을 지휘할 전적인 권한을 주었다. 몇 년 후에는 폼발Pombal 후작 작위를 수여했다. 드카르발류는 리스본을 완전히 다시 짓는

데 성공했고, 지진 이후에 많은 사람의 생명을 구했다고 널리 칭송받았다. 그는 새 건물을 지을 때 미래의 지진을 견딜 수 있게 짓도록 요구했다. 축소 모형을 만들고 그 둘레를 병사들이 행진해 땅의 흔들림을 얼마나 견디는지 시험했다.(재건된 건물들의 양식을 폼발후작 드카르발류를 기리기 위해 '폼발 양식'이라고 부른다.)

주제 1세는 지진에 심리적 상처를 입었다. 심한 폐소공포증이 생겨 죽을 때까지 텐트에서 살겠다고 고집했다. 점점 드카르발류에게 의지했고 그의 정책에 전혀 토를 달지 않았다. 왕실을 위한 새 궁전은 왕이 죽은 후에 여왕이 된 그의 딸 마리아 1세Maria I가 짓기 시작했다.

드카르발류는 또한 지진에 대한 최초의 과학 조사를 실시했다. 모든 교구의 교회에 설문을 보냈다. 지진은 언제 시작되었고 얼마나 오래 계속되었는가? 몇 명이 죽었는가? 바닷물이 처음에 솟아올랐는가, 움푹 꺼졌는가? 그가 모은 자료는 현대 과학자들이 지진 발생 지점과 규모를 추정하는 데 활용되었다.

드카르발류는 이런 성공을 발판으로 정치적 권위를 탄탄하게 굳혔고, 그 덕분에 포르투갈을 현대화하는 야심찬 계획들을 실행할 수 있었다. 가장 큰 성취는 예수회의 권력을 제한한 것이었다. 예수회는 절대왕권을 위협하고, 또한 국가의 지적인 발전을 가로막았다. 지진이 일어나기 전에는 종교재판으로 내린 사형 선고에 정부의 승인을 받게 하는 선에 머물러야 했다. 하지만 지진이 일어나고 2년 후, 드카르발류는 포르투갈 궁정에 예수회가 발도 붙이지 못하게 했다. 이듬해에는 예수회의 무역 활동을 금지했다. 1759년, 예수회는 왕을 암살하는 음모를 계획하다가 덜미를 잡혔다. 이때 드카르발류는 예수회의 자산을 몰수하고 모든 대학을 세속화했다.

✦

리스본 지진의 물리적 진동은 유럽 전역에서, 멀게는 스칸디나비아반도에서도 느껴졌다. 계몽주의가 한창일 때 일어난 이 지진은 철학의 기반을 뿌리부터 뒤흔들었고, 그 진동은 수십 년 동안 유럽 곳곳으로 퍼져나갔다. 마침 이성적 사고와 종교적 신념의 역할에 의구심이 들던 시기에 리스본 지진은 세상의 불공정함에 대한 인식을 야기했고, 이는 철학과 과학에 뚜렷한 영향을 남겼다. 많은 역사학자가 리스본 지진이 기독교 사상에 근본적인 변화를 일으켰다고 생각한다. 정치 이론가 주디스 슈클라Judith Shklar는 이렇게 썼다. "바로 그날부터 인류의 고통에 대한 책임은 온전히 인간과 무심한 자연환경에 있었고, 지금까지도 그렇다."[15] 윤리철학자 수전 니먼Susan Nieman은 리스본 지진을 "자연악natural evil과 도덕악moral evil을 현대적으로 구분하기 시작한 계기"[16]라고 불렀다.

하지만 유럽 전역이 리스본 지진을 통해 세속화되진 않았다.[17] 지진의 원인과 결과는 전적으로 보는 사람의 관점에 달려 있었다. 프랑스 철학자 볼테르Voltaire는 지진을 겪은 사람들의 고통에 깊이 연민을 느껴 순식간에 〈리스본 참사에 관한 시Poème sur le désastre de

Lisbonne〉를 썼고 불과 몇 주 뒤인 1755년 12월에 발표했다. 그는 선량한 신이 리스본 지진과 같은 고난을 일으킬 수 없다고 생각했다.

피 흘리고 찢겨 어머니의 가슴에 누운
어린 생명들이 무슨 죄를 품었단 말인가?
멸망한 리스본이 런던, 파리, 태양이 비치는 마드리드보다
유독 악에 깊이 젖어 있었단 말인가?[18]

볼테르는 당시에 만연했던 철학적 낙관주의를 거부했다. 신이 선한 세계를 창조했고, 모든 악에 의도가 있다고 보는 관점, 영국 시인 알렉산더 포프Alexander Pope가 쓴 것처럼 "존재하는 것은 선하다"라는 관점에 반대했다.

무시무시한 혼돈에 대해 당신은 태연한 척 말하겠지.
우리 각자의 불행이 전 인류의 행복을 가져온다고!
엄청난 행복을! 그리고 떨리는 목소리로
필멸의 가련한 존재, 당신은 외치겠지, "다 잘 될 거예요!"

이 시에서 신을 거부한 것을 두고 종종 볼테르가 무신론을 옹호한다고 해석하곤 한다. 사실 자연재해를 신의 처벌로 보는 관점은 서양의 정신에 너무도 깊이 새겨져 있어서 그것을 거부하는 일은 곧 신의 개념 자체를 거부하는 것처럼 보인다. 하지만 볼테르는 신

을 믿었다.(물론 조직적인 종교 활동을 대부분 비판하기는 했지만.)

유럽 철학자들은 볼테르의 글에 대해 의견을 내놓았다. 특히 장 자크 루소Jean-Jacques Rousseau는 편지를 보내왔다. 루소는 신의 개입에 관해 더 전통적인 입장을 취했다. 요약하면 고통에는 목적이 있고, 그렇지 않은 경우엔 고통이 그리 심하지 않다는 관점이었다. 이때 이미 루소는 자연주의naturalism를 지지하고 있었다. 인간의 삶에서 나쁜 일 대부분은 자연의 근본적인 평화에서 멀어져 도시에 정착했기 때문에 생긴다는 것이었다. 같은 맥락에서 대부분의 피해가 높은 건물들을 서로 가까이 붙여 짓기로 결정했기 때문에 발생했으니, 결국엔 인간 자유의지의 결과라고 주장했다. 마지막으로 희생자들이 재난을 당한 날 죽지 않았다면 더 심한 고통을 겪었을지도 모르기 때문에 인간은 신의 영향력이나 선함을 부정할 수 없다고 논의를 마무리했다.(루소는 도시에서의 삶이 얼마나 타락했다고 생각했으면 리스본 지진보다 더한 고통을 유발한다고 상상했는지 궁금하다.)

철학에 어떤 영향을 주었든, 리스본 지진은 물리적 세계를 과학적 방법으로 기술하고 이해할 수 있다는 생각에 박차를 가했다. 이런 분위기를 타고 유럽 곳곳의 젊은 과학자들이 지진의 물리적 원인에 관한 가설을 앞다투어 내놓았다. 대부분 지구 속의 수증기에 관한 아리스토텔레스Aristoteles의 발상을 바탕으로 삼았다. 자연에서 관찰할 수 있는 것들 중에선 특히 바람이 엄청나게 빠르게 이동하기 때문이었다.(1906년 샌프란시스코 지진에 이르러서야 지상에서 단층이 뚜렷하게 관찰되었고, 단층이 지진을 일으킨다는 이론이 처음으로 제안되었다.) 몇몇 측면에서는 상당한 발전이 있었다. 처음으로 지진에 관한 정보를 기록하기 시작했고, 지진이 아무 장소에서나 일어나지 않는다는 사실 또한 처음으로 알게 되었다. 지진이 쉽게 일어나는 지역을 판별할 수 있게 된 것이다.

하지만 과학자를 제외한 많은 사람들은 무작위적인 위협이 신의 처벌이라는 익숙한 반응을 보였다는 증거들이 남아 있다. 모든 신자가 교회에 가는 성스러운 날, 교회가 가득 찬 아침 미사 시간에 지진이 일어난 것은 단지 우연이라고 하기에는 너무 의미심장해 보였다. 저절로 이런 의문을 품게 된다. 교회에 간 독실한 신자들은 목숨을 잃고 근처 홍등가의 창녀들은 상대적으로 많이 살아남은 까닭이 대체 무엇일까?

현대 과학은 이 질문에도 답해준다. 세 가지로 설명할 수 있다. 첫째, 리스본은 원래 바닷가 항구였다. 따라서 앞에서도 나왔듯이 초기에 세운 건물들은 강가의 퇴적층 위에 지어졌다. 강의 무른 퇴적층은 빽빽한 흙이나 단단한 바위보다 지진파를 느리게 전달한다. 같은 양의 에너지를 더 낮은 속도로 운반하면 지진파의 진폭이 더 커진다. 아주 무른 토양에서는 진폭이 10배나 증폭된다. 이런 경우에는 흙이 액화되기 쉽다. 흙이 흔들리면 알갱이들은 서로 모이면서 가라앉는다.(우리는 같은 현상을 부엌 선반 위에서 밀가루 포대를 통째로 살짝 작은 용기에 집어넣으려고 두들길 때 볼 수 있다.) 강가에서 그렇듯이 흙에 물이 차 있으면, 흙이 내려앉으며 형성된 압력이 흙 알갱이 사이에 있던 물을 짜내게 된다. 그러면 물의 압력이 높아지고, 압력이 충분히 높아지면 모래는 일시적으로 유사quicksand, 바람이나 물에 밀려 흘러내리는 모래—옮긴이가 되어 압축된 공간에서 물이 빠져나갈 때까지 액체처럼 흐르게 된다. 유사 위에선 건물이 버틸 수 없다. 앞에서 쓰나미에 대해 기록했던 데이비 목사는 물과 모래가 허공으로 분출되는 분사sandblow 현상도 묘사했다. 이는 흙이 액화되었을 때 나타나는 대표적인 모습이다.

둘째, 대규모 지진은 주파수가 낮은 에너지를 더 많이 발생시키는데, 이는 작은 건물보다는 거대한 건물에 더 큰 피해를 입힌다. 셋째, 교회는 돌로 지었고 홍등가의 집들은 나무로 지었을 가능성이 높다. 나무는 돌보다 더 유연하고 흔들림을 잘 견딘다.

그러나 1755년에 신의 행위에 대한 설명을 찾던 사람들은 이런 사실들을 알지 못했다. 그들은 개신교와 가톨릭으로 분열된 유럽 사회에 살고 있었다. 개신교도들은 가톨릭교도가 교황을 우상으로 숭배한다고 비난했고, 가톨릭교도들은 개신교의 폭주를 막고 진실한 신앙을 보호하기 위해 종교재판에 의지했다. 가톨릭 국가인 포르투갈 사람들은 지진을 신앙심이 부족하다는 신호로 받아들였다. 예수회 신부이자 당대 최고의 설교자 가브리엘 말라그리다Gabriel Malagrida는 리스본에 개신교도를 너무 많이 받아들였기 때문에 하느님이 리스본을 파괴했다고 주장했다.[19] 지진 직후의 혼란 속에서 처형당한 서른네 명 대부분이 개신교도였다는 사실은 의미심장하다. 볼테르는《캉디드Candide》에서 이를 조롱한다.

지진이 리스본의 4분의 3을 파괴한 후, 포르투갈의 현인들이 완전한 멸망을 막기 위해 생각해 낸 가장 효과적인 방법은 아름다운 아우토다페를 여는 것이었다. 거창한 의식을 거행하며 사람 몇 명을 산 채로 천천히 불태우는 것이 지구의 흔들림을 막는 확실한 비결이라고 쿠임브라대학에서 판단했기 때문이다.[20]

개신교는 지진을 더 쉽게 설명할 수 있었다. 이 지진이야말로 가톨릭교도들이 정말로 우상을 숭배했고 종교재판은 악마가 꾸민 짓이라는 하느님의 증거였다. 영국의 저명한 설교자이자 감리교의 창시자 존 웨슬리John Wesley는 지진만큼 죄인들이 하느님에게 주목하게 하는 방법은 없다고 주장했다. 그는 리스본 지진에 대해 이렇게 썼다.

포르투갈의 최신 소식에 관해 무슨 말을 할 수 있을까? 수많은 집과 수많은 사람이 사라졌다. 아름다웠던 도시가 폐허가 되었다. 진실로 세계를 심판하는 하느님이 계시는 걸까? 이제 피에 대한 재판을 하시는 걸까? 만약 그렇다면 그곳에서 시작했다는 사실이 놀랍지 않다. 바로 그곳에서 그토록 많은 피가 마치 물처럼 쏟아지지 않았던가. 용감한 사람들이 그렇게 많이 살해되지 않았던가. 가장 비열하고 비겁하며 야만스럽게, 거의 날마다, 밤마다. 그리고 아무도 그 광경을 바라보거나 마음에 두지 않았다.[21]

지진이 신의 처벌이라는 믿음은 포르투갈 사람들에게 실질적인 영향을 끼쳤다. 스페인과 전쟁을 벌이면서 포르투갈은 유럽의 몇몇 개신교 국가와 강한 유대를 맺게 되었다. 영국 대사와 네덜란드 대사는 지진 직후에 주제 1세를 알현했고, 크나큰 시련을 목격하고 본국에 리스본 주민을 위한 원조를 요청했다. 영국의 왕 조지 2세 George II는 10만 파운드의 거금을 즉시 보내겠다고 약속했다. 하지만 네덜란드 정부는 도와주지 않기로 했다. 그들의 칼뱅주의 사상에 따라, 로마가톨릭의 우상을 숭배한 포르투갈을 신이 벌했다면 거기에 끼어들 수 없다고 판단한 것이다. 신은 마땅한 고통의 크기를 올바르게 정했을 테니까.

CHAPTER3
◆

전
지구적인
재난

1783년, 아이슬란드
라키산 분화

✦

"사람들의 부주의 때문에 영원히 잊힌
하나님의 수많은 이룩하심처럼,
내가 죽을 때 이 기억들이 사라지고 잊힌다면
유감스러우리라 생각했다."

욘 스타인그림손, 자서전 서문 중에서

화산은 거대한 물리적 변동을 일으킬 잠재력이 가장 큰 자연재해다. 1783~1784년 아이슬란드의 라키Laki산 분화만큼 이를 잘 보여주는 예는 없다. 과학자들은 이 사건이 인류 역사상 인명 피해가 가장 컸던 자연재해라고 추정한다. 총 사망자 수는 수백만 명이었고 전 세계가 피해를 입었다. 화산은 한정된 위치에만 생기므로 화산에서 멀리 떨어져 사는 사람들은 운이 좋다고 볼 수 있다. 그런데 어떻게 인구가 5만 명뿐이고 3~5년마다 화산이 분화하는 북대서양의 외딴 섬에서 분화한 화산이 그토록 많은 사람을 죽이고 환경을 파괴한 것일까?

이를 이해하려면 시시각각 변화하는 지구의 지형에 화산이 하는 역할과 판의 이동을 살펴봐야 한다. 화산은 세 종류의 판 구조 환경에서 나타난다. 첫 번째는 바닷속에서 형성되는 중앙해령이다. 이곳에선 커다란 판들이 서로 멀어지고, 새로 생긴 공간은 지구 속 깊은 곳의 맨틀에서 올라온 뜨거운 마그마가 채운다. 맨틀의 마그마는 밀도가 높으므로 마그마가 굳어서 생긴 암석(현무암)도 무겁다. 이 암석은 무겁기 때문에 부분적으로 용융된 맨틀에 잠긴다. 따라서 무거운 암석은 지구 표면의 가장 낮은 곳인 해저에 있고, 가벼운 광물은 높은 곳인 대륙에 있다.(이는 이 화산들이 바다 아래 위치한 이유도 설명해 준다.)

프린스턴대학의 지질학자이자 미국 해군 예비군 소장 해리 헤스Harry Hess는 판 구조론이 급속히 발전하던 1960년대에 중요한 통찰을 내놓았다. 헤스는 중앙해령의 화산들이 새로운 해저를 만들고 있다는 사실을 알아차렸고 이를 해저 확장이라고 불렀다. 지질학자 알프레트 베게너Alfred Wegener가 1912년 대륙이동설을 제안한 이래로 과학자들은 수십 년 동안 대륙의 이동에 대해 고민하고 있었다. 베게너는 아프리카와 남아메리카의 암석과 화석 사이의 유사성을 근거로 대륙이 서로를 밀어내고 있으며, 마치 쇄빙선이 얼어붙은 호수를 가르듯 대륙이 해저의 지각을 뚫고 이동한다고 주장했다. 그런데 대륙 지각은 해양 지각보다 가볍고 무른 돌로 구성되므로, 대륙이 해양 지각을 뚫는 일은 물컹한 마시멜로가 벽돌을 뚫는 것처럼 불가능하다. 헤스의 발상은 대륙이 직접 뚫고 지나가는 것이 아니라 대륙이 붙어 있는 암석권지구의 바깥층으로 주로 암석으로 이루어진 지각과 맨틀 상부─옮긴이의 판이 맨틀 위를 이동한다는 것이었다. 해저에서 찾은 증거가 그의 주장을 뒷받침한다. 해저의 암석은 2억 년보다 오래된 곳이 없다.(반면에 대륙에서 가장 오래된 암석은 무려 37억 년 전에 형성되었다.)

그렇다면 새로운 의문이 생긴다. 새 지각이 만들어져서 그 결과 대륙이 이동한다면, 원래 있던 지각은 어떻게 될까? 해양 지각이 자꾸 늘어나면 지구가 점점 커져야 할 텐데 그렇지는 않다.

답은 섭입대에 있다. 섭입대는 두 판이 충돌해서 그중 하나가 1년에 수 센티미터의 속도로 다른 판 밑으로 들어가 녹고 나중에 재활용되는 곳이다. 중앙해령에서 만들어진 암석은 수백만 년에서 2억년 동안 존재하다가 섭입되어 지구 깊은 곳으로 녹아든다.

바로 이것이 화산이 만들어지는 두 번째 환경이다. 섭입대 위에 화산이 생긴다. 베수비오산과 같은 섭입대 화산은 하나의 판이 다른 판 밑으로 점차 밀려 들어가는 과정에서 두 판 사이의 마찰력 때문에 암석이 녹고, 녹은 암석이 위에 있는 판을 뚫고 솟아올라 분출될 때 생긴다. 섭입대 화산은 이탈리아 말고 '불의 고리'라고 불리는 환태평양 화산대에도 있다. 일본과 미국 북서부의 많은 화산이 여기에 속한다.

섬나라인 아이슬란드는 위의 두 경우 중 어디에도 속하지 않는다. 아이슬란드는 화산이 나타나는 세 번째 판 구조 환경인 열점hot spot에 위치한다. 지구의 맨틀에는 왜 그런지 설명하기 어렵지만 유난히 뜨거운 지점들이 몇 군데 있다. 뜨거운 물질은 위로 올라가는 성질이 있으므로, 위에 무엇이 있든지 마그마도 지구 깊숙한 곳에서 기둥 모양으로 올라온다. 하와이제도, 옐로스톤국립공원, 갈라파고스제도, 레위니옹섬, 아이슬란드는 대표적인 열점 화산이다. 그중에서도 아이슬란드는 마그마 기둥이 중앙해령에서 솟아나온다는 점에서 독특하다.

아이슬란드는 물에 잠겨 있는 대서양 중앙해령의 나머지 모든 곳보다 훨씬 더 많은 마그마가 열점에서 표면으로 분출되고 있는 곳이기에 섬이 되었다. 아이슬란드에서 가장 오래된 암석의 나이는 1350만 년이다.(대부분의 해저면보다도 나중에 생겼다.) 크기가 미국 테네시주만 한 아이슬란드는 국토의 모든 부분이 화산 폭발로 생겨났다. 조금 작은 봉우리들도 수십 개 있지만, 아이슬란드 전체가 사실상 하나의 거대한 활화산이라고 봐도 무방하다.

✦

대서양 한가운데에서 생겨난 아이슬란드는 다른 대륙과 연결된 적이 단 한 번도 없다. 약 1만 2000년 전 마지막 빙하기의 끝 무렵에 북극을 덮었던 얼음이 녹았을 때, 아이슬란드는 사람이 살지 않는 자연 그대로의 땅이었다. 새, 식물, 바다 포유류가 넘쳐났는데, 인간이 정착하기 전에 아이슬란드에 살았던 유일한 육지 포유류는 북극여우였다. 아이슬란드를 처음 발견한 이들은 아마도 아일랜드 수도사들이었을 것이다. 아일랜드에 전하는 이야기에 따르면 기원후 6세기에 항해자 성 브렌던St. Brendan이 배를 타고 북대서양을 가로질러 틸라Tila라는 섬에 도착했다.²² 그곳에서 이상한 냄새가 나는 돌들이 그와 동료 수도사들의 머리 위로 떨어졌다고 한다. 9세기 중반에 온 노르웨이 바이킹들은 그들이 '교회 농장'이라는 뜻인 키르키위바이르Kirkjubaer라고 불렀던 남동부 해안의 계곡 근처에서 은둔하는 아일랜드 수도사들과 마주쳤다.

아이슬란드에 처음 정착한 스칸디나비아인들은 두 남자와 그들의 가족이었다. 잉골뷔르 아르드나르손Ingólfur Arnarson과 요외르레이뷔르 로드마르손Hjörleifur Hróðmarsson은 피를 나눈 의형제로, 바이킹 전통에 따라 둘 중 하나가 죽으면 남은 사람이 복수하기로 맹세한 사이였다. 이들의 아이슬란드 정착 생활은 수백 년 뒤《정착기 Landnámabók》에 기록되었다. 이 이야기는 아이슬란드 사람들의 유래를 설명하는 건국 신화 역할을 한다.

이 책에 따르면 잉골뷔르는 옛집에서 가족의 내력이 새겨진 "아주 긴 기둥들"을 가져왔다. 아이슬란드에 가까워지자 앞으로 살아갈 장소를 신들이 보여준다는 전통에 따라 나무 기둥들을 배 너머로 던지고 그것들이 닿는 해안에 정착하겠다고 맹세했다. 요외르레이뷔르는 그런 미신에 빠지지 않았다. 그는 항구로 안성맞춤인 곳이 눈에 띄자마자 그곳에 배를 댔다.

잉골뷔르의 기둥들은 가장자리에 온천이 끓고 있는 만의 해안으로 쓸려갔다. 잉골뷔르는 그곳의 이름을 '연기의 만'이라는 뜻으로 레이캬비크Reykjavik·아이슬란드의 현재 수도—옮긴이라고 지었다. 한편 요외르레이뷔르는 아일랜드 수도승들이 사는 키르키위바이르와 가까운 남해안에 정착했다. 그는 농장을 세우려고 아일랜드 출신 노예들에게 중노동을 시켰는데, 노예들이 반기를 들어 그를 죽였다. 무슨 일이 일어났는지 알게 된 잉골뷔르는 노예들을 죽여 의형제를 위해 복수했다. 잉골뷔르는 요외르레이뷔르의 죽음을 슬퍼했지만, 그가 민족의 전통을 무시한 대가를 치렀다고 생각했다.

874~930년 사이에 약 1만 명의 노르웨이인과 켈트족 노예가 아이슬란드에 정착했다. 이 시기에 노르웨이는 정치적 혼란에 빠져 있었다. 미발왕 하랄Harald이 족장들을 누르고 우위를 점하려 했다. 그때까지 왕은 '동등한 여러 우두머리 중 첫 번째'로 족장들과 권력 차이가 크지 않았지만, 하랄은 주변의 작은 왕국들을 정복하고 세금을 요구했다. 한편 노르웨이 인구가 늘어나면서 경작지가 모자랄 위기에 처했다. 따라서 경작지가 있고 원주민이 없는 새로운 땅은

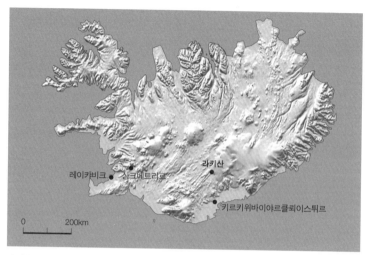

아이슬란드 지도. 1783년 분화한 라키산의 위치도 확인할 수 있다.

노르웨이와 멀리 떨어져 있어도 꽤 매력적이었다. 어쩌면 왕과 멀
리 떨어져서 더 좋았을 수도 있다.

　아이슬란드에 정착한 사람들은 주로 노르웨이 왕 하랄이 새로 부
과한 세금에 반대하는 입장이었으므로, 그곳에서 형성된 문화는 당
시로서는 놀라울 정도로 평등했다. 왕은 없고 족장과 농부들이 있
었다. 족장(고대 노르드어로 고디goði. 이는 '신'을 뜻하는 단어에서
유래했다)들은 정치적, 종교적 역할을 동시에 맡았다. 도시는 물론
마을조차 형성되지 않았다. 사람들은 각자의 농장에 흩어져 살았고,
다만 1년에 한 번씩 모여 의회인 알싱그Alþingi에 참석했다.

　성 브렌던의 머리 위에 '이상한 냄새가 나는 돌들'이 떨어진 이래

로, 화산 분화는 아이슬란드 문화의 일부가 되었다. 아주 위험한 부분이기는 했지만 말이다. 농장이 용암으로 덮이기도 했고, 화산이 분화할 때 근처의 빙하가 갑자기 녹아서 대홍수가 나기도 했다. 그런데 이처럼 파괴적인 힘을 지닌 화산은 아이슬란드에 사람이 살 수 있도록 열을 제공하는 주요 원천이기도 했다. 바이킹이 처음 왔을 때 나무를 심었지만 여름이 너무 짧아서 나무가 느리게 자랐고, 노르웨이에서 배로 데려온 양들이 묘목을 먹어치우곤 했다. 수백 년이 지나자 아이슬란드에선 나무가 거의 사라졌고, 아이슬란드 사람들은 땔감을 구할 수 없게 되었다. 그래서 일부러 화산 활동으로 만들어진 온천 주위에 집을 지어 온천의 증기를 난방에 이용했다. 오늘날에도 아이슬란드의 경제는 대부분 지열발전소에서 얻는 사실상 무한한 에너지를 동력으로 돌아가고 있다. 아이슬란드 사람들은 자신들의 나라를 '불과 얼음의 땅'이라고 부른다.

화산으로 생긴 지형 중 '의회 평원'이라는 뜻의 싱크베트리르 Þingvellir도 있다. 푸르른 계곡인 싱크베트리르의 옆면은 깎아지른 듯한 현무암 절벽이다.(평행한 단층 사이에 내려앉은 계곡으로, 지질학 용어로 지구地溝·graben라고 부른다.) 자연이 지어준 이 원형극장에서 의장(아이슬란드 의회 알싱그에서 법을 암송하고 분쟁에 대해 판결을 내리는 역할을 한다)은 모인 사람들에게 말을 했고 사람들은 그의 말을 들었다. 930년부터 1798년까지 해마다 하짓날이면 이곳에서 알싱그가 열렸다. 알싱그는 아이슬란드 자주독립과 평등주의의 자랑스러운 상징이었다.

잉골뷔르가 기둥을 던져 레이캬비크에 정착한 이야기처럼, 알싱그의 연례 의회는 아이슬란드 정체성에 매우 중요한 요소다. 그리고 아이슬란드인들의 실용적인 면도 보여준다. 10세기 말에 아이슬란드는 북유럽 신화를 믿는 사람들과 개종한 기독교도들 사이의 갈등으로 난관에 빠져 있었다. 족장이 정치적, 종교적 역할을 도맡았기 때문에 생긴 문제이기도 했다. 이 문제는 1000년 여름, 사람들이 알싱그에서 기독교를 국교로 삼을 것인지 논의하고 있을 때 정점에 이르렀다. 논의 중에 말을 타고 달려온 사람이 근처에서 화산이 분화하고 있다고 알려주었다. 그러자 몇몇 사람이 땅의 신들이 이 논의 때문에 화가 났다며, 기독교를 거부해야 한다는 신호라고 말했다. 의장 스노리 고디Snorri Goði가 답했다. "그렇다면 우리가 서 있는 이 바위가 튀어나왔을 때 신들은 무엇 때문에 노여워했지요?" 사람들은 웃음을 터뜨렸고, 곧이어 의회는 투표를 해서 기독교 국가가 되기로 결정했다.이 전승은 수백 년 후에 글로 기록된 아이슬란드 사가 문학에 등장한다. 그 무렵, 아이슬란드 사람들은 화산이 분화하고 용암이 굳어 바위가 되는 광경을 여러 차례 목격해 바위와 화산의 관계를 잘 알고 있었을 것이다. 이 이야기는 남아 있는 기록 중 유럽인이 신의 처벌이라는 개념을 대놓고 비웃은 첫 번째 사례일 것이다.—지은이

✦

이후로 거듭된 화산 분화가 사람들의 목숨을 앗아가고 생계를 위협했다. 14~16세기의 소빙하기빙하기만큼은 아니지만 지구 전체의 기온이 낮

아졌던 시기-옮긴이와 페스트 유행으로 아이슬란드 사람들은 굶어죽을 지경에 이르러, 다시금 동맹 관계를 맺은 노르웨이와 덴마크 왕들의 빈약한 원조에 의존하고 있었다. 하지만 이 시기에 다 죽어버린 그린란드 정착민과 달리, 아이슬란드 사람들은 살아남아 강인한 공동체를 이루었다. 18세기 중반, 아이슬란드 인구는 5만 명까지 늘어났다. 사람들은 여전히 각자 농장에 흩어져 살았고 마을은 몇 개밖에 없었다. 기독교로 개종했기에 교회가 생활의 일부가 되었다. 교회는 목사와 그의 가족이 살고 일하는 농장 안에 있었다.

오래전에 아일랜드 사람들이 정착했고, 요외르레이뷔르가 정착한 지 얼마 되지 않아 죽었던 마을 키르키위바이르에는 중세시대에 몇백 년 동안 수도원이 있었다. 그래서 '교회 농장'이란 뜻의 키르키위바이르에 '수도원'을 뜻하는 말을 덧붙여 키르키위바이야르클뢰이스튀르Kirkjubæjarklaustur라고 부르게 되었다. 이곳은 부유하고 번창한 정착지였고, 인기 많은 목사아이슬란드는 1540년 루터파로 개종했다.-옮긴이 욘 스타인그림손Jon Steingrimsson이 이끌고 있었다.

1783년 6월 8일 성령강림절 아침에 욘 목사는 성령이 세상에 내려온 일에 관해 설교할 준비를 마친 뒤 말을 타고 교회로 가고 있었다. 그때 북쪽에서 거대한 검은 구름이 솟아오르는 모습이 보였다. 불과 몇 분 만에 사방이 어두컴컴해졌고 하늘에서 재가 떨어지기 시작했다. 욘은 하나님의 인내심이 다했다고 생각했다. 고난의 시대가 온 것이다.

욘은 아이슬란드의 영웅이다. 학교에서도 그에 대해 가르친다. 아이슬란드 사람들을 전멸시킬 뻔한 재난에 맞서 침착하고 용기 있게 행동한 대표적인 인물이었다. 그는 아이슬란드의 전통적 미신과 800여 년 전 스노리 고디가 지녔던 회의주의를 동시에 따랐다. 꿈이 미래를 암시한다고 믿고 자신이 꾼 꿈을 일기에 자세히 적었다. 욘은 라키산 분화가 아이슬란드 사람들의 죄에 대한 하나님의 처벌이라고 믿었다. 한편으로 일기에 라키산의 분화와 화산과 관련된 다른 현상들을 자세히 묘사해 놓아서 현대 화산학자들이 중요한 1차 사료로 참고하고 있다.

재난 구조 활동과 복구에 관심 있는 사람이라면 누구나 욘의 일기를 꼭 읽어보아야 한다. 먼저 일어난 리스본 지진에 관한 기록처럼 욘의 일기는 자연재해는 재난의 시작일 뿐, 거기서 그치지 않는다는 것을 잘 보여준다. 위험한 사태가 벌어지는 동안에는 마을이 파괴되고 사람들이 죽는다. 희생자를 구출할 영웅이 필요하다. 하지만 가장 힘겨운 단계는 그 후에 시작된다. 용기, 인내심, 통솔력이 필요한 복구와 재건 작업이 바로 그것이다. 욘은 재해가 일어났을 때에도, 끝난 뒤에도 훌륭하게 사람들을 도왔다. 그의 행동은 자연재해가 얼마나 엄청난지, 그리고 한 사람이 얼마나 큰 일을 해낼 수 있는지를 보여주었다.

성령강림절 아침에 시작된 화산 분화는 무려 8개월이나 계속되었다. 미국 로드아일랜드주의 절반보다 넓고 아이슬란드 국토의 6분의 1에 해당하는 약 1500제곱킬로미터의 땅 위에 약 17미터 높이의 용암이 쌓였다. 용암의 대부분은 처음 45일 동안 흘러내렸다.

라키산은 1783년 6월부터 8개월 동안 분화하면서 엄청난 양의 용암을 분출했다.

봄에 물이 분 강물처럼 빠르게 흘렀다고 한다. 화산이 여러 차례 분화하면서 열 군데의 분화구에서 흘러나온 용암이었다. 용암 분출은 전부 같은 양상을 보였다. 먼저 며칠이나 몇 주에 걸쳐 지진이 여러 번 일어난다. 그러다가 땅에 갈라진 틈이 생기고 용암이 지하수를 통과해 위로 올라오기 시작한다. 용암과 물의 상호작용으로 폭발이 일어나 분화구를 통해 분출되는 과정에서 지하수는 결국 증발해 버리고 용암은 땅 표면으로 흐르게 된다.

그 결과, 화산이 폭발하는 단계와 지표면에 용암이 흘러내리는 단계가 번갈아 반복되었다. 8개월 동안 라키산에서 나온 용암은 하와이제도 킬라우에아Kilauea산에서 30년 동안 쉬지 않고 나온 용암보다 세 배나 많았다. 욘은 화산 분화 초기에 용암이 다가올 때 마치 지구가 찢어지는 것처럼 보였다고 일기에 썼다.

이번 주와 지난 2주일 동안 이루 말할 수 없이 많은 독성 물질이 하늘에서 내려왔다. 화산재, 화산모, 유황과 초석으로 가득한 비, 이 모든 것이 모래와 섞여 떨어졌다. 풀을 뜯거나 풀밭 위를 걸어 다니는 가축의 주둥이, 콧구멍, 발이 밝은 노란색으로 변하고 벗겨졌다. 물은 죄다 미지근해지고 연하늘색을 띠었고, 자갈 언덕은 회색으로 변했다. 불이 더욱 타오르고 정착지에 가까워질수록 땅 위의 식물은 모조리 타버리거나 회색빛으로 시들었다.[23]

욘은 피해 상황과 더불어 자신이 신자들을 정신적, 육체적으로 보살핀 활동도 기록했다.(그는 당대의 의술을 스스로 익혀두고 있었다.) 쉴 새 없이 말을 타고 교구를 돌아다니며 주민들이 잘 지내고 있는지 살폈다. 그 사이에 용암은 계속 흘러내려 키르키위바이야르클뢰이스튀르와 욘의 교회에 자꾸 가까워졌다.

7월 20일, 욘은 이 교회에서의 마지막 예배라고 생각하며 신자들을 불렀다. 이때 용암은 교회에서 가장 가까운 골짜기로 흘러내린 상태였다. 최후가 다가온 것처럼 보였다. 많은 사람이 농장을 잃었고, 용암에서 나온 기체를 맡고 죽어가는 사람도 있었다. 몇몇 사람은 용암이 들이닥치면 도망갈 수 있게 예배 중에도 교회 문을 열어놓아 달라고 요청했다.

오늘날 키르키위바이야르클뢰이스튀르에는 욘 스타인그림손을 기념하는 교회가 서 있다.

욘이 이때 한 설교를 '불의 예배'라고 부른다. 욘 자신은 일기에
이 설교에 관해 자세히 적지 않고 간략하게만 서술했다. 처음에 모
두에게 기도하라고 말하며 설교를 시작했다고 한다. "경건히 기도
합시다. 주님이 서둘러 우리를 파괴하지 않으시기를."[24] 그리고 상
황이 아무리 나쁘더라도 하나님이 가장 위대하다는 사실을 기억하
라고 당부했다. 그들이 할 일은 닥쳐오는 시련을 인내하며 견디고
하나님의 자비로움을 믿는 것이었다.

욘이 한 다른 말들은 전하지 않는다. 하지만 그의 설교는 그가 아
이슬란드의 영웅이 되는 데 큰 영향을 주었다. 예배가 끝나고 교회
밖으로 나온 신자들은 용암이 교회를 덮치기 직전에 멈춘 광경을

발견했다.(현대의 연구에 따르면 용암이 물이 풍부한 강으로 흘러 들어 갔고, 강물이 전부 수증기로 증발하기 전에 용암이 댐 모양으로 굳어버렸다. 이 천연 댐은 나머지 용암을 가로막아 다른 방향으로 보냈다. 그래서 교회 쪽으로 흐르지 않은 것이다.) 욘은 기적을 행한 자로 추앙되었고, 후대에 '불의 목사'로 알려졌다.

그렇다고 해서 위험이 사라진 것은 아니었다. 용암은 그 뒤로도 6개월이나 계속 흘렀다. 나중에는 용암이 다른 골짜기까지 퍼져나 갔고 아이슬란드에서 가장 풍족한 농경지였던 남동부 지역의 대부분이 피해를 입었다. 1784년 초에 용암의 흐름이 마침내 잦아들었지만, 안도할 틈도 없이 독성 기체가 문제를 일으켰다. '엷은 안개의 고난'이라는 뜻으로 모뒤하르디닌Móðuharðinin이라 불렸던 이 현상 때문에 나라가 멸망할 지경이었다. 가축의 60퍼센트 이상이 죽었고, 여기에는 가장 주된 육류 공급원이었던 양의 80퍼센트가 포함되었다. 인구의 5분의 1이 넘는 약 1만 명이 독성 기체와 그로 인한 기근으로 목숨을 잃었다.

✦

라키산에서는 특히 불화수소와 이산화황, 이 두 가지 기체가 대량으로 분출되었다. 불소는 이와 뼈의 발달에 영향을 주는 원소다. 체내에 적은 양의 불소가 존재하면 이와 뼈를 튼튼하게 하는 이로운 작용을 한다. 불화수소가 분해되면 불소가 나온다. 불소는 물에 매우 잘 녹으므로 비에 녹은 뒤 화산재 입자의 겉면을 덮는다.(오늘날에도 아이슬란드 농부들은 실외에 물이 든 그릇을 내놓고, 만약에 화산재가 물에 둥둥 떠 있으면 멀리서 화산이 폭발했다는 뜻이므로 가축을 불소로부터 보호하기 위해 실내로 이동시킨다.)[25] 불소는 이렇게 해서 식수원으로 유입되고 식물에 흡수된다.

라키산에서 나온 800만 톤의 불화수소는 아이슬란드 전체에 내려앉았다. 다량의 불소는 뼈를 변형시키고 이를 망가뜨리는 독이 된다. 욘은 일기에 가축의 발굽이 아래부터 썩는 증상을 묘사했다. 먹을 것이 모자라 어쩔 수 없이 오염된 고기를 먹은 사람들은 불소의 독성 때문에 죽었다. 바다에서 고기를 잡던 해안가 주민들은 농부들보다 피해가 덜했다. 불소는 목초지와 민물고기를 오염시켰지만, 바닷물고기는 여전히 건강했다. 그로부터 2년이 흐르는 동안 상황은 나빠지기만 했다. 이때 덴마크의 식민지였던 아이슬란드는 자치 정부가 없었고 기근을 겪는 사람들에게 먹을 것을 전하려는 국가적인 시도도 없었다.

목사 욘은 담당 교구의 주민들을 살리기 위해 자기 몫을 다했다. 레이캬비크로 가서 도움을 청했고 덴마크 측에서 지원금을 받았다. 교구로 돌아갔을 무렵에는 거의 다 도둑맞은 후였지만 말이다. 그는 연일 농장들을 방문하고 치료약을 만들고 사람들의 고통과 굶주림을 기록하고 세상을 떠난 이들을 묻어주었다. 장례가 점차 빈번해지고 있었다.

욘은 아무도 도와주는 사람이 없어도 모두에게 기독교식 장례를 치러주는 데 열중했다. 그의 말은 교구에서 유일하게 시신을 교회 묘지로 운반할 힘이 남아 있는 건강한 말이었다. 1주일에 다섯 구에서 열 구의 시신이 교회로 왔고, 욘은 이들의 사망 사실을 일기에 낱낱이 기록했다. 서른한 살의 사랑하는 아내 소룬Þórunn의 이름을 일기에 적었을 때, 욘은 무너질 뻔했다. 램프를 켤 기름도 없이 동상걸린 손발로 그는 홀로 자살 충동에 대해 썼다.

그렇게 2년을 보내고 1785년 가을, 도저히 살아남을 수 없어 보이는 상황에서 욘은 마지막으로 해안 쪽으로 가서 먹을거리가 있는지 찾아보기로 했다. 남자 한 명과 소년 두 명이 선발대로 먼저 떠났다. 나머지 사람들이 도착해서 보니, 선발대가 엄청나게 많은 물범을 잡아놓아서 집까지 운반하려면 말이 150마리나 필요할 지경이었다. 신이 주신 귀한 선물이었다. 덕분에 교구 사람들은 겨울을 나고 일상으로 복귀할 수 있었다.

가장 큰 피해를 입은 건 욘의 교구와 남동부 농장들이었지만, 라키산 분화는 국가적인 위기였다. 덴마크 정부가 특사를 보내 무슨 일이 일어났는지 알아보는 데에만 1년도 넘게 걸렸고, 덴마크의 원조는 턱없이 적었다. 많은 농지가 용암에 덮였고, 더 많은 땅이 독성기체에 오염되었다. 수많은 사람이 조상 대대로 살았던 터전에서 내몰려 오염되지 않은 땅을 찾아가야만 했다. 아이슬란드는 갈 데 없는 난민들의 나라가 되었다.

여기서 재난을 정의하는 결정적 요소를 볼 수 있다. 피해 범위가 너무 넓어서 인간 사회 자체가 위협당하는 상태가 바로 그것이다. 인구의 절반이 농지를 잃고 생계수단을 잃었다. 인구의 대이동은 정부와 교회의 기능을 혼란에 빠뜨렸다. 많은 곳에서 세례와 장례 기록이 유실되었다.(기록할 사람이 남지 않은 탓일 것이다.) 아이슬란드 사회의 다른 변화들도 '엷은 안개의 고난' 때문에 일어났다고 여겨진다. 비키바키víkivaki라는 유서 깊은 전통춤이 이 무렵에 사라졌다. 저명한 아이슬란드 역사학자 귄나르 카를손Gunnar Karlsson의 의견으로는 나라 전체가 엄청난 충격에 빠져 누구도 도저히 춤을 출 의욕이 생기지 않았던 것이다.

자연재해 이후 혼란으로 인간 사회가 받는 경제적, 사회적 충격은 자연이 가한 물리적 피해보다 훨씬 클 수도 있다. 사회의 생존은 피해에서 얼마나 빠르게 회복하고 지역 경제를 재건하는가에 달렸다. 아이슬란드 사회는 완전히 무너질 수도 있었다. 국민들이 멀리 떠나거나 다 죽어버릴 수도 있었다. 먹을 것을 구해서 나눠주고 의술을 베풀고 희망을 불어넣은 욘 같은 사람들의 노력이 있었기에 아이슬란드는 살아남았다.

리스본의 드카르발류처럼 욘은 재난에서 회복하는 사회의 생존에 중추적인 역할을 했다. 그런데 그는 재난 복구자로 기억되지 않는다. 위기의 순간에 나타난 영웅에 대한 사람들의 감정적 반응은 언제 어디서 내려칠지 모르는 날벼락에 대한 두려움에 의해 증폭되어 다른 모든 것을 압도한다. 재건을 위한 노력이 더 대단하고 가치 있는 일이었지만, 욘은 다른 무엇보다도 흐르던 용암을 설교로 멈춘 자, '불의 목사'로 기억되고 있다.

✦

　라키산은 불소와 더불어 대량의 이산화황을 내뿜었다. 이산화황은 밀도가 물의 두 배 이상인 무거운 화합물이다. 따라서 이산화황을 대기 높은 곳으로 보내려면 에너지가 많이 필요하다. 폭발이 심하지 않을 때에는 분출된 이산화황이 비에 섞여 아이슬란드의 땅으로 떨어졌다. 나뭇잎에 구멍이 뚫렸고 농작물이 시들었다. 하지만 강력한 폭발이 일어날 때에는 많은 양의 이산화황이 성층권까지 올라가서 유럽, 그리고 유럽 너머까지 이동했다.

　이렇게 해서 성층권까지 분출된 독성 기체는 라키산 분화에 의한 피해 중 가장 광범위한 피해를 야기했다. 유럽에 어찌나 큰 피해를 입혔는지 1783년은 '경외의 해annus mirabilis'라고 불렸다. 화산 분화가 시작된 지 이틀 만인 6월 10일에 이산화황, 황화물, 화산재가 섞인 실안개가 아이슬란드와 노르웨이의 딱 중간에 있는 페로제도에 처음으로 나타났고, 6월 14일에는 프랑스까지 퍼졌다. 6월 말이 되자 유럽 전역으로 이동했다. 이 안개는 여름 내내 머물렀다. 지역마다 몇 주, 몇 달 동안 연기 같은 안개가 끼었다는 기사가 신문에 실렸다. 가을 무렵에 영국과 프랑스의 신문은 사람들이 목이 타는 듯이 아프고 숨을 쉴 수 없는 증상을 보이며 알 수 없는 병으로 죽어가고 있다고 보도했다. 농장 일꾼들이 너무 많이 죽어나가서 농장 주인들은 추수에 애를 먹었다. 그해 여름 영국의 사망자 수를 다른 해와 비교하면, 라키산 분화로 영국에서만 2만 3000명이 죽었다고 추정된다.

알렉산드라 윗제Alexandra Witze와 제프 캐나이프Jeff Kanipe는 저서 《불타는 섬Island on Fire》에서 라키산 때문에 유럽에 널리 퍼진 독성물질 오염과 기후 교란을 서술하며 이에 관한 당대의 기록을 인용했다. "이 나라에서 너무나 많은 사람이 열과 질병에 시달리고 있어서 농부들은 힘겹게 추수를 했다. 밭에서 일꾼들이 일할 수 없는 상태가 되어 실려 나갔고 그중 많은 이가 죽었다."[26]

최악의 상황 같지만, 성층권에 머무른 황은 더 심한 해를 끼쳤다. 황은 성층권에서 황산으로 산화되고 황산염 미세입자로 응축되었다. 지표면에 가까운 대기권 하층부에서 황산염은 비교적 빨리 비에 씻겨 없어진다. 하지만 기후 현상이 벌어지는 곳보다 높은 곳의 훨씬 건조한 성층권에서는 입자들이 수년씩 전 세계로 떠다닐 수 있다. 황산염 입자들은 태양에서 지구로 오는 햇빛을 산란시켜 바로 아래쪽 지면의 기온을 낮추기에 딱 알맞은 크기다. 화산이 폭발해 많은 양의 황을 성층권으로 보내면 지구 전체의 온도에 상당한 영향을 미칠 수 있다. 1991년에 분화한 피나투보Pinatubo화산은 세계 기온을 섭씨 0.8도 낮추었고, 이 효과는 3년 후까지도 느껴졌다. 라키산 분화의 경우에는 그렇게 정확한 측정값이 없지만, 피나투보산보다 여섯 배 많은 이산화황을 분출했고 성층권으로 더 많은 비율을 보냈다는 사실이 알려져 있다.

그해 겨울은 극심하게 추워서 체온 저하와 굶주림으로 또 많은 사람이 죽었다. 런던에서 비엔나까지 거리와 집에서 눈에 파묻혀 얼어 죽은 사람들이 신문에 보도되었다. 커다란 강들이 얼어 운송이 마비되었고 봄에 강물이 녹자 홍수가 났다. 이때 프랑스 왕비 마리 앙투아네트Marie Antoinette가 거리에 눈이 많이 쌓여서 썰매를 타고 이동하기 쉽다고 말하는 바람에 정치적 논란이 일었다. 왕은 불만을 잠재우기 위해 홍수 피해자에게 거액을 기부해야 했다. 이듬해 여름에도 유럽의 상황은 별로 나아지지 않았다. 계속된 추위와 그로 인한 수확량 감소로 대륙 전역에 기근이 들었다. 프랑스의 기근은 사회적 혼란에 지대한 영향을 미쳤고, 결국 대혁명으로 귀결되었다.

피해는 거기서 그치지 않았다. 열대 지방에 생명을 싹틔우는 비를 가져다주는 몬순계절에 따라 바뀌는 바람─옮긴이은 여름의 태양에 달궈진 대륙과 선선한 바다의 온도차에 의해 발생한다. 화산 분출물 때문에 햇빛이 가로막히자 대륙의 기온이 낮아져 몬순을 유발하는 에너지가 줄어들었다. 몬순이 없어지는 바람에 이집트에서는 평소와 달리 나일Nile강에 홍수가 나지 않아 많은 곳에 가뭄과 기근이 들었다. 당시 이집트 인구 360만 명 중 6분의 1이 사망했다. 한편 인도에서는 대기근이 들어 1100만 명 가까이 죽었고, 일본에서도 기근으로 100만 명 이상이 죽었다.(사실 인도와 일본의 기근에는 엎친 데 덮친 격으로 강력한 엘니뇨로 추정되는 현상도 기여했으므로 라키산이 유일한 원인은 아니었다.)

모두 합해서 100만 명, 어쩌면 더 많은 사람이 라키산 분화 때문에 목숨을 잃었다. 아이슬란드에서는 총 인구의 4분의 1에 육박하는 1만 명 이상이 죽었고, 대다수가 집과 생계수단을 잃었다. 독성 기체를 마시고 죽은 사람은 약 10만 명으로 추정된다. 그밖에도 10만 명 이상이 한파, 홍수, 굶주림으로 죽었다. 화산 폭발이 악화시킨 기근으로 수백만 명이 죽었다. 라키산의 총 피해 규모는 영원히 알 수 없을 것이다.

✦

　화산은 자연재해 중 유일하게 지구 전체에 영향을 미친다. 성층권의 기체 조성을 바꾸는 힘이 있기 때문이다. 모든 자연재해는 지표면과 지표면 바로 위에 작용한다. 그렇기 때문에 땅 위에 사는 인간에게 위험하다. 위험한 기후 현상은 대기권 하층부에서 벌어지고, 대기 중에서 이동하면서 종종 수백에서 수천 킬로미터 멀리까지 영향을 미친다. 하지만 어느 정도 선에서 저절로 수그러들고, 폭풍과 거센 비는 공기에서 오염물질을 깨끗이 씻어 내린다. 그리고 지표면에서 13~20킬로미터 높이에 있는 대기의 한 영역인 성층권은 우주에서 오는 방사선으로부터 지구를 보호하고 전 지구의 기후를 하나로 묶어준다.

　많은 화산이 좁은 지역에만 영향을 미친다. 물속에서 분화하는 중앙해령 화산은 대기에 아무런 영향도 주지 않는다. 하와이제도 킬라우에아산에서 30년 넘게 계속되고 있는 것과 같은 비폭발성 분화로 내뿜어진 기체는 지표면 가까이 머무른다. 폭발성 분출의 경우에도 대부분 영향 범위가 그리 넓지 않다.

화산에서 분출되는 기체 중에서 가장 부피가 큰 두 물질은 이미 지구 대기의 일부인 수증기와 이산화탄소다. 그리고 폭발성 분화라도 성층권으로 상당량의 물질을 보낼 만큼 강력한 경우는 드물다. 그런데 아이슬란드 화산은 상대적으로 성층권으로 물질을 보내기가 쉽다. 대기권 하층부는 극지방보다 적도에서 밀도가 더 높다. 피나투보산에서 성층권에 도달하려면 분출물을 20킬로미터 쏘아 올려야 하지만, 아이슬란드에서는 13킬로미터만 올리면 된다. 따라서 아이슬란드 화산은 앞으로도 전 세계에 영향을 미칠 것이다.

하지만 화산 활동으로 인한 기후 변화는 일시적이다. 화산은 일회성으로 기체를 대기로 내뿜고, 그 효과는 보통 몇 주나 몇 달 정도 지속된다. 게다가 큰 영향을 미치는 기체들은 공기보다 무겁고, 공기 중에서 다른 원소들과 화학 반응을 일으켜서 비에 녹아 아래로 떨어지곤 한다. 자연의 순환으로 화산이 분출한 기체는 수년이면 대기에서 없어지고, 그러면 기체들이 기후에 미친 영향도 사라진다.

인간이 대기에 쏟아내고 있는 기체들도 비슷한 방식으로 지구의 기후를 바꾸고 있다. 성층권에서 햇빛을 가로막아 지구의 기온을 낮추는 황산염과 달리, 대기권 하층부의 이산화탄소와 메탄은 지구가 우주로 발산하는 적외선이 빠져나가지 못하게 막아 지표면의 기온을 높인다. 이 기체들은 가볍기 때문에 화산 기체와 달리 쉽게 비에 씻겨 내리지 않는다. 그리고 인간이 화석연료를 태워 이산화탄소를 대기로 배출하는 일은 어쩌다 한 번이 아니라 계속 되풀이되고 있다. 라키산 분화가 전 세계에 입힌 피해를 곱씹어보면 단지 하나의 화산이 미치는 영향뿐 아니라, 지구의 모든 생명이 함께 누리고 있는 대기가 오염될 때 어떤 일이 벌어질지 심각하게 성찰하게 된다.

CHAPTER 4

왜 우리는
재난을
망각하는가

1861~1862년, 미국
캘리포니아주 홍수

✦

"이 도시는 영원히 충격에서
벗어나지 못할 것이다.
도저히 그럴 수 없을 것 같다."

윌리엄 브루어, 1862년 3월

지구과학자로서 나는 지질학의 시간에 익숙하다. 조금도 비꼬는 의도 없이 지난 1만 년을 '최근'이라고 말할 수 있다. 다른 사람들은 산을 보며 대지의 기반이라고 생각하지만, 내 눈에는 움직임이 보인다. 땅이 침식 작용으로 깎여 없어지는 속도보다 단층이 땅을 밀어 솟아오르게 하는 속도가 더 빠를 때 생기는 것이 바로 산이다. 이런 관점에서 나는 범람원 안이나 화산 아래, 활성 단층 위에 세워진 도시를 보면서 놀란다. 도시가 그곳에 있다는 데 놀라는 것이 아니다. 앞에서 보았듯이 그런 장소는 장점이 많다. 내가 이해할 수 없는 것은 주민들이 위험을 인지하고 대처하지 않는다는 점이다. 지질학자는 '앞으로 1000년이 지나기 전에 언젠가'라고 하면, 우리와 무관한 먼 훗날의 일이 아니라 금세 닥쳐올 위협으로 받아들인다.

　하지만 대부분의 사람들에게 미래는 추상적인 개념일 뿐이다. 인간은 놀라울 정도로 쉽게 과거의 재난을 잊거나 그 피해를 사실보다 축소해서 기억한다. 캘리포니아 주민에게 지난 170년 동안 최악의 자연재해가 무엇이었는지 물어보자. 캘리포니아주에 정착한 지 오래되지 않은 사람이라면 샌프란시스코의 1989년 로마프리에타 지진이나 로스앤젤레스의 1994년 노스리지 지진을 꼽을 것이다. 조상 대대로 캘리포니아주에 살았던 사람이라면 1906년 샌프란시스코 지진이라고 대답할 것이다. 이 지진이 토해낸 에너지는 노스리지 지진의 무려 다섯 배였다.

　사실 캘리포니아주 최악의 자연재해는 홍수였다. 1861~1862년 겨울, 미국 서부에 내린 비로 인해 캘리포니아주, 오리건주, 네바다주 역사상 가장 큰 홍수가 발생했고, 당시 인구의 1퍼센트가 넘는 수천 명이 사망하고 주정부는 파산했다. 캘리포니아주 농업의 중심지였던 센트럴밸리Central Valley(캘리포니아주의 거의 끝에서 끝까지 이어지는 거대한 골짜기)에서 500킬로미터에 걸친 땅이 10미터 깊이의 물에 잠겼다. 그런데도 요즘 캘리포니아 주민들은 이 홍수에 관해 들어본 적이 없다.

내 가족은 증조부 대부터 남부 캘리포니아에 살았지만, 나조차도 대홍수 이야기를 듣지 못했다. 내가 미국지질조사국에서 캘리포니아의 미래 대재난 모형을 만드는 작업을 시작하기 전에는. 우리 팀은 지진뿐만 아니라 홍수 모형도 만들고자 했다. 샌앤드리어스단층이 일으키는 대규모 지진과 비슷한 빈도인 100~200년에 한 번씩 일어나는 큰 홍수를 대상으로 삼았다. 30~50년마다 발생하는 재해는 모형을 만들 필요가 없다. 정확한 데이터가 존재하고 재해를 직접 겪은 사람들의 기록도 남아 있다. 따라서 과학자가 말해주지 않아도 미래에 어떻게 될지 다들 알고 있다. 나는 함께 일하는 수문학 hydrology 연구자들에게 그들이 아는 한 가장 거대했던 폭풍우가 무엇인지 물었고, 그들의 대답을 듣고 나니 어안이 벙벙해졌다.

✦

캘리포니아 지역은 16세기에 스페인에 점령되었다. 캘리포니아라는 이름은 인기가 높았던 당대 스페인 소설에 나오는 가상의 섬의 이름에서 따왔다. 소설에서 그곳은 아마존 여왕 칼리피아Califia가 다스리는 풍요로운 오지의 섬이었다. 하지만 현실의 캘리포니아는 관개시설을 갖추기 전에는 풍요와 거리가 멀었다. 비는 1년에 서너 달만 내리고 여름이 길고 메마르기 때문에 대부분의 농작물을 재배할 수 없었다. 1821년에 혁명이 일어나 캘리포니아가 스페인에서 멕시코 제국으로 넘어갔을 때, 유럽인 정착민은 겨우 수천 명에 불과했다. 세금이 별로 걷히지 않았기 때문에 멕시코 정부는 캘리포니아에 신경을 쓰지 않았다. 캘리포니오Californio(스페인 식민지 시절에 정착한 사람들의 후손으로 스페인어를 쓰는 사람들) 대다수는 캘리포니아 남부에 살았고, 북부에는 영어를 쓰는 소수의 사람들이 와서 정착하게 내버려 두었다. 1848년 멕시코-미국 전쟁으로 캘리포니아가 미국으로 넘어갔을 때에는 라틴아메리카계 백인 8000명 이하, 아메리카 원주민 약 5만 명이 살고 있었다.[27]

그러다가 1848년 새크라멘토Sacramento 근처에서 금이 발견되자 상황이 금세 달라졌다. 소문은 빠르게 퍼졌고 1849년에 사람들이 너도나도 정착하러 몰려왔다. 정부는 이주민의 물결에 대처하느라 우왕좌왕했고, 캘리포니아는 1850년에 주로 승격되었다. 그해에 미국 캘리포니아주에서 이루어진 최초의 인구조사 결과, 총 인구는 9만 명보다 조금 적었다. 1860년 무렵에는 인구가 40만 명 이상으로 늘어났다. 금을 찾아서 하루아침에 부자가 되려던 사람들은 대부분 실패했다. 더 확실하게 성공하는 길은 금광에서 일하는 광부들에게 생필품을 공급하는 것이었다.

골드러시 이전에 캘리포니아의 주된 산업은 목장을 운영하거나, 미국 동부로 가는 운송업자에게 가죽과 수지를 파는 것이었다. 하지만 새 주민들이 유입되면서 북부에서는 농장, 가게, 간단한 제조업이 빠르게 발달했고 술집, 도박장, 사창가도 생겼다. 금광에서 캔 금은 샌프란시스코만의 항구에서 배에 실었으므로 샌프란시스코는 주에서 가장 큰 도시가 되었다. 캘리포니아주의 주도는 몇 군데를 거쳐 금 산업의 중심지인 새크라멘토로 정해졌다. 새크라멘토에서 올려다보이는 시에라네바다Sierra Nevada산맥 기슭의 작은 산들과 샌프란시스코 사이에 캘리포니아주 인구의 80퍼센트가 살았다. 남부 캘리포니아에서는 여전히 목장을 운영하는 캘리포니오가 주류였다. 여름에 물이 부족했기 때문에 농사는 큰 강가가 아니면 지을 수 없었다.

1861년 무렵에는 골드러시가 잠잠해졌고 주정부는 사회기반시설을 갖춰나가고 있었다. 이 해에 캘리포니아주 주의회는 캘리포니아지질조사국California Geological Survey을 설치하는 법을 통과시키고, 조시아 휘트니Josiah Whitney를 대표 지질학자로 삼아 주의 천연자원을 조사하게 했다. 주정부의 요직에는 골드러시에서 이익을 본 사람들이 있었다. 그들은 좋은 시절이 계속되기를 원했으므로, 지질조사 경력이 많은 휘트니가 더 많은 보물을 찾아주기를 기대했다.

휘트니는 자신의 역할을 다르게 보았다. 정치 현실에 놀라울 정도로 관심이 없었던 그는 발견을 기다리고 있는 과학적 보석들을 찾아내고자 했다. 3년의 조사 끝에 휘트니가 발표한 처음 두 논문은

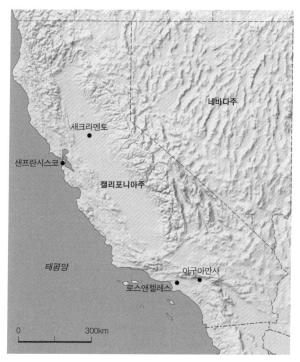

캘리포니아주 지도. 센트럴밸리에 위치한 새크라멘토는 1861년 홍수로
큰 피해를 입었다.

고생물학과 캘리포니아주에 서식하는 동식물에 관한 것이었다. 주
정부는 예산을 줄였고, 휘트니는 그들을 부패하고 부주의하고 어리
석고 악의적인 얼간이들이라고 말했다. 이 사실을 알게 된 주정부
는 지질 조사 예산을 줄였다. 그리 놀라운 일은 아니었다.[28] 나중에
몇몇 훌륭한 논문이 발표되기는 했지만, 휘트니가 계획한 연구는 대
부분 시행되지 못했다.

휘트니가 남긴 것 중에는 숨은 보석이 하나 더 있었다. 그의 조사 팀에 있던 젊은 식물학자 윌리엄 브루어William Brewer는 조사 기간 내내 상세한 일기를 썼다. 브루어의 일기 덕분에 우리는 결코 평범하지 않았던 1861~1862년 겨울에 관해 많은 것을 알게 되었다.

✦

캘리포니아 연안의 기후는 전형적인 지중해성 기후다. 면적이 넓은 아열대고기압이 여름에 북쪽을 향하면서 비구름을 막아 비가 거의 내리지 않는다. 겨울에는 이 고기압이 남쪽으로 물러가므로 편서풍이 불고 비바람이 몰려와서 저지대에는 비가 내리고 시에라네바다산맥에는 눈이 내린다. 눈이 녹은 물 덕분에 건조한 지역에서도 농사를 지을 수 있다. 하지만 어떤 해에는 고기압이 계속 머물러서 겨울에 내리는 비와 눈의 양이 적다. 또 어떤 해에는 바람이 이상하게 불어서 수차례의 폭풍우가 연이어 캘리포니아주를 가로질러 지나간다. 캘리포니아주의 기후는 마치 이곳의 경제처럼 모 아니면 도. 1850년대에는 새 주민들이 유입되는 와중에 가뭄이 자주 들어 농사가 잘 되지 않았다.

캘리포니아주에 오는 폭풍우는 맹렬하다. 누구나 알다시피 미국 남부의 멕시코만과 대서양 연안에는 허리케인Hurricane이 자주 오고, 카트리나Katrina, 하비Harvey, 샌디Sandy 등 대규모 허리케인의 이름은 유명하다. 캘리포니아주의 겨울 폭풍우는 대규모 허리케인만큼이나 많은 양의 비를 뿌리지만, 이름이 없기 때문에 덜 기억된다. 심한 폭우를 정의하는 한 가지 방법은 3일 동안 강우량이 40센티미터를 넘는지 측정하는 것이다. 미국의 기상관측소 중에서 이렇게 많은 양의 비를 기록한 곳은 몇 군데밖에 없고, 그 몇 군데조차 거의다 허리케인이 지나가는 곳들이다. 그리고 하나의 기상관측소가 이처럼 큰 비를 두 번 이상 관찰한 경우도 드물다. 캘리포니아주는 예외다. 시에라네바다산맥의 한 관측소에서는 이런 종류의 폭우가 일곱 번이나 기록되었다.

최근 연구들은 이런 폭풍우를 새롭게 설명하고 있다. 1990년대에 대기의 수분 함량을 직접 측정할 수 있는 인공위성들을 쏘아 올렸다. 그 결과, 놀라운 사실들이 밝혀졌다. 대기 중에 좁고 긴 수분 기둥(이를 '대기의 강'이라고 부른다)이 있어서 적도 근처의 열대 지방에서 중위도로 수분을 운반한다. 보통 길이는 수천~수만 킬로미터, 폭은 수백 킬로미터에 이른다. 이런 대기의 강이 캘리포니아주 연안으로 넘어오면 폭우가 내린다. 폭우는 대개 하루나 이틀이면 지나간다. 그런데 어쩌다 한 번씩 대기 조건 때문에 폭우가 더 오래 머물고 홍수가 난다.

과학자들은 남아 있는 기상 기록을 이용해 1861~1862년에 어떤 일이 있었는지 재구성해 보았다. 대기 조건이 맞아떨어져서 생긴 대기의 강이 북쪽에서 남쪽으로 이동했다. 비는 1861년 12월 초 오리건주에서 시작되어 12월 말에서 1862년 1월까지 북부 캘리포니아에 내리쳤고, 1월 말에는 남부 캘리포니아에 본격적으로 내리기 시작했다. 마치 하늘이 열린 듯이 45일 동안 쉬지 않고 비가 내렸다. 주 전체가 피해를 입어 수천 명이 죽고 농작물, 밭, 가축, 상점이 파괴되었다.

비의 양을 정량적으로 측정하는 장소는 몇몇 지점일 뿐이므로 강우량을 정확하게 확인하기는 어렵다. 과학자 브루어는 폭우에 크게 놀랐다.

첫 소나기가 내린 11월 6일부터 1월 18일까지 83센티미터의 비가 내렸고 여전히 비가 내리고 있다! 하지만 이게 전부가 아니다. 시에라네바다산맥 기슭에 있는 금광 지역에는 이곳의 두세 배 되는 비가 온다. 올해 투올룸Tuolumne카운티County · 미국에서 주의 하위 행정구역 단위로 한국의 군과 유사하다.—옮긴이의 소노라Sonora에는 1861년 11월 11일부터 1862년 1월 14일까지 183센티미터의 비가 내렸고, 많은 곳에서 150센티미터 이상 내렸다! 겨우 두 달 동안 말이다. 이타카Ithaca · 브루어가 자란 마을에서 가까운 뉴욕주의 소도시—옮긴이의 2년치 비가 캘리포니아주의 몇몇 장소에서 두 달 사이에 내렸다.[29]

남부 캘리포니아에는 남아 있는 자료가 훨씬 적지만, 어느 기록에 따르면 로스앤젤레스에 168센티미터의 비가 내렸다.[30] 1년 내내 비가 30센티미터 올까 말까한 곳에서 말이다.

수치가 어떠했든 폭우로 주 전체가 피해를 입었다. 센트럴밸리는 거의 캘리포니아주의 끝에서 끝까지 이어지는 거대한 골짜기로 서쪽에는 해안이, 동쪽에는 시에라네바다산맥이 있다. 시에라네바다산맥에서 흘러내린 급류는 센트럴밸리에 고였고 그 물이 빠지는 데 1년가량 걸렸다. 주도 새크라멘토는 아메리칸American강과 새크라멘토Sacramento강이 합류하는 지점인 센트럴밸리 북쪽 끝의 평지에 세워져 있었다. 캘리포니아에서 두 번째로 큰 도시였던 새크라멘토에 피해가 집중되었다.

최악의 홍수는 1월 9일에 시작되었다. 아메리칸강의 수위가 먼저 높아졌고 그날 아침 제방이 무너졌다. 새크라멘토강은 아직 수위가 최고로 높아지지 않았고 제방이 버티고 있었다. 그래서 오히려 아메리칸강에서 범람한 물이 도시에서 빠져나가지 못하게 막았다. 1월 10일에는 새크라멘토강의 수위가 저수위 때보다 8미터 높아져 있었다. 도시는 강보다 5.3미터 높은 곳에 있었으므로 2.7미터 깊이의 물속에 잠겼다. 《뉴욕 타임스The New York Times》는 이렇게 보도했다. "상류층 저택들은 응접실에 1~2미터의 물이 들어찼다. 많은 집의 2층 벽에 물이 찼던 자국이 길게 났다. 이층집을 포함한 목조 주택 수십 채가 휩쓸려갔다.… 장작, 울타리와 헛간, 모든 가금류, 고양이, 쥐, 그리고 많은 소와 말이 떠내려갔다."

이튿날에는 새로 선출된 주지사 릴런드 스탠퍼드Leland Stanford(나중에 스탠퍼드대학을 세운 인물)의 취임식이 있었다. 당혹스럽게도 새로 지은 주의회 의사당이 불어난 물 한가운데에 있었다. 취임식에 참여하는 사람들은 배를 타고 노를 저어 가는 수밖에 없었다. 위험하다는 우려는 무시되었고, 취임식은 계획대로 의사당에서 진행

대홍수가 난 새크라멘토의 입체 사진. 4번가에서 바라본 케이 스트리트 동편의 모습이다.
자료 출처 | 캘리포니아 버클리대학 밴크로프트도서관

되었다. 주지사는 취임 선서 후 배를 타고 자신의 집 2층 창문을 통해 귀가했다. 새 주정부는 업무를 수행하려고 해봤지만, 새크라멘토의 생활 기반이 무너지고 있었다. 12일 후, 주정부는 맞서 싸우기를 포기하고 샌프란시스코로 옮겨 갔다.

넓은 지역에 걸쳐 피해가 막심해서 어떤 사람들은 복구가 불가능하다고 생각했다. 브루어는 3월에 새크라멘토로 돌아가 목격한 광경을 기록했다.

도시 대부분이 아직 물에 잠겨 있다. 지난 3개월 동안 물에 잠겨 있었다. … 지대가 낮은 곳은 물로 가득 차 있다. 지하실과 마당에 물이 가득하고, 집과 벽은 축축하고, 모든 것이 불편하다. … 마당은 미끄러거리는 진흙투성이의 허물어져 가는 울타리로 둘러싸인 연못이 되어버렸다. 의자, 책상, 소파 같은 가구와 집의 파편이 흙탕물에 둥둥 떠다니거나 구석에 박혀 있었다. … 도시와 연결된 도로 중에 통행이 가능한 도로가 하나도 없고, 경제 활동은 완전히 멈추었다. 모든 것이 황량하고 비참해 보였다. 많은 집이 부분부분 무너졌다. 토대에서 떨어져 나간 집도 있고, 물길이 되어버린 거리들은 떠내려 온 집으로 막혔다. 죽은 동물 사체가 여기저기 널려 있다. 끔찍한 광경이다. 이 도시는 영원히 충격에서 벗어나지 못할 것이다. 도저히 그럴 수 없을 것 같다.

✦

물론 새크라멘토는 결국 복구되었다. 과감한 통찰, 의지, 그리고 강력히 추진한 토목 공사 덕분이었다. 시의회는 새크라멘토시 전체를 1862년의 홍수 수위보다 높은 곳에 다시 짓기로 했다. 시민들은 긴 쪽의 길이가 4킬로미터에 이르는 도시의 지반을 3~5미터 높이는 데 쓸 진흙과 모래 운송비를 대기 위해 자발적으로 특별 세금을 냈다. 건물 주인들은 건물을 토대에서 분리하고 3미터 위로 올려지었다. 어떤 사람들은 1층을 아예 포기하고 거기에 흙을 채워 넣었다. 이 작업에 15년이 걸렸고 막대한 비용이 들었다.

미지의 영역에 있던 재난 가능성은 이제 수면 위로 드러났다. 시민들은 도시를 잃을지도 모른다는 현실적인 두려움에 발 벗고 나섰다. 생존 위협도 위협이지만, 주도가 옮겨갈 수도 있다는 사실을 알아차린 것이다. 주정부가 샌프란시스코에 계속 머물 수도 있다는 생각이 들었다.

인류 역사를 통틀어 홍수에 휩쓸려 간 도시는 많다. 이 홍수가 예사롭지 않았던 점은 새크라멘토 말고도 같은 시기에 파괴된 도시와 마을이 수백 개였다는 사실이다. 북부 캘리포니아의 도시 대부분이 큰 피해를 입었다. 남부 캘리포니아에 가장 심한 폭우가 내리기 전인 1862년 1월 21일, 《뉴욕 타임스》는 이렇게 보도했다. "어느 거리의 작은 부분을 제외한 새크라멘토시 전체, 매리스빌Marysville 일부, 샌타로자Santa Rosa 일부, 오번Auburn 일부, 소노라 일부, 네바다Nevada 일부, 나파Napa 일부, 그리고 수많은 소도시가 물에 잠겼다." 정확히 셀 수는 없지만 많은 소도시가 완전히 파괴되었다. 《샤스타카운티신문Shasta County Courier》에 따르면 샤스타카운티에서만 세 마을에서 모든 주민이 한 명도 빠짐없이 집을 잃었다. 이때 많은 사람이 캘리포니아주를 떠난 듯하다. 20개월 후, 브루어의 일기[31]와 《뉴욕 타임스》[32]에 주의 인구가 줄어들고 있다는 소식이 실렸다.

브루어는 센트럴밸리를 "호수"라고 부르기 시작했다.

그때 '호수'는 폭이 약 100킬로미터였고 한쪽에는 산들이, 다른 쪽에는 언덕들이 있었다. … 대단히 넓은 이 지역의 거의 모든 집과 농장이 사라졌다. 물이 엄청나게 많아서(길이 400~500킬로미터, 폭 30~100킬로미터의 얼음처럼 차가운 흙탕물이었다) 바람이 불면 높은 파도가 쳐 농가를 산산조각 냈다. 미국은 이번 홍수처럼 크나큰 피해를 입은 적이 없고, 유럽도 그런 적이 거의 없었다.

광부들이 살던 산간지대에는 산사태가 많이 났다. 정확한 숫자는 알 수 없지만 산사태와 홍수로 많은 사람이 죽었다. 자연재해가 나면 으레 그렇듯이 가난한 사람들이 가장 큰 고통을 겪었다. 가난한 이들은 대개 허술한 집에서 살고, 위험한 사태에 대처할 여력도 없다. 샌프란시스코의 중국계 구호단체 보고서에 따르면 중국계 이민자들이 가장 많이 죽은 것으로 보인다. 중국계 이민자 사망자 수는 1000명이 넘었다고 추정된다.

샌프란시스코는 새크라멘토보다 피해가 덜했다. 도시가 반도 끝에 위치했고 동쪽에 샌프란시스코만이, 서쪽에 태평양이 있어서 빗물이 빠져나갈 수 있었다. 하지만 샌프란시스코조차 곳곳에 홍수 피해 흔적이 널려 있었다. 북부 캘리포니아의 강물 대다수가 샌프란시스코만으로 흘러나간다. 금문교 쪽의 좁은 하구는 밀려나오는 물의 흐름이 너무 강해서 배가 들어갈 수 없었다. 강 하구에서 제법 멀리 떨어진 바다에서 민물고기가 잡힐 정도였다. 그래도 주에서 가장 큰 도시가 파괴되지 않은 덕분에 캘리포니아주가 살아남을 수 있었을 것이다.

남부 캘리포니아의 로스앤젤레스카운티와 오렌지Orange카운티에는 오늘날 1400만 명이 살지만, 당시에는 인구가 1만 5000명 이하였고 이들 대다수가 홍수를 겪었다. 남부 캘리포니아에서 가장 큰 도시는 로스앤젤레스, 두 번째는 아구아만사Agua Mansa('잔잔한 물'이라는 뜻)였다. 아구아만사가 세워진 샌타애나Santa Ana강 강변의 비옥한 땅은 메마른 여름에도 경작지에 물을 댈 수 있어서 정착하러 온 사람들이 이상적인 곳으로 여겼을 것이다.

보통 겨울이면 샌버너디노San Bernardino산에 내린 많지 않은 빗물이 적당한 유속으로 샌타애나강을 통해 빠져나간다. 그런데 이 산악지대는 상당히 가팔라서 산악상승기류orographic lift·산의 경사면을 타고 상승한 공기의 기온이 빠르게 낮아지면서 상대습도가 높아지는 현상–옮긴이 효과를 촉진한다. 비구름이 산을 타고 올라가면 기온이 급격히 낮아져 비가 내린다. 샌버너디노산의 기상관측소에서는 아구아만사가 자리한 평지의 관측소보다 강우량이 두 배가량 기록되곤 한다.

1862년 1월 22일, 지난 4주 동안 비가 내렸고 지난 24시간 넘게 물에 잠긴 아구아만사는 맹렬한 급류에 휩쓸려 사라져버렸다. 마을 교회는 언덕 위에 세워져 있었고, 보르고타Borgotta 신부는 홍수로 물이 불어나는 요란한 소음을 들었다. 닥쳐올 위험을 꿰뚫어본 그는 교회 종을 쉴 새 없이 울리기 시작했다. 마을 주민들은 종이 왜 울리는지 알아보기 위해 교회로 왔고 유일하게 안전한 고지대였던 그곳에 머물렀다. 보르고타 신부는 물이 차오르는데도 계속 종을 울렸다. 마지막 몇 사람은 헤엄쳐서 교회로 들어갔다.

보르고타 신부의 재빠른 조치 덕분에 아구아만사에 인명 피해는 없었지만 마을이 파괴되었다. 밀려드는 물살에 흙벽돌집은 분해되었고 경작지는 산에서 떠내려 온 돌 부스러기로 뒤덮였다. 교회와 목사 사택을 제외하고 마을에 남은 건물이 없었다. 가축도 죄다 떠내려가고 물에 빠져 죽었다. 홍수에 떠내려 온 바위 때문에 봄에 밭을 갈 수 없었다. 지금까지 남아 있는 아구아만사의 유일한 자취는 교구민들의 생명을 구해준 교회로 올라가는 계단이다.

범람한 물은 캘리포니아주 이곳저곳에 몇 달 동안 남아 있으면서 지형을 바꾸었다. 애너하임Anaheim의 샌타애나강을 중심으로 직경 6.5킬로미터, 수심 1.2미터의 내해가 생겼다가 한 달 후에나 사라졌다. 마침내 홍수가 물러갔을 때에는 샌타애나강의 어귀가 약 10킬로미터 이동한 상태였다. 로스앤젤레스에서는 산과 산 사이에 물이 차 있었다고 전해진다. 팔로스베르데스Palos Verdes반도와 샌게이브리얼San Gabriel산 사이의 80킬로미터에 이르는 땅이 전부 물에 잠겨 있었다. 이곳에는 오늘날 1000만 명 가까운 사람이 살고 있다.

센트럴밸리에 형성된 '호수'는 그해 내내 없어지지 않았다. 샌프란시스코와 뉴욕을 연결하는 전봇대 꼭대기에 설치한 전신 설비들이 완전히 물에 잠겨 몇 달 동안이나 작동하지 않았다. 도로로 통행할 수 없어서 우편물도 배달할 수 없었다. 한 달 동안 외부와의 모든 소통이 차단되었다. 사람들은 자기 마을에 무슨 일이 일어났는지는 알았지만, 캘리포니아 주민들조차 이후 몇 달 동안 같은 주의 다른 마을과 도시에 무슨 일이 생겼는지 모르고 지냈다. 남부 캘리포니아가 피해를 입었다는 소식은 2월 말에야 주정부에 전해졌다.

이 홍수의 피해 규모는 지금도 헤아리기 어렵다. 큰 도시가 입은 심각한 피해에 이목이 집중되어 작은 마을들의 피해가 기록되지 않았기 때문이다. 재산세 기록에 따르면 과세 대상 토지의 3분의 1이 파괴되었다.(따라서 1862년 그만큼에 대해 세금을 걷지 못했다.) 캘리포니아주는 파산했다. 주의회는 18개월 동안 월급을 받지 못했다.(이 사실을 알고 나면 주의원들이 휘트니의 지질 조사 예산을 깎은 것도 조금은 이해가 간다.)

대홍수는 캘리포니아주의 경제를 근본적으로 바꿔놓았다. 몇몇 산업이 아예 돌아가지 못하게 되었다. 무거운 퇴적물을 잔뜩 품은 민물이 샌프란시스코만의 굴 양식장으로 쏟아져 굴을 생산할 수 없게 되었다. 광산의 기계들이 산 밑으로 떠내려갔고 광부들은 실종되었다. 일꾼과 기계를 잃자 골드러시가 쇠퇴하기 시작했다. 남부 캘리포니아 문화를 대표했던 목축업은 규모가 대폭 축소되었다. 소 20만 마리, 양 10만 마리, 어린양 50만 마리가 물에 빠져 죽었으니 가축 피해도 이루 말할 수 없었다. 목장 주인들은 가축을 다시 구매할 돈이 없었다. 그리고 설상가상으로 그 직후 2년 동안 극심한 가뭄이 들었다. 캘리포니아주의 주산업은 목축업에서 농업으로 바뀌었다.

✦

피해 규모를 적기조차 버거울 정도다. 이 홍수는 우리가 아는 수준의 홍수가 아니었다. 사람이 살던 수천 킬로미터의 땅이 모조리 파괴된 사건이었다. 그런데도 150년이 지난 오늘날, 캘리포니아 주민 대다수는 이런 일이 있었는지도 모른다. 새크라멘토 사람들은 이때 큰 홍수가 났다는 사실을 알지만, 새크라멘토에 국한된 일인 줄 안다. 홍수 피해와 복구 작업은 새크라멘토 시민들의 강인함과 독창성을 보여주는 사례로 언급된다. 복구 과정에서 파묻은 여러 건물의 1층을 보여주는 '새크라멘토 언더그라운드'라는 관광 프로그램도 있다. 하지만 전반적으로 캘리포니아 주민들은 가뭄을 걱정하고 지진을 염두에 두면서도 홍수에는 주의를 기울이지 않는다.

캘리포니아 사람들은 대체 어떻게 이런 거대한 재난을 잊을 수 있었을까?

이 집단 기억상실에는 심리적 요인과 물리적 요인이 있다. 진화심리학은 진화의 압력에 의해 인간의 사고와 감정이 변화하는 방식을 연구한다. 인간은 포식자와 기근의 위협과 같은 단기적 위기에 대한 신속한 반응이 생존에 필수적인 세계에서 진화했다. 위험은 도처에 만연해 있었고, 임박한 위험을 알아차린 사람들이 성공적으로 후손을 남겼다. 우리 대다수는 홍수를 급박한 위험으로 여기지 않는다. 직접 경험한 적이 있거나, 부모나 조부모가 기억하고 있었다거나 하는 등의 개인적인 의미가 없다면 자연재해가 불러일으키는 격렬한 감정은 금세 사그라들고 만다. 그리고 위험을 가늠할 때 인간은 이성보다 감정에 좌우된다.

또 하나의 심리적 경향이 이와 관련해 작용한다. 홍수는 큰 인명 피해와 경제적 피해를 야기한다. 그럼에도 인간은 홍수의 근원인 비를 친숙한 존재로 생각하기 때문에 늘 다른 자연재해보다 온건하다고 여긴다. 인류가 진화한 선사시대엔 눈에 보이는 포식자가 풀숲에 엎드려 숨은 포식자보다 덜 위험하게 여겨졌다. 포식자가 보이면 대비할 수 있다. 풀 사이에 숨은 뱀에 대해서는 대비할 수 없다. 이처럼 지금도 인간은 보이지 않는 위험을 두려워한다. 미국의 유일한 원자력 사고인 스리마일섬Three Mile Island 원자력발전소 사고에선 인명 피해가 없었는데도 핵에너지를 극도로 두려워하면서, 해마다 3만 명의 미국인이 차량 충돌로 죽는데도 운전이 위험하다고 생각하지 않는다. 휴대전화 때문에 암에 걸릴지도 모른다고 조바심을 내면서 느긋하게 담배를 태운다.

비는 너무나 친숙해서 호감이 느껴지는 대상이다. 홍수로 물이 불어나더라도 물이 점점 차오르는 모습이 우리 눈에 보인다. 물로 인한 피해는 감당할 수 있을 것만 같다. 그리고 대부분의 경우 꽤 잘 감당해 낸다. 지진, 화산, 산사태 등 다른 자연재해는 순식간에 어디선가 일어난다. 불규칙적이고 보이지 않으며 급작스러운 변동이다. 비는 그렇지 않다.

심리적 요인 말고 물리적 요인도 있다. 모든 자연재해는 작은 것이 큰 것보다 더 자주 일어나고, 엄청나게 큰 것은 매우 드물게 발생한다. 올해 전 세계의 지진 기록이나 캘리포니아주 역사상 모든 지진, 혹은 대지진 직후의 여진들만 살펴보아도 같은 경향이 나타난다. 규모 7의 지진보다 규모 6의 지진이 열 배 자주 일어나고, 규모 5의 지진은 100배, 규모 4의 지진은 1000배, 규모 3의 지진은 1만 배, 규모 2의 지진은 10만 배가량 많이 발생한다.

홍수도 비슷한 경향을 보인다.(하지만 각 지역의 배수 능력에 따라 통계가 달라진다.) 어떤 강에서든 유량(특정 지점을 1초에 통과하는 물의 양)을 측정할 수 있다. 대부분의 시기에 강의 유량은 작다. 전형적인 폭풍우가 오면 유량이 조금 커진다. 몇 년에 한 번씩 큰 폭풍우가 오면 유량이 더 커진다. 눈이 많이 쌓인 해에 비가 퍼부으면 유량이 더욱 커진다. 유량을 늘리는 모든 요소들이 한꺼번에 작용했을 때, 무시무시한 홍수가 발생한다. 지진과 마찬가지로 작은 홍수는 자주, 큰 홍수는 드물게 일어난다.

　수문학자들은 날마다 유량을 잰다. 여러 해 동안 매일 유량을 기록한다. 한 해에 어느 강의 유량이 작은 수치를 넘길 확률은 높고, 큰 수치를 넘길 확률은 중간 정도이고, 아주 큰 수치를 넘길 확률은 매우 낮다. 1년 동안 유량이 특정 수치보다 커질 확률이 1퍼센트라면, 그 수치에 도달한 경우를 백년홍수약 100년 만에 한 번씩 나는 홍수-옮긴이로 분류한다. 같은 경향이 지속된다고 가정하고 분포곡선을 계속 연장하면 1년 동안 일어날 확률이 0.1퍼센트인 천년홍수의 유량을 추정할 수 있다. 0.1퍼센트는 매우 낮은 확률이지만, 지구에는 수천 개의 강이 있고 각기 다른 비바람이 불기 때문에 거의 해마다 세계 어디선가 천년홍수가 발생한다.

　1861~1862년의 홍수는 19세기 캘리포니아주에서 일어난 많은 대규모 홍수 중에서도 가장 피해가 막심했다. 20세기 초 무렵에는 센트럴밸리의 드넓은 삼각주가 제방으로 둘러싸였다. 시에라네바다산맥에는 댐을 지어 농사용수로 쓸 물을 저장하고 홍수를 방지했다. 1938년 로스앤젤레스를 둘러싼 산간지대에 5일 동안 80센티미터의 폭우가 쏟아져 분지 지형인 로스앤젤레스의 3분의 1이 물에 잠기자, 남부 캘리포니아에서도 수해 방지 시설의 필요성을 무시할

수 없게 되었다. 그래서 로스앤젤레스의 강변과 하천변에 콘크리트를 발라서 물이 바다로 빨리 빠지게 했다. 인간의 독창성과 기술 덕분에 홍수가 멈추었다.

적어도 그렇게 보였다. 공학자들이 해낸 일은 비교적 작은 규모의 홍수를 방지한 것이었다. 댐, 제방, 콘크리트 수로는 백년홍수나 이백년홍수를 감당할 수 있었다. 그런데 아무리 거대한 홍수 방지 시설을 지어도, 그것을 넘어서는 어마어마한 대홍수가 언제든 일어날 수 있다. 사실 충분히 오랜 시간이 지나면 분명히 일어나게 되어 있다. 미래의 어느 날, 1861~1862년 겨울과 같은 일이 벌어져 댐이 넘치고 제방이 무너져 수백만 채의 집이 물에 잠길 수 있다. 그런 일이 일어난다는 것은 확정되어 있다. 문제는 언제 일어나느냐다.

✦

여기서 우리 팀이 등장했다. 2008년, 우리는 샌앤드리어스단층 지진 시나리오의 마지막 단계를 공개하면서 캘리포니아주의 대규모 홍수 모형을 만들기 시작했다. 1861~1862년 홍수와 같은 홍수를 목표로 삼았지만, 모형에 제한 조건들이 있어서 규모가 약간 작아졌다. 프로젝트 이름은 아크스톰ARkStorm이었다. 'AR'은 폭풍을 일으키는 기상 현상인 '대기의 강atmospheric river'을 나타냈고, 'k'는 우리가 탐구하고자 하는 드물고 규모가 큰 천년홍수의 '천'을 뜻했다.(사실 'k'는 필수적인 것은 아니었지만 k를 넣음으로써 멋진 방주ark의 이미지를 연상시킬 수 있었다.) 우리는 지질 기록을 조사해 1861~1862년과 같은 규모의 폭우가 발생하는 실제 빈도는 약 100~200년에 한 번이라고 추정했다. 샌앤드리어스단층 지진과 비슷한 빈도였다.

우리가 컴퓨터로 만든 홍수는 현재 마련된 홍수 방지 시설로 통제할 수 없을 정도로 규모가 컸다. 홍수 방지 시설이 전혀 없었던 1860년대 수준으로 광범위하게 물에 잠긴다는 결과가 나왔다. 우리가 작업했던 셰이크아웃 시나리오와 비교해서 아크스톰의 피해가 훨씬 커서 모두 놀랐다. 가능한 한 같은 방법론을 썼을 때 홍수가 나면 캘리포니아주 건물의 24퍼센트가 손상되고, 사망자는 지진으로 인한 사망자의 네 배이고, 피해 규모는 1조 달러에 이르렀다.

그런데 연구 결과보다 더욱 놀라운 것은 2010년 연구를 발표했을 때 사람들이 보인 반응이었다. 관계자들은 이 결과를 받아들이지 못하고 거부했다. 셰이크아웃 시나리오는 긴급재난 관리자들에게 적극적으로 수용되었지만, 홍수 통제 기관에서는 그렇게 심한 피해 가능성이 없다고 일축했다. 그들은 홍수가 무엇인지 알았고, 과거에 많은 홍수에 대처해 보았다. 그들은 기존의 시설이 어떤 홍수든 감당하지 못할 리가 없다고 믿고 싶었기에 우리 연구 결과를 무시했다.(우리의 예측은 작은 지방자치단체에서 더 환영받았다. 그들은 자연재해로 지역사회가 순식간에 사라질 수도 있다는 사실을 쉽게 인정했다.)

다시 심리적 차원을 고려할 차례다. 재난을 연구하는 과학자로서 우리는 홍수가 지진보다 감정적 스트레스를 덜 유발한다는 사실을 알고 있었다. 그렇기에 상대의 반응에 그렇게 놀라진 않았다. 하지만 나는 과학적 증거를 보여주면 주와 시의 관계자들이 "우선순위를 바꿔야겠군요"라고 반응할 줄 알았다. 그 대신에 긴급재난 관리자들은 자신들의 감정적 반응과 불일치하는 데이터를 못 본 척했다. 모든 사람이 그렇듯이 그들도 보이지 않는 위험을 더 두려워한다. 심리학자라면 그들이 자신의 관점에서 벗어난 데이터를 비판하는 확증편향의 오류를 저지르고 있다고 말할 것이다.

이렇듯 극단적인 대홍수의 가능성을 인정하지 않으려는 태도 때문에 미국은 물론이고 전 세계 사람들이 위험에 처해 있다. 홍수 피해를 가늠하는 표준적인 방법은 역사적 기록을 이용하는 것이다. 그런데 기록이 남아 있는 역사(수문학자들은 이를 '역사 시대'라고 부른다)는 미국에서 100년 안팎이다. 수위를 측정하는 기구인 양수표가 19세기 말에야 발명되었기 때문이다. 이는 곧 1861~1862년 홍수를 비롯한 과거의 홍수들은 피해를 예측하는 자료로 활용되지 않는다는 뜻이다. 미국 전역에서 사람들은 불충분한 데이터를 바탕으로 범람원에 집과 회사를 세우고 있다. 건물을 새로 지을 때마다 위험이 증가하는 셈이다.

상황은 오늘날 더욱 위험할 수 있다. 20세기에 대기로 흘러간 열은 지구 온도를 평균 0.8도 높였고, 추가로 발생한 에너지 때문에 더욱 극심한 폭풍우가 만들어지고 있다. '천년홍수'라는 개념에는 미래가 과거와 비슷할 것이라는 전제가 깔려 있다. 과학자는 이를 정상성stationarity이라고 부른다. 그런데 불과 10년 사이에 사우스캐롤라이나주 찰스턴Charleston과 텍사스주 휴스턴Houston 등지에서 천년홍수가 여러 차례 나자, 많은 수문학 학회와 워크숍에서 '정상성은 사라졌다!'라는 말이 강조되고 있다.

1862년 캘리포니아주의 과세 대상 토지의 3분의 1이 파괴되었을 때, 캘리포니아 인구는 40만 명이었다. 지금은 100배 가까이 더 많은 사람이 미래의 홍수 위험을 품고 같은 장소에 살고 있다. 그리고 이 사실을 아는 사람은 거의 없다.

CHAPTER5

◆

단층 찾기,
희생양
찾기

1923년, 일본
간토 지진

✦

"이곳이 지옥이 아니라면
지옥은 대체 어디란 말인가?"
간토 지진의 익명의 생존자, 1923년

지진은 후지산이나 덴노天皇만큼이나 일본의 역사와 문화에서 중요한 위치를 차지한다. 캘리포니아주보다 지진이 세 배나 자주 발생하는 일본은 역사를 통틀어 쉴 새 없이 지진과 지진이 일으킨 쓰나미에 쑥대밭이 되었다. 일본 신화에서는 땅속에 묻힌 초대형 검은 메기 나마즈가 지진을 일으킨다.[33] 나마즈의 모습을 그린 목판화가 널리 제작되고 판매되었다. 태풍과 천둥은 각각 해당하는 신이 있었지만, 지진만은 나마즈의 악행에서 비롯한다고 믿었고 나마즈를 잠재울 수 있는 존재는 신토神道의 신뿐이었다.

1923년 간토關東 지진은 일본을 파괴한 무시무시한 지진들 중 하나였다. 규모는 7.9였고 도쿄와 요코하마橫浜 전체가 황폐화되었으며 14만 명 이상이 죽었다. 지진이 일어난 시점은 일본이 고립된 전통 사회에서 국제적인 국가로 바뀌는 과도기였고, 이 재난에 대한 일본의 반응은 양자 간의 갈등을 고스란히 드러냈다.

일본은 1000년 넘게 독립된 국가였고, 일본인은 그들이 사는 곳이 지구에서 특별한 장소라는 사실을 확실히 알고 있었다. 덴노는 태양신의 후손이었고 일본인과 하늘을 이어주는 중개자였다. 공식적으로는 덴노의 대리자로서 나라를 다스리는 쇼군將軍이 실제 지배자였다. 덴노는 오랜 세월이 흐르면서 상징적인 존재로 남았다.

일본의 문화적, 철학적 세계관은 중국 유학儒學의 영향을 받았다. 쓰인 지 3000년이 넘은 책인《역경易經》은 중국과 일본 철학의 기초가 되는 문헌이다. 공자孔子는《역경》을 연구했고 자세한 주석을 달았다. 기원전 250년경 전국시대에 철학자 추연鄒衍은《역경》의 개

땅속 깊은 곳에서 지진을 일으킨다는 신화 속 거대한 메기인 나마즈를 그린 일본의 그림.
자료 출처 | 국제일본문화연구센터 아카이브

넘들을 따라서 음양오행설陰陽五行說이라 불리는 자연주의적 사상을 확립했다.[34] 음양오행설은 우주가 원기元氣 사이의 상호작용에 의존한다고 설명했다. 양陽(남성, 빛, 공기, 뜨거움)과 음陰(여성, 어둠, 흙, 차가움)이 오행五行(물, 불, 나무, 금속, 땅)을 통해 작용한다는 것이었다.

기원전 2세기 무렵 한漢나라의 학자이자 관료였던 동중서董仲舒는 음양오행설을 유학에 통합시켜 앞으로 중국을 2000년 동안 이끌고 일본에 지대한 영향을 줄 철학을 완성했다. 동중서는 저서《춘추번로春秋繁露》에서 하늘, 자연, 사람은 서로 연결되어 있으며, 각 영역에서 음양오행의 균형을 유지해야 한다고 서술했다.[35] 사람 사이의 균형이 깨지면 자연에도 영향을 미쳐서 자연재해가 일어난다는 것이었다.

동중서는 책에서 하늘, 자연, 사람을 이어주는 황제의 역할을 강조하고, 자연재해를 막으려면 황제가 어떻게 처신해야 하는지를 적었다. 황제의 권력이 너무 강하면 신하들이 적절한 역할을 하지 못하므로 양기가 지나치게 강해져 태풍이 닥칠 것이다. 황제의 권력이 너무 약해서 신하들이 황제의 역할까지 차지하거나, 여자가 높은 자리에 오르면 음기가 강해져서 땅이 솟아올라 하늘을 지배하려 들 것이다. 즉, 지진이 난다. 이런 세계관은 기원후 675년 무렵엔 일본 문화에 완전히 녹아들어서, 일본 조정에 음양의 균형에 관한 자문을 제공하는 관청이 있을 정도였다.[36]

17세기에 서양 사람들이 처음으로 일본에 유입되자, 일본 사람들은 자신들의 문화가 위협받는다고 느꼈다. 그래서 1635년, 쇼군은 균형을 회복하기 위해 일본 내 외국인 거주를 금지하고 어기는 자는 사형에 처했다. 이 명령과 일본의 쇄국은 다음 200년 동안 지속되었다. 유럽에서 계몽주의가 유행하는 사이에도 일본의 전통적 관점은 굳건히 자리를 지켰다. 19세기까지도 훌륭한 정권은 자연재해가 일어나지 않는 것으로 천명을 입증할 수 있다고 믿었다. 한편 펜스테이트대학 아시아학과 교수이자 역사학자인 그레고리 스미츠 Gregory Smits가 지적했듯이 "조정의 정치가 천명과 멀어지면 기이한 기상 현상, 흉작, 전염병, 지진 등 재난이 일어나 하늘의 뜻이 드러난다고 믿었다."[37]

따라서 일본인은 많은 인간 사회가 으레 그랬듯이 지진, 기근, 화산 폭발이 무작위로 일어난다고 믿지 않았다. 그들은 규칙성을 찾고 의미를 부여했다. 개인이 신과 사적인 관계를 맺는 유대인과 기독교 전통에서는 자연재해를 개인이 저지른 죄의 결과로 보았다. 일본에서는 개인보다 사회적 조화와 공동체가 중시되었다. 따라서 자연재해도 사회의 결함 탓으로 돌아갔다.

캘리포니아주에 대홍수가 났던 19세기 중반, 일본은 위험한 사상의 물결을 막아내기 위해 고군분투하고 있었다. 수백 년 동안 일본을 보호해 왔던 쇄국 정책은 1853년 미국 해군의 매튜 페리Matthew Perry 제독이 일본에 상륙을 강행함으로써 무너졌다. 페리 제독은 군함을 끌고 도쿄 인근 항구에 와서 일본에게 서양과의 무역을 시작하라고 요구했다. 일본 다이묘大名들은 해군이 없어 페리와 맞서 싸울 수 없는 무력감에 수치스러워했다. 일본은 극단적으로 다른 세계관을 맞닥뜨리는 수밖에 없었다.

10년도 채 지나지 않아 쇼군과 수백 명의 다이묘로 이루어진 지배 구조는 메이지明治유신으로 와해되었다. 덴노는 이름뿐인 지도자가 아니라 다시금 일본을 다스리는 주체가 되었다. 메이지 덴노는 측근의 조언에 따라 예전 쇼군의 쇄국정책을 배척하고 일본의 대외 정책을 확립했다. 그들은 페리 제독에게 당한 굴욕을 통해 서양에서 배워야 할 필요를 느꼈다. 미국의 철갑 군함, 대포, 총 앞에 일본 무사들의 칼솜씨와 수련은 쓸모가 없었다. 덴노와 측근들은 일본 또한 총과 군함을 만들어서 다시는 그런 굴욕을 당하지 않겠다고 결심했다.

메이지 덴노는 서양과 경쟁할 수 있는 산업 사회를 이루려면 해외로 손을 뻗어야 한다고 생각했다. 그는 유럽의 젊은 과학자와 공학자에게 자금과 학생을 제공해 일본으로 불러들였다.

그렇게 일본으로 건너온 사람 중에 영국 지질학자 존 밀른John Milne이 있었다. 1850년 영국 리버풀Liverpool에서 태어난 밀른은 수학, 측량, 공학, 지질학, 신학 등 폭넓은 학문을 공부했다. 그는 학비를 대기 위해 종종 술집에서 피아노를 쳤다. 킹스컬리지에 들어갔다가 광산공학자가 되기로 하고 런던의 왕립광산학교에 입학했다. 불과 몇 년 사이에 유럽, 아이슬란드, 캐나다, 이집트 시나이Sinai반도 현장 탐사에 참여한 것을 보면 여행을 좋아했던 게 분명하다. 스물다섯 살에 밀른은 일본의 제의를 받아들여 도쿄제국대학 공과대학의 광산학 및 지질학과 교수가 되었다. 뱃멀미가 심했기에 스칸디나비아반도, 러시아, 중앙아시아, 중국을 거쳐 거의 육로(나중에 시베리아 횡단 철도가 놓일 경로)로 일본까지 갔다. 그는 1876년 3월 8일 도쿄에 도착했고 그날 밤 난생처음 지진을 경험했다.

여러 가지 학문을 공부한 이력에서 알 수 있듯이 밀른은 관심사가 다양했다. 그는 유라시아대륙을 건너오면서 관찰한 지질학과 식물학 정보를 1879년 《유럽과 아시아를 가로지르며Across Europe and Asia》라는 책에 기록했다. 북쪽의 홋카이도섬을 여행하면서 원주민 아이누 민족을 연구했다. 그곳에서 불교 승려의 딸인 호리카와 토네堀川トネ를 만나 결혼했다.(한참 나중에 밀른과 호리카와는 도쿄의

교회에서 영국 정부가 인정하는 결혼식을 다시 올렸다.) 호리카와는 밀른과 함께 지질학을 연구했다.

밀른의 위대한 학문적 업적은 지진에 관한 연구였다. 계몽주의 이후로 유럽 사람들은 다양한 분야의 과학 탐구에 열중했다. 하지만 지진을 관찰할 기회가 별로 없었기 때문에 지진에 고도의 과학적 방법론을 적용하는 과학자는 많지 않았다. 그런 상황에서 밀른과 도쿄제국대학의 동료 공학자들은 직접 겪고 있던 지진을 측정하기 시작했고 이 과정에서 현대 지진학이 발달했다.

✦

일본열도는 네 개의 판 사이의 계속되는 충돌로 형성되었다. 서쪽의 유라시아판은 북동쪽으로 태평양판, 남동쪽으로 필리핀해판과 충돌하고 있고, 그 사이에 북아메리카판의 작은 부분이 끼어 있다. 네 개의 판이 서로 충돌해 유라시아판과 북아메리카판을 서쪽 위로 밀어 올렸다. 물론 마그마도 솟아올라서 후지산과 같은 화산이 만들어졌다.

여러 종류의 판 경계 중에서도 이런 섭입대에서 지진이 가장 자주 일어난다.[38] 판끼리 멀어지거나 옆으로 스치는 대신에 서로 밀면서 생기는 강한 변형력 때문에 마찰력도 더 크고, 쌓인 에너지의 상당 부분이 지진을 통해 발산된다. 네 개의 판이 충돌하는 복잡한 구조 때문에 일본의 지진은 판 경계에 국한되지 않고 일본열도 전역

일본 혼슈 중부의 지도. 판 경계와 1923년 간토 지진을 일으킨
단층을 표시했다.

에서 일어난다. 일본은 세계 어느 곳보다도 지진 때문에 죽을 위험
이 크다.

바로 이곳에서 밀른은 연구를 시작했다. 그는 직접 경험한 지진
들에 관해 궁금해했고 지진 정보를 기록할 방법을 찾기 시작했다.

1880년 2월, 큰 지진이 일어나 항구도시 요코하마가 피해를 입자 밀른과 영국인 두 명, 그리고 일본인 동료들은 세계 최초의 지진 관련 단체인 일본지진학회를 세웠다. 그들이 처음에 한 활동 중 하나가 수평진자를 이용한 정밀 지진계를 개발하는 일이었다. 이 지진계의 기본 원리는 무거운 추를 매달아 땅이 움직여도 추는 제자리에 고정되어 있도록 한 것이었다. 추에 펜을 연결해서 땅에 붙여둔 종이에 닿게 하면, 땅과 추의 차동운동differential movement이 종이 위에 그려지게 된다.(현대의 지진계도 추를 사용하는데, 펜과 종이 대신에 전기 피드백 시스템으로 디지털 기록을 작성한다.) 이 지진계를 이용해 지진의 위치와 크기를 기록한 최초의 체계적 목록을 만들 수 있었다. 같은 해에 밀른의 제자 세키야 세이케이関谷清景는 세계 최초의 지진학과 교수가 되었다. 도쿄제국대학에 개설된 세계 최초의 지진학과에 임용된 것이다. 동시에 지진학과 학과장으로 임명되었다.

최초라는 수식어가 붙은 새 도구, 새 데이터, 새 연구자들 덕분에 지진학 분야는 빠르게 발전했다. 그런데 지진학자들은 지진학의 가장 중요한 발전은 가장 흥미로운 지진에서 비롯된다는 사실을 곧 알게 되었고, 이후로도 새삼 되새기게 되었다. 다른 과학자와 달리 지진학자는 절대로 스스로 실험을 설계할 수 없다.

1891년, 규모 8의 미노-오와리美濃-尾張 지진은 초기 지진학자들에게 유용한 자료를 제공했다. 이 지진은 바다에 위치한 세 판 사이의 경계가 아니라 부차적인 내륙 단층에서 발생했다. 단층이 지

존 밀른(중앙)과 그의 아내 호리카와 토네가 러시아 황족이자 지진학자인 보리스 골리친(Boris Golitsyn)과 함께 밀른이 만든 수평진자 지진계를 살펴보고 있다.
자료 출처 | 영국 와이트섬 캐리스브룩성박물관

표면 위로 솟아올라 하천과 도로를 갈라놓았다. 이런 특징을 연구한 밀른은 지진과 단층의 관계에 대한 가설을 처음으로 세웠다.(그는 지진이 단층을 부러뜨렸다고 인과관계를 거꾸로 추정했다. 과학자들은 수십 년이 지나서야 단층의 움직임이 지진을 유발한다는 것을 깨달았다.)

밀른의 다른 제자 오모리 후사키치大森房吉는 미노—오와리 지진

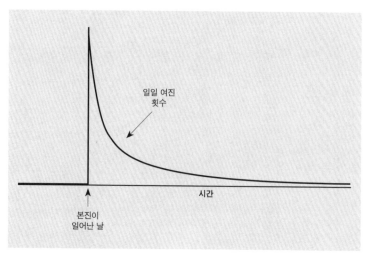

어떤 지진이 여진인지 어떻게 알 수 있을까? 여진이라는 용어는 본진 이후에 예전보다 잦은 빈도로 발생하는 지진들을 가리킨다.

을 통해 지진 활동의 가장 뚜렷한 특징이면서 무작위적이지 않은 요소인 여진afterchosk을 정의하고 정량화했다. 하나의 지진이 일어 나면 추가로 지진들이 더 일어날 가능성이 높아진다. 단층의 움직 임은 주변의 모든 것에 힘을 가하고, 변형력을 집중시켜 지각에 울 퉁불퉁한 부분들을 새로 만든다. 이 새로운 변형력을 해소하기 위 해 잇따라 지진이 일어난다. 이런 지진들은 바로 전에 일어난 본진 mainshock · 어느 곳에서 일어난 일련의 지진 가운데 가장 규모가 큰 것으로 여겨지는 지 진—옮긴이의 직접적인 결과이므로 그 지진의 '여진'으로 분류한다.

   오모리는 미노—오와리 지진의 여진을 연구해 여진 횟수가 시 간에 따라 줄어들고 이를 간단한 수식으로 나타낼 수 있다는 것을 보였다. 첫날 여진이 1000개 일어났다면 평균적으로 둘째 날에는 1000을 2로 나눈 500개, 셋째 날에는 1000을 3으로 나눈 333개가 발생한다. 열흘째에는 100개, 100일째에는 10개로 줄어든다. 여진 횟수는 급격히 줄어들지만 아주 오래 지속된다. 99일째에는 1000을 99로 나눈 10.101개의 여진이 일어나므로, 100일째와 거의 비슷하다. 오모리가 연구한 1891년 지진의 100주년이었던 1991년, 일본 지진학자들은 지금까지도 그 단층에서 발생한 지진 빈도가 오모리가 발견한 법칙을 그대로 따른다는 사실을 확인했다.

미노-오와리 지진 이후 1895년에 밀른은 아내 호리카와와 함께 영국으로 돌아갔다. 그는 비슷한 지진계를 만들어 와이트Wight섬 여러 지점에 설치했다. 일본 동료들과 연락을 주고받으면서 영국에서 기록된 일부 움직임이 일본의 지진으로 유발되었음을 알 수 있었다. 이 관찰에서 전 지구를 아우르는 지진학 분야가 탄생했다.

일본에서는 1896년 세키야가 죽은 후 오모리가 도쿄제국대학 지진학과 학과장으로 임명되었다. 그는 교수와 학생 수를 늘렸다. 기계를 이용한 지진학 연구가 활발하게 진행되었고 일본인들이 분야를 이끌었다.

1906년 샌앤드리어스단층의 북쪽 부분에서 일어난 지진이 샌프란시스코를 쑥대밭으로 만들었을 때, 일본은 원조를 보냈다. 오모리는 직접 캘리포니아로 가서 전문지식을 바탕으로 도움을 주고 이 지진을 연구했다. 당시 캘리포니아주의 아시아인을 배척하는 분위기 때문에 오모리는 홀대받았고 거리에서 공격받기도 했다. 그가 아랑곳하지 않고 계속 머물렀던 것은 미국인에게 다행스러운 일이다. 오모리가 캘리포니아 버클리대학 과학자들과 한 연구는 미국에서 지진학이 발달하는 계기가 되었다.

✦

밀른은 지진 발생과 지표에 드러난 단층을 연결 지은 적이 있었다. 10년쯤 후, 오모리의 제자 이마무라 아키츠네今村明恒는 지진의 공간적 패턴을 더욱 정량화하고자 했다. 그는 운이 좋았다. 지진의 공간적 분포는 시간적 분포보다 훨씬 예측 가능하다. 이마무라는 일본 역사 기록을 살펴보면서 도쿄와 요코하마 시내에 지진이 반복적으로 나타나는 패턴을 발견했다. 그는 새롭게 도시화된 이 지역에 큰 지진이 피해를 입힐까 염려했다.

단층에서 지진이 발생하면 단층면의 모든 지점이 진동을 일으킨다. 샌앤드리어스단층 같은 수직 방향 단층vertical fault에선 집중된 진동이 지표면에 하나의 선으로 나타난다. 단층에서 발생한 진동은 그 선에서 바깥으로 발산되고 단층에서 멀어질수록 약해진다. 진동이 선형 패턴을 보이는 것이다. 섭입대의 주요 단층은 대체로 준수평 방향 단층subhorizontal fault인데, 이 경우 강하게 흔들리는 면적은 더 넓다. 그래서 지표면에 선이 아니라 면으로 나타나고, 그 안에 도시 전체가 포함될 수도 있다.

이마무라는 과거의 지진들이 도쿄와 요코하마 전체를 흔들리게

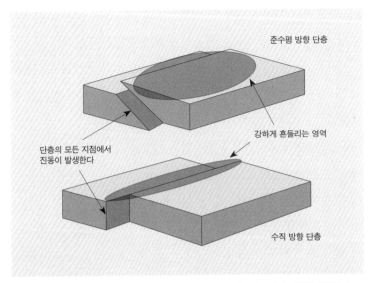

준수평 방향 단층

강하게 흔들리는 영역

단층의 모든 지점에서
진동이 발생한다

수직 방향 단층

준수평 방향 단층과 수직 방향 단층. 단층이 움직일 때 흔들리는 지표면의 면적도 비교했다.

했다는 것을 알아차렸다. 이 지역은 당시 급격히 성장해 두 도시를 합하면 인구가 400만 명에 이르렀고, 이들은 일본의 새 산업화 계획의 기반이었다. 주민의 절반 이상이 지난 20년 사이에 유입되었고 많은 사람이 허술하고 붐비는 건물에서 살고 있었다. 땅은 무른 퇴적층이었고 과학자들은 이미 그런 땅에서 지진으로 인한 흔들림이 가장 심하다는 사실을 알아냈다. 이마무라는 이런 조건에서 대규모 지진이 나면 큰일이라는 사실을 깨달았다. 특히 지진으로 유발된 화재가 걷잡을 수 없이 확산되는 상황을 우려했다. 그때까지 인구가 많은 큰 도시에 일어난 두 개의 대규모 지진(1755년 규모

8.7의 리스본 지진과 1906년 규모 7.8의 샌프란시스코 지진)에서 도시 전체를 파괴할 정도로 맹렬하게 불길이 번졌던 것이다.

이마무라는 이런 지진들에 대해 알고 있었고 목조 주택이 빽빽하게 들어선 새로운 도쿄에도 그처럼 큰불이 날 가능성이 있다고 생각했다. 그는 대규모 지진과 화재의 영향을 추정하는 분석을 했고, 1906년 불길이 샌프란시스코를 휩쓴 직후에 유명하지 않은 학술지에 논문을 발표했다. 그는 도쿄에 대지진이 나면 10만에서 20만 명이 죽을 것이라고 추정했다. 그런데 도쿄의 유명 신문이 그의 허락 없이 자극적인 요소를 강조하며 "이마무라, 도쿄 멸망을 말하다"라고 기사를 실었다. 그러자 대중이 두려움에 휩싸였고 도쿄대학 지진학과 학과장 오모리는 분노했다. 그는 이마무라를 공개적으로 책망했고 도쿄에 앞으로 수백 년 동안 대규모 지진이 일어나지 않을 이유를 설명하는 기사를 직접 써 보냈다. 공개적으로 창피를 당한 이마무라는 분노했다. 이마무라와 오모리는 다시는 대화를 나누지 않았다.

메이지유신 이후의 과학 교육은 지진이 하늘이 보내는 신호가 아니라 물리적 현상임을 깨닫는 데 도움을 주었다. 18세기 말과 19세기 유럽에서 자연철학의 발달이 비슷한 과학적 사고를 촉발한 것처럼. 하지만 일본에서도 유럽에서도 기존의 전통과 감정적 거부감을 쉽게 넘어설 순 없었다.

메이지 덴노는 1912년 죽었고 그의 아들이 다이쇼大正 덴노로 즉위했다. 다이쇼 덴노는 신생아 때 뇌수막염에 걸린 뒤로 여러 병을 않았다. 즉위한 뒤에도 건강이 계속 나빠졌고 1919년 이후로 공식 석상에 나서지 않았다. 1921년에는 아들 히로히토裕仁가 대리청정을 시작했다. 1923년 8월에 총리마저 사망해 일본 정부는 정치적으로 더욱 불안정한 상태에 빠졌다.

동중서는 《춘추번로》에서 한무제에게 어떤 잘못들이 음기를 강화해 지진을 일으키는지에 관해 구체적으로 조언했다. 가장 흔한 문제는 임박한 황제의 죽음이었다. 수백 년 동안 쇼군이 정치적 지배자로서 황제의 역할을 해왔던 일본에서는 황제와 더불어 총리 역시 양기의 원천으로 보았다. 따라서 덴노의 병세와 총리의 사망은 지진의 원인으로 비쳤을 수도 있다.

✦

1923년 9월 1일 오전 11시 58분, 지진이 시작되었다. 여러 의미로 일본 사회의 기반을 뒤흔든 지진이었다. 도쿄와 요코하마 아래 있는, 준수평 방향 단층이 움직이기 시작했다. 단층 위의 폭 65킬로미터, 길이 130킬로미터의 암반이 남쪽으로 갑자기 이동했다. 수직 방향 단층에서 일어나는 지진과 달리 말그대로 단층 영역의 모든 곳에서 지진이 일어났다. 요코하마는 단층 바로 위에 있었고, 도쿄는 조금 옆에 있었다. 따라서 두 도시에 있던 400만 명이 지구에서 일어날 수 있는 가장 강력한 진동 중 하나를 겪었다.

많은 사람이 점심을 먹으러 집으로 돌아가 화로를 이용해 요리를 하고 있었다. 16년 전에 이마무라가 예측했듯이 화로가 넘어져 불길이 번지기 시작했다. 이마무라는 도쿄제국대학에 있는 자신의 연구실에 있었다.[39] 건물이 흔들리고 기와가 떨어져내리는 와중에 그는 같은 상황에서 지진학자라면 누구나 할 법한 행동을 했다. 시계를 꺼내고 여러 종류의 진동이 도달한 시각을 측정했다. 나중에 분석한 결과, 서쪽 끝에서 시작된 파열이 동쪽으로 이동하면서 에너지를 발산한 시간은 약 40초였다. 지진파들은 일종의 메아리처럼 여기저기 반사되어 돌아다니므로 도쿄는 그보다 오래 흔들렸을 것이다. 이 모든 것이 여진이 시작되기 전에 일어난 일이다. 이만한 규모의 대지진에서는 땅이 영원히 흔들리는 것처럼 느껴진다.

첫 번째 지진이 일어나고 몇 분 안에 도쿄와 요코하마에서 불이 번지기 시작했다. 10분 이내에 일어난 강한 여진(일부는 규모 7 이상이었다)들이 불길을 잡는 데 방해가 되었다. 사람들은 불을 꺼보려고 했지만 불길이 거세지자 어쩔 수 없이 피해야 했다. 다들 한꺼번에 피난을 떠나는 바람에 거리가 사람으로 가득 찼다. 생존자들은 몇 시간 동안 길이 막혀 움직일 수 없었다고 증언했다. 어느 매춘업소는 창녀들이 도망치지 못하게 해서 100명 이상의 여성이 불에 타 죽었다. 다가오는 불길을 피하느라 스미다隅田강에 뛰어들었다가 익사한 사람도 많았다. 4만 명 이상이 넓은 공터인 육군 피복 야적장으로 피신했다.

심한 화재가 나면 그 지역의 대기 조건이 변하고 폭풍이 일어날 수 있다. 불에서 나오는 뜨거운 공기가 난기류를 형성하면 불로 이루어진 회오리바람이 되는데, 이 현상을 화염선풍이라고 부른다. 이런 회오리바람은 더 멀리까지 빠르게 피해를 입힌다. 화염선풍은 도쿄 전역을 휩쓸었다. 그중 하나가 육군 피복 야적장으로 번져서 4만여 명 중 겨우 2000여 명만 살아남았다. 나머지는 산 채로 타 죽거나, 산소가 없어진 뜨거운 공기 속에서 질식했다.

익명의 생존자는 이렇게 말했다. "이곳이 지옥이 아니라면 지옥은 대체 어디란 말인가?"

최종 집계에 따르면 도심이 거의 완전히 파괴되었다. 황족은 지진이 일어났을 때 황궁이 아닌 다른 곳에 가 있었기 때문에 그중엔 죽은 사람이 없었다. 하지만 그 밖의 모든 사람의 생활은 산산조각 났다. 요코하마에서는 건물의 80퍼센트 이상이 파괴되었다. 도쿄에서는 시민이 거주하는 주택 60퍼센트를 비롯한 40만 채의 건물이 무너졌다. 사망자 수는 최소 14만 명이었다.

이런 규모의 재해가 일어났을 때 일본의 전통적인 지배자라면 책임을 졌을 것이다. 동중서가 쓴 책에는 자연재해 이후에 황제가 스스로를 탓하고 잘못을 바로잡는 절차가 자세히 적혀 있다. 1855년 일어나 도쿄에도 피해를 입힌 안세이安政 지진 직후, 나마즈에(땅속에 묻혀 지진을 일으킨다는 초대형 메기 나마즈가 그려진 판화)가 찍힌 익명의 전단지가 순식간에 여기저기 붙기 시작했다. 이는 나라에 지진에 대한 책임을 묻는 대중의 조롱이었고, 막부의 몰락을 부추겼다.[40] 하지만 1923년 일어난 지진의 경우에는 총리가 불과 1주일 전에 자연사했다. 덴노는 건강이 악화되어 대중 앞에 나서지 않은 지 4년이 되었다. 정부의 문제가 뻔히 보였지만 책임을 질 만한 지도자가 없었다.

일본은 엄격한 전통적 가치관에서 어느 정도 벗어난 상태였다. 현대적인 산업 사회로 빠르게 발전하고 있었고 많은 국민이 과학 교육을 받았다. 지진학은 이제 막 태어난 학문이었다. 그래서 지진의 원인이 음양의 불균형이라는 관점과 지질학적 요인들이 작용한 결과라는 관점이 서로 충돌했다. 사람들은 교육과 성장 배경에 따라 의견이 달랐다.

8월 24일 총리가 세상을 떠나고 야마모토 곤노효에山本權兵衛를 중심으로 내각 구성을 논의 중일 때 지진이 일어났다. 야마모토는 지진 이튿날인 9월 2일 총리로 임명되었다. 두 도시가 거의 파괴되고 혼돈의 도가니에 빠져 있었으므로, 그와 정부 관료들은 불만이 더 쌓이면 폭동이 일어날 것이라고 예측했다.

✦

상실과 실패 앞에서 인간은 무언가를 탓하고 싶어 한다. 간토 지진과 같은 대규모 재난 앞에서도 마찬가지였다. 인간은 스스로의 실책을 들키는 것을 극도로 싫어하고 그것을 피할 길을 찾는다. 자신이 아닌 다른 대상을 탓하면 감정이 해소된다. 이는 자신에게서 주의를 다른 데로 돌리는 전략으로 악용될 수도 있다.

일본은 오랫동안 스스로 외부 세계로부터 고립되어 있었기 때문에 20세기 초 일본에서 외국인은 인간 대접을 받지 못했다. 외국 중에서 한국과 중국이 일본과 교류가 가장 많았다. 특히 한국은 거듭해 일본의 침략을 받았고, 마침내 1910년 일본의 식민지가 되었다. 일본은 한국인을 일본으로 끌고 와서 산업화에 필요한 노동력으로 이용했지만, 시민권은 주지 않았다. 일본 시민권은 아버지의 혈통에 따라 주어졌고, 모든 일본인은 덴노의 후손으로 간주되었다. 여기에 한국인이 낄 자리는 없었다.

정부가 강력한 지도자 없이 수도의 피해에 대응하려고 안간힘을 쓰고 불이 계속해서 번지는 사이에, 정부와 국민 모두 소수집단인 한국인을 몰아세우기 시작했다. 지진이 일어나고 불과 몇 시간도 지나지 않아 한국인들이 반란을 일으키려 한다는 소문이 돌기 시작했다. 그들이 불을 지르고, 우물에 독을 뿌리고, 강간과 약탈을 저지르고 있다는 소문이었다. 이 소문은 북쪽으로 800킬로미터나 떨어진 홋카이도까지 퍼졌다.

많은 사람이 기다리지 않고 직접 나섰다. 자경단이 죽창, 목공도구, 칼, 깨진 유리 조각처럼 급조한 무기로 주변 한국인들을 공격했다. 9월 2일에는 새로 임명된 총리가 계엄령을 선포하고 지진 피해 지역으로 군대를 보냈다. 생존자들에 따르면 군인들은 도시를 떠나는 기차에서 한국인들을 끌어내리고 그 자리에서 죽였다. 경찰은 최소한 이런 학살을 묵인했고 어떤 경우에는 적극적으로 참여했다. 그들은 한국인을 색출해 가두었다. '이들을 보호하고 반란을 예방한다'는 명목으로 정당화되었지만, 이렇게 갇힌 많은 한국인이 때로는 경찰서 안에서 자경단에게 살해당했다.

일본 정부가 잘못된 정보를 퍼뜨리는 데 적극적으로 가담했다는 증거가 있다. 내무성은 한국인들이 방화를 저지르고 있으니 체포하라는 전보를 각지로 보냈다. 여러 지역의 경찰 보고서에 한국인들이 폭탄을 터뜨려 불을 질렀고, 우물에 독을 탔고, 3000명의 한국인이 요코하마를 약탈하고 파괴한 뒤 도쿄를 향해 가는 중이라고 적혀 있었다.

무참한 학살이 자행되었다. 많은 한국인 희생자가 고문을 당했다. 눈, 코, 성기 등이 잘리고, 수천 개의 칼자국이 남은 시신들이 발견되었다. 목격자의 기록에 따르면 죽이기 전에 고문을 했기 때문이라고 한다. 일본에서 자란 한국계 역사학자 소냐 량Sonia Ryang은 이렇게 썼다. "군중은 부모들 앞에 아이들을 세워놓고 목을 베었다. 그러고는 부모들의 손목과 발목을 벽에 못으로 박은 뒤 죽을 때까지 고문했다."41 일본인의 만행은 흡사 희생 제의를 닮아갔다. 일본 사회는 이방인을 고문함으로써 지진을 유발한 자신들의 결함을 씻어낼 수 있었다.

정부 관료들은 다른 잠재적 두려움으로 이를 부추겼을 것이다. 이마무라의 경고를 따르지 않았기 때문이든, 음양의 균형을 깨뜨렸기 때문이든 국민들이 정부 탓을 할 수도 있었다. 재일 한국인은 주의를 다른 데로 돌릴 수 있는 편리한 희생양이었다. 그렇긴 하지만 일본 정부가 정말로 자신들을 향한 분노를 회피하기 위해 한국인 공격을 공식적으로 부추겼는지는 알 수 없다. '정부'를 구성하는 사람들도 개인이었다. 집을 잃고 화재를 목격하고 불안과 공포를 느끼고 도시가 파괴되는 와중에 충격을 받은 사람들이었다. 그런 상황에서는 누구도 가장 합리적인 결정을 내리기 어렵다.

원래 의도가 무엇이었든 간에, 9월 3일 저녁에야 경찰청은 이전의 한국인의 반란에 대한 보도에 근거가 없다고 신문사에 알렸다. 9월 4일, 경찰은 도시를 지키려 한국인을 공격할 필요가 없다고 지시했으나 학살은 이미 일어났다. 9월 5일까지 도쿄와 가나가와神奈川현요코하마가 속한 현으로 도쿄도 남쪽에 인접해 있다.—옮긴이에 살던 수천 명의 한국인이 고문당하고 살해당했다. 이를 간토 지진 한국인 학살 사건이라 부른다.

이 학살은 무작위성에 대한 거부감이 유난히 폭력적으로 발현된 사건이었다. 설명할 수 없는 일이 닥치면 인간은 무언가에 책임을 돌리고 탓하고 싶어 한다. 이 경우에 책임을 소수집단에 돌린 것은 인간의 본성을 반영하기도 하면서, 또한 세상의 낯선 변화에 대한 일본의 양가적 감정을 드러낸다. 당시에 과학은 자연재해의 원인을 설명하는 이론들을 내놓기 시작했지만, 아직 전통적인 세계관을 대체할 정도로 만족스러운 대안을 제시하지 못했다. 두 세계관 사이의 균열은 부정과 분노를 증폭시켰고, 마땅한 배출구를 찾지 못한 일본 정부와 국민은 가장 약한 집단을 희생양으로 삼았던 것이다.

CHAPTER6
✦

홍수가
드러낸
사회의 어둠

**1927년, 미국
미시시피강 홍수**

✦

"심술궂은 제방이 내게 눈물 흘리고
신음하는 법을 가르쳐주었다."

캔자스 조 매코이와 멤피스 미니,
노래 〈제방이 무너졌을 때〉 중에서

미시시피Mississippi강은 미국의 거대한 강이다. 너무 커서 아무리 과장해도 지나치지 않을 정도다. 미시시피강은 유역 면적이 세계에서 세 번째로 크다. 미국 국토의 40퍼센트에 해당하는 서른두 개 주와 캐나다의 두 개 주에 내린 눈과 비가 미시시피강으로 흘러들어 간다. 본류와 지류의 연결망이 이 물을 멕시코만으로 내보낸다. 미시시피강의 '지류'인 미주리강이 본류보다 훨씬 길지만, 더 동쪽에 있는 미시시피강이 영국 식민지와 스페인 식민지의 경계를 표시하기에 편리했으므로 미시시피강이란 이름이 붙었다.

유럽 개척자들이 이름을 짓기 훨씬 전에도 미시시피강은 원주민의 식량 창고이며 고속도로였다. 강에선 물고기와 조개가 잡혔고, 강변의 시장은 북적거렸다. 미시시피강에 처음 온 유럽인들은 강의 운송로로서의 잠재력에 더 관심이 많았다. 프랑스 탐험가 시외르 드 라 살Sieur de la Salle은 미시시피강을 차지한다면 멕시코만의 프랑스인 정착지와 캐나다를 연결할 수 있다고 내다보았다. 하지만 프랑스는 이 지역을 확고히 점유하지 못했고, 미국의 루이지애나주 매입으로 미시시피강은 미국이 차지하게 되었다.

길이가 수천 킬로미터에 달하는 미시시피강이 품은 어마어마한 양의 물은 늘 가까이 사는 사람들의 생명이자 골칫거리였다. 미시시피강은 미국 중부의 농업과 제조업 호황의 경제적 원동력이었다. 목재와 모피가 강을 통해 운반되어 뉴올리언스New Orleans로 갔다가 유럽을 향해 갔다. 평원의 생산성 높은 농장이 국민을 먹여살리고 수출까지 한 것은 생산물을 도시로 보내는 효율적인 운송망 없이는

미시시피강과 주요 지류의 지도. 1927년 홍수 당시 제방이 붕괴되어 큰 피해를 입은 마운즈랜딩을 표시했다.

불가능했다. 그리고 강의 수력으로 초기 공장을 돌렸다. 미시시피강은 이 지역 문화와 생활의 시각적 상징이 되었다. 마크 트웨인Mark Twain과 테네시 윌리엄스Tennessee Williams의 책과 캔자스 조 매코이Kansas Joe McCoy, 멤피스 미니Memphis Minnie, 스티븐 포스터Stephen Foster, 앨런 투산트Allen Toussaint의 노래를 관통해 흘렀다.

그러나 강의 범람은 강이 주는 경제적 풍요를 주기적으로 앗아 간다. 미시시피강의 역사는 곧 범람의 역사다. 16세기에 잉카 가르 실라소 데 라 베가Inca Garcilaso de la Vega가 기록한 1543년 스페인 탐 험가 에르난도 데 소토Hernando de Soto의 일화에는 오늘날의 멤피스 Memphis 근처에 살았던 아메리카 원주민들이 겪은 40일짜리 홍수 이야기가 나온다.[42] 19세기는 보통 규모의 홍수와 제법 큰 홍수, 게 다가 엄청난 규모의 대홍수까지도 자주 일어났던 시기다. 조니 캐 시Johnny Cash의 〈파이브 핏 하이 앤드 라이징Five Feet High and Rising〉, 찰리 패튼Charlie Patton의 〈하이 워터 에브리웨어High Water Everywhere〉 는 미시시피강의 홍수로 인한 피해와 죽음에 관한 노래들이다.

따라서 미시시피강 강가에 형성된 유럽인의 정착지들이 살아남 으려면 언제나 제방이 제 역할을 해야 했다. 자연적으로 만들었든 인공적으로 만들었든, 제방은 주기적으로 불어나는 강물을 통제해 줌으로써 미시시피강 범람원에 거주하는 주민들이 일상을 영위할 수 있게 한다. 제방이 없으면 이 지역은 존재할 수 없으므로, 이곳을 파악하려면 자연 제방과 인공 제방이 어떻게 만들어지고 작용하는 지 살펴보아야 한다. 그러려면 물과 땅 사이, 강물이 흐르는 곳과 흐 르지 않는 곳, 심지어 강의 액체 상태와 땅의 고체 상태 사이에 절대 적인 경계선을 그을 수 있다는 환상을 버려야 한다.

우리는 땅 위에서 살기 때문에 수면 위로 드러난 것과 강, 호수, 바다 밑에 잠겨 있는 것이 애초부터 다르다고 여기는 경향이 있다. 하지만 강은 바로 옆에 붙어 있는 땅과 근본적으로 다르지 않다. 강기슭을 이루는 흙을 땅의 흙과 특별히 구별할 수 없고, 강바닥의 지각에도 독특한 점이 전혀 없다. 다만 주변의 땅보다 고도가 낮을 뿐이다. 물은 중력이 잡아끄는 곳으로 흘러내리므로, 고도가 낮은 곳에 물이 고인다. 자명하지만 사람들이 흔히 잊고 지내는 진실이다. 미시시피강은 강바닥이 주변의 거의 모든 땅보다 고도가 낮기 때문에 강이 되었다. 실제로 미시시피강 하류의 약 700킬로미터 구간의 강바닥은 해수면보다도 낮다.(뉴올리언스에 가까워지면 강바닥이 해수면보다 50미터나 낮아진다.) 계속 아래로 흐르는 강물의 윗부분이 마찰력에 힘입어 나머지 강물도 끌고 간다. 그래서 이곳은 물살이 거칠다.

강을 이루는 물의 양은 강수량에 따라 오르락내리락한다. 미시시피강에는 무척 넓은 지역의 물이 모이기 때문에 각 지점의 강수량에 따라 수위가 달라진다. 강은 두 개의 선 사이에 가둬진 물이 아니라 불어났다 줄어들었다 하는, 거의 살아 있는 존재라 할 수 있다. 지도의 뚜렷한 선은 폭풍과 폭풍 사이의 고요한 시기에 물이 줄어든 상태일 때만 강의 경계와 일치한다. 현실의 강은 강물의 흐름을 유지하는 데 필요한 만큼의 땅을 점유한다.

두 번째로 필요한 사고의 전환은 강에 물만 들어 있지 않다는 점을 깨닫는 것이다. 흐르는 물에는 많은 것을 품고 운반할 수 있는 힘이 있다. 자연히 작고 가벼운 물질일수록 운반하기 쉽고, 물의 흐름이 빠를수록 더 많은 물질을 운반할 수 있다. 미시시피강의 별명이 빅머디Big Muddy·거대한 흙탕물이라는 뜻—옮긴이인 것도 우연이 아니다.

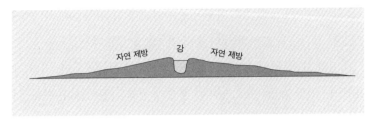

자연 제방   강   자연 제방

강물이 실어나른 퇴적물이 오랜 시간 강기슭에 쌓이면 자연 제방을 이룬다.

모든 강이 그렇듯이 미시시피강의 강물은 이동하면서 모래알과 흙을 침식해 바다로 가져간다. 물의 흐름이 느려지면 품고 있던 퇴적물의 일부를 바다에 떨어뜨리는데, 크고 무거운 모래알이 먼저 떨어진다.

이 두 원리를 종합하면 자연 제방이 어떻게 생기는지 이해할 수 있다. 물이 중력에 의해 강으로 흘러갈 때 종종 다량의 진흙과 실트찰흙과 모래의 중간 굵기의 흙－옮긴이를 운반해 간다. 눈 녹은 물과 비는 강의 특정 구간의 수위를 높인다. 그곳의 고도가 하류보다 높아졌으니 낙차가 심해진다. 그러면 수량이 증가해서 더 많은 실트를 운반할 수 있게 된다. 강기슭을 넘어설 정도로 수위가 높게 올라가면, 물은 여전히 위에서 아래로 흐르지만 이제는 바다를 향해서뿐만 아니라 강 바깥으로, 강을 둘러싼 땅으로도 흘러내린다. 어느 정도 흘러내리면 경사가 완만해져서 물의 흐름이 느려지고 물에 떠 있던 실트 알갱이가 바닥에 퇴적된다. 큰 알갱이일수록 강에서 가까운 쪽에 먼저 쌓이고, 가벼운 알갱이는 원래 강바닥에서 더 먼 곳에 쌓인다. 그 결과 큰 모래알로 이루어진 자연 제방이 형성된다. 이 자연 제방은 강기슭을 높여 미래의 홍수 가능성을 낮춘다.

하지만 수백 년의 미시시피강 홍수 내력이 보여주듯이, 자연 제방(또는 인공 제방) 위로 넘치는 홍수가 언제든 일어날 수 있다. 자연 제방이나 인공 제방을 이용해 범람원에서 농사를 짓거나 건물을 지은 사람들, 제방이 항상 또는 적어도 그들이 그곳에서 사는 동안 버텨줄 것이라고 생각한 사람들은 놀라운 현실을 마주해야만 했다. 홍수가 일으킨 피해는 지역에 따라, 경제력이나 인종에 따라 차이가 컸다.

뉴올리언스는 미시시피강 범람원에 유럽인 정착지를 세우려는 첫 번째 시도였다. 1718년 시외르 드 비앙빌Sieur de Bienville이라고도 불리는 장바티스트 르 무안Jean–Baptiste Le Moyne은 열네 개의 구획으로 이루어진 도시를 세웠고, 각 구획의 한 모서리에 배수로를 파서 미시시피강으로 들어가는 배를 통제할 수비대를 배치했다. 주민들은 곧 강의 위험한 속성을 알아차렸다. 1년도 지나지 않아 비앙빌은 홍수에 대비해 강가를 따라 첫 번째 인공 제방을 만들 것을 지시했다. 흙을 빽빽하게 압축해 약 1미터 높이로 쌓은 제방이었다. 제방은 홍수를 막기에 역부족이었고, 이후 2세기 동안 홍수가 거듭 도시를 덮쳤다. 흙을 더 추가하고, 견고한 재료를 섞고, 제방을 더욱 높이 쌓았다. 강을 따라 북쪽으로 정착지가 확장되었고 제방도 그에 따라 길어졌다. 19세기 중반 무렵, 강물을 통제하기 위해 수천 킬로미터가 넘는 제방이 세워져 있었다.

한편 공학이 점차 발달하기 시작해 중요한 구조물을 지을 때 물리 법칙과 계산 결과를 적용하게 되었다. 관념으로서의 공학은 피라미드를 쌓던 시절부터 인류 문명의 일부분이었지만, 공식적인 학문으로서의 공학은 대체로 군사학에서 시작되었다. 미국 최초의 공학 기술자들은 1802년에 창설된 육군공병대Army Corps of Engineers에 속했고, 웨스트포인트에 육군사관학교를 세워 운영하는 임무를 맡았다. 군에 속하지 않는 민간 영역의 토목공학은 나중에야 비로소 별개의 공학 분야로 정의되었다.토목공학을 영어로 'civil engineering'이라고 하는데 여기서 'civil'은 '민간'이라는 뜻이다.─옮긴이 19세기에 여러 대학에 토목공학과가 세워졌다. 갓 졸업한 토목공학 기술자들은 의기양양하게 미시시피강으로 향했다.

여러 자연재해 중에서도 홍수는 독특한 점이 있다. 바로 물이 넘치지 않게 막는 일과 인간에게 꼭 필요한 물을 저장하는 일 사이의 균형을 이루면서 대처해야 한다는 점이다. 홍수로 불어난 물은 얼른 없애야 하지만, 가뭄에 대비하기 위해 비축할 필요도 있고(메마른 기후의 미국 서부에서는 더욱 그렇다), 동시에 상품 운송을 위해 강에 접근할 수 있어야 한다.(지진이나 마그마를 병에 보관했다가 이듬해 여름에 팔 필요는 전혀 없다.) 홍수는 인류가 겪는 가장 흔한 자연재해지만, 이를 막으려는 노력은 다른 경제적 필요와 충돌할 수도 있다.

19세기 중반부터 미시시피강의 기술자들은 홍수로부터 땅을 보호하면서 강을 계속 운송로로 사용하는 두 가지 목적을 추구하며 논쟁을 벌였다. 접근법과 목표를 두고 의견이 엇갈렸는데, 기존의 육군공병대 소속 기술자들과 새로 쏟아져 나온 민간 기술자 사이의 경쟁 때문에 상황이 더욱 혼란스러워졌다.

역사학자 존 배리John Barry는 《밀물Rising Tide》에서 육군사관학교 출신 기술자이자 추후 육군 수석 기술자가 되는 앤드류 험프리스Andrew Humphreys 장군과 평생토록 미시시피강을 배로 더 다니기 쉽게 다듬는 데 몰두한 민간 토목 기술자 제임스 뷰캐넌 이즈James Buchanan Eads 사이의 대립을 시간 순으로 기록했다.[43] 이 대립은 점차 지극히 개인적인 갈등으로 발전했다. 험프리스는 승부욕과 편협함에 이끌려 행동하는 듯했다. 그는 제방에만 의존하는 것이 실용적이지 않다는 보고서[44]를 자신이 직접 썼는데도 불구하고 오직 제방만으로 홍수를 통제하는 접근법을 밀어붙였고, 육군공병대를 자기 편으로 끌어들였다. 그들은 높은 인공 제방으로 모든 물을 강 내부에 가둠으로써 유속을 증가시킬 수 있다고 생각했다. 유속이 증가할수록 강은 퇴적물을 더 많이 싣고 갈 수 있으므로 이미 쌓인 퇴적물은 파내고, 사주바닷가나 강의 수면 위에 둑 모양으로 생기는 모래톱―옮긴이는 제거한다. 홍수는 제방으로 막고, 수로는 열어둘 수 있다.

이즈는 미시시피강에 관해 누구보다도 세세히 알고 있었다. 그는 인명 구조를 위해 개발한 다이빙벨을 이용해서 몇 년씩 강바닥을 문자 그대로 걸어 다닌 경험이 있었다. 그는 제방만으로 선박의 이동을 막는 퇴적물을 충분히 파낼 원동력을 얻을 수 없다고 생각했다. 제방들이 강의 주요 지점에서 상당히 먼 곳에 지어졌고 홍수가 낮을 때에만 물을 제대로 가둔다는 사실을 지적했다. 그는 미시시피강 어귀에 방파제를 세워서 강물의 흐름을 사주가 자주 생기는 지점으로 집중시키고 싶었다. 이즈의 주장은 어느 정도는 받아들여졌지만, 험프리스의 반대로 자신이 실패할 경우 직접 비용을 부담하겠다고 약속한 후에야 방파제를 지을 수 있었다. 홍수가 났을 때 강으로 흘러드는 물의 양을 줄일 수 있는 저수지와 댐 건설은 두 사람 다 반대했다.

19세기 말, 미국 의회는 군 기술자와 민간 기술자로 이루어진 미시시피강위원회Mississippi River Commission를 열어서 이 싸움을 끝내려고 해보았다. 위원회는 문제를 과학으로 해결하는 역할을 하리라고 기대되었다. 하지만 이런 정치적 접근은 결국 매우 정치적인 홍수 대책으로 이어졌고, 후대에 이 대책은 거의 모든 측면에서 잘못된 것으로 드러났다. 위원회는 강으로 흘러가는 물의 양을 조절하는 저수지를 거부했고, 홍수가 났을 때 물을 다른 곳으로 우회시키는 여수로일정량을 넘은 여분의 물을 빼내는 물길-옮긴이와 유출구도 거부했다. 그들은 오로지 제방에 모든 기대를 걸었다. 실제로 얼마간은 제방이 홍수를 잘 막아주었다.

돌이켜보면 이들은 "미시시피강은 언제나 제 뜻대로 할 것이다. 어떠한 공학 기술도 강에게 달리 움직이라고 설득할 수 없다"[45]라는 마크 트웨인의 경고를 따랐어야 했다. 유속이 빠르면 퇴적물을 침식한다는 원리는 그럴 듯한 이론적 모형에 근거했다. 그런데 현실의 미시시피강은 복잡한 체계이므로 이 이론은 몇몇 세부적인 면에서 틀렸다. 첫째, 강바닥 대부분이 해수면보다 낮을 정도로 강이 깊기 때문에 물의 흐름이 균일하지 않았다.[46] 강물의 윗부분은 중력 때문에 하류로 흘러가고 있었지만, 아랫부분은 그렇지 않았다. 강물과 강바닥 사이의 마찰력 또한 물의 흐름을 예측하기 어렵도록 바꾸었다. 둘째, 강이 구불구불하기 때문에 구부러진 부분의 바깥쪽에 있는 물이 안쪽에 있는 물보다 빠르게 흘러서, 바깥쪽 흙을 침식하고 안쪽에 퇴적물을 쌓게 된다. 몇몇 지점에서는 침식 작용이 지나치게 진행되어 제방 바로 아래의 흙까지 파낼 수도 있다. 그러면 제방이 점점 약해지고 최악의 경우 무너진다. 날마다 강을 따라 흐른 엄청난 물의 양을 생각하면, 제방이 그 정도로 오래 버틴 것도 기적이다.

✦

비는 1926년 8월 시작되었다. 장대비가 내려서 미국 중서부 북쪽의 인디애나주, 캔자스주, 일리노이주, 네브라스카주의 가을 추수는 흉작이었다. 홍수가 마을에서 마을로 밀려가 사람들을 익사시키고 배관을 파괴하고 농사를 망쳤다. 평소 같으면 비교적 건조한 10월에도 비가 계속되었고, 일리노이주와 아이오와주는 관측 사상 가장 높은 홍수위홍수 때의 수위-옮긴이를 기록했다. 강수는 겨울에도 지속되었다. 미국 기상청Weather Beureau에 따르면 미시시피강으로 합쳐지는 세 개의 큰 강인 오하이오강, 미주리강, 미시시피강의 모든 수위가 그때까지의 기록 중 최고였다. 1926년 크리스마스에는 테네시 주의 각각 다른 강가에 있는 두 도시 채터누가Chattanooga와 내슈빌 Nashville을 홍수가 덮쳤다. 비는 기세가 약해지지 않고 계속 내렸다. 제각기 지난 10년 간의 어느 폭풍우보다 큰 다섯 개의 폭풍우가 미시시피강 하류 지역에 일었다. 1월에는 피츠버그Pittsburgh와 신시내티Cincinnati가 물에 잠겼다. 2월에는 아칸소주의 차례였다. 화이트강 White강과 리틀레드Little Red강의 제방들이 부서졌고 5000명이 넘는 사람이 홍수에 집을 잃었다. 3월의 폭풍은 토네이도를 유발했고, 이로 인해 미시시피주 주민 45명이 사망했다.

마침내 19세기 기술자들이 모든 기대를 걸었던 유일한 홍수 방지 대책인 제방이 무너지기 시작했다. 봄은 눈이 녹아 물이 더 많아지기 때문에 강에 홍수가 나면 가장 위험한 계절이다. 1927년 봄, 오하이오강, 미주리강과의 합류 지점 아래의 미시시피강 하류에 너무 많은 물이 유입되어 물이 댐의 역할을 하기 시작했다. 홍수의 물마루는 교통 체증 속의 차량처럼 더 천천히 움직였다. 그러자 제방에 가해지는 압력이 오히려 커졌다. 미시시피강 하류 지역의 제방 중에는 육군공병대가 미시시피강과 큰 지류들을 통제하도록 설계해 건설한 '본류' 제방뿐 아니라 주정부와 지방자치단체에서 세운 작은 지류의 제방들도 있었다.

제방을 짓는 일은 제방위원회에서 감독했다. 주정부와 지방자치단체에서 구성한 제방위원회는 종종 세금을 부과할 권한이 있었고 지역의 제방을 유지하고 보수할 책임을 졌다. 미시시피강위원회를 발족한 1879년의 법은 제방의 기능을 유지하는 지역 제방위원회의 존재와 역할을 인정했다. 따라서 홍수가 밀려오자 제방위원회는 맞서 싸울 준비를 했다.

본류 제방들은 거대한 구조물이었다. 강물에서 약 800미터 이상 떨어진 곳에 흙을 단단하게 다져 2~3층 높이로 세웠다. 기울기는 3:1, 즉 가장 높은 지점의 높이가 10미터라면 양쪽으로 밑변의 길이가 30미터인 삼각형 모양으로 경사면이 받쳐주고, 가장 높은 지점의 폭은 최소한 2.4미터였다. 규모가 어마어마해서 절대로 무너지지 않을 것 같았다.

하지만 제방은 강물의 압력과 근처 주민들의 악의라는 이중의 위험에 처해 있었다. 강에 갇힌 물은 제방에 막대한 압력을 가했고, 위험에 처한 마을을 지키는 가장 좋은 방법은 맞은편 제방을 부수는 것일 수 있었다. 맞은편 제방이 무너지면 이쪽의 제방에 가해지는 압력이 덜해진다. 따라서 활용할 수 있는 수단, 절박함, 뻔뻔함을 갖춘 마을은 건너편 이웃들을 익사시킴으로써 안전을 유지할 수 있었다. 현실판 죄수의 딜레마였다.

따라서 제방위원회 순찰대의 최우선 역할은 다른 마을을 희생시켜 자기 마을을 지키려고 제방을 부수는 사람들을 찾아내고 멈추는 일이었다. 강을 따라 10여 명이 순찰대의 총에 맞아 죽었다. 이들 중 몇몇은 오해를 받았을 수도 있지만 폭발물을 지닌 사람도 제법 있었다. 홍수가 지나간 후에는 실제로 무너진 제방들이 인간에 의해 훼손되었는지 아닌지 구별하기 어려웠다.

멕시코만과 만나는 미시시피강 하구에 위치한 뉴올리언스는 상류의 제방이 무너지는 걸 이미 목격했고, 시의 지도층은 홍수의 심각성을 깨닫고 있었다. 4월 말, 뉴올리언스의 제방들이 곧 무너질 징조가 나타나기 시작했다. 뉴올리언스는 보란 듯이 동쪽으로 수 킬로미터 떨어진 세인트버나드St. Bernard패리시parish · 루이지애나주의 행정구역 단위로 다른 주의 카운티에 해당한다.- 옮긴이의 제방을 폭파했다. 뉴올리언스는 그럴 만한 능력이 있었고, 그런 짓을 저지를 수 있을 정도로 오만했다. 밀려온 강물에 세인트버나드패리시와 플래키민스Plaquemines패리시에서 1만 명 이상의 주민이 집을 잃었다.(뉴올리언스는 이에 대해 추후 15만 달러의 보상금을 제안했다. 피해자 1인당 20달러에도 못 미치는 액수였다. 결국 수백만 달러를 지불했다. 이것조차 뉴올리언스시에서는 자신들의 시내를 물바다로 만들지 않은 대가치고는 저렴하다고 여겼다.)

사람들이 제방을 부수지 못하게 하는 일 외에 제방위원회의 다른 역할은 제방에 자연적으로 뚫린 구멍을 찾아내고 약해진 부분을 보강하는 일이었다. 적합한 기계도 없이 흙을 옮기는 힘겨운 노동이었다.

자연재해 자체의 영향보다 바로 이 부분에서 1927년 대홍수의 잔인한 면면이 드러나기 시작했다. 미시시피강 범람원의 비옥한 흙은 미국 남부 지방의 목화 농장에 매우 중요한 요소였다. 그런데 1920년 무렵 감독관을 제외한 목화 노동자는 여전히 죄다 흑인이었으며 노예와 별반 다르지 않은 조건으로 일하고 있었다. 그해 겨울, 루이지애나주의 백인 농부 여러 명이 흑인 가족을 납치해서 20달러에 팔아넘긴 일이 있었다. 이 흑인들은 몇 주 동안 보수 없이 무장 경비원의 감시 아래 강제로 일했다. 납치범들은 결국 기소되었다. 백인들이 얼마나 악랄했는지 잘 보여주는 사례다.

제방을 보강하기 위해 노동력이 필요해지자 위원회는 목화 농장 주인들에게 흑인 일꾼을 보내달라고 요청했다. 그런데도 노동력이 부족했고, 종종 길거리에서 총으로 흑인 남성들을 위협해 강제로 끌고 가서 일을 시켰다. 미시시피강 수위가 올라가던 늦겨울, 제방 주위에서는 총을 든 백인 순찰대가 제방을 부수려는 사람들을 잡고 흑인 일꾼들을 감시했다.

제방위원회와 육군공병대는 공식적으로는 제방이 잘 작동하고 있다고 주장했다. 하지만 내부 보고서에는 그렇지 않았다고 나온다. 미국 기상청은 이렇게 말했다. "이듬해 봄 미시시피강 하류에 대홍수가 날 것이라고 예상하는 데에는 예언자의 선견지명이나 뛰어난 상상력이 필요하지 않았다."[47]

겨울이 지나고 홍수가 나면 가장 위험한 시기인 봄이 되자, 점점 더 많은 사람이 제방 보수에 투입되었다. 3월 중순에는 미시시피주 주방위군까지 가세했다. 세 개의 주요 지류인 화이트강, 레드Red강, 세인트프랜시스St. Francis강에 있는 제방들이 무너졌다. 4월 초에는 4000제곱킬로미터 이상의 땅이 이미 물에 잠겨 있었다.

성금요일부활절 이틀 전, 성주간의 금요일—옮긴이이었던 4월 15일의 폭우로 미시시피강 하류의 제방이 파멸을 향해 가기 시작했다. 미시시피주 남부 전역을 덮은 폭풍우로 불과 열여덟 시간 사이에 뉴올리언스에 38센티미터의 비가 내렸다. 일꾼들은 계속 제방 위에 모래주머니를 쌓아 제방의 높이를 높이라고 지시받았다. 4월 16일 미주리주 도러나Dorena에서는 400미터에 달하는 본류 제방이 마침내 무너졌고 700제곱킬로미터의 땅이 물에 잠겼다. 다음 며칠간 더 많은 제방이 무너졌다.

최악의 사태는 4월 21일 미시시피주 그린빌Greenville 근처의 마운즈랜딩Mounds Landing에서 벌어졌다. 물이 스며들기 시작해서 제방이 흔들리고 있었다. 제방에서 일하던 흑인들은 제방이 무너지고 있음을 알아차리고 그곳을 벗어나려 했지만, 순찰대가 총을 들이대서 떠나지 못했다. 마침내 제방이 무너지자 흑인 일꾼 대다수가 거센 물살에 휩쓸려 죽었다. 미국 적십자사는 흑인 사망자를 무시하고 이 제방 붕괴로 고작 두 명이 사망했다고 공식적으로 보고했다.

배리는 《밀물》에서 당시 신문 기사를 인용했다. "제방이 무너졌을 때 … 수천 명의 일꾼이 모래주머니를 미친 듯이 쌓고 있었다. 어마어마한 유속의 물살에 휩쓸려 간 시신들을 수습하기는 불가능했다"라고 《멤피스 커머셜 어필Memphis Commercial Appeal》은 전했다. "어젯밤 피난민들이 그린빌에서 잭슨Jackson으로 왔다. … 그들은 온 사방에 난 홍수의 물살에 수백 명의 흑인 농장 일꾼이 목숨을 잃은 것이 분명한 사실이라고 단언했다." 《잭슨 클래리언─레저Jackson Clarion─Ledger》의 기사였다.

마운즈랜딩의 제방 붕괴로 균열(침식으로 인한 구멍)이 형성되어

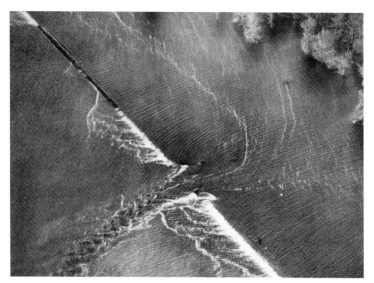

1927년 홍수 당시 마운즈랜딩의 제방이 붕괴되면서 수많은 이재민이 발생했다.

미시시피강 삼각주가 범람했다. 나이아가라Niagara폭포의 두 배 유량의 물이 쏟아졌다. 며칠 만에 4000제곱킬로미터의 땅이 3미터 깊이의 물에 잠겼다. 많은 사람이 물에 빠져 죽었는데, 그래도 대다수는 고지대로 도망쳤다. 많은 경우에 가장 고도가 높은 곳은 무너지지 않은 제방의 꼭대기였다. 양쪽이 물로 둘러싸인 폭 2.4미터의 좁은 공간에 수천 명이 모여들었다. 서쪽에는 미시시피강, 동쪽에는 물에 잠긴 집과 마을이 있었다.

물에 잠긴 농장들의 총 면적은 폭 80킬로미터, 길이 160킬로미터였다. 18만 명도 넘는 사람이 이 지역에 살았고, 7만 명 가까이 난민

촌에 모였다.《뉴올리언스 타임스 — 피카윤New Orleans Times — Picayune》의 헤드라인은 "제발 배를 보내주세요"라고 외치고 있었다. 배들이 도착하자 이 지역사회의 가장 추악한 모습이 드러났다.

미시시피강 삼각주에 사는 주민 대다수는 흑인이었고, 노예제도 폐지 이래로 그다지 개선되지 않은 환경에서 살고 있었다. 미국 남북전쟁과 재건시대 이후에 이 지역의 백인은 소작을 줌으로써, 그리고 흑인을 차별하는 주법인 짐크로Jim Crow법을 이용해 권위를 다시 세웠다. 투표를 하지도, 땅을 소유하지도 못하는 상황에서 흑인 소작농은 농장 주인에게 빚을 졌고 인간 이하의 취급을 받는 비극적인 상황에 처했다. 하지만 이들의 저렴한 노동력은 농장의 경제적 운영에 너무도 중요해서 농장 주인은 무슨 수를 써서라도 이들이 떠나지 못하게 했다.

마운즈랜딩의 제방 붕괴 현장 바로 인근에 위치한 미시시피주 그린빌의 미국 적십자사 지부장 윌리엄 알렉산더 퍼시William Alexander Percy는 제방에서 일어나고 있는 참혹한 일들을 인지했다. 그는 몇 척의 배가 동원되어 오든, 백인과 흑인 모두를 동등하게 대피시키자고 청했다. 그러나 그의 아버지인 상원의원 리로이 퍼시LeRoy Percy를 비롯한 백인 지도층은 그의 요청을 무시했다. 도착한 배에 백인만 태웠다. 흑인들은 깨끗한 식수도, 음식도, 여전히 내리는 비에 대한 보호 대책도 없이 남겨졌다.

워싱턴 D.C.에서는 캘빈 쿨리지Calvin Coolidge 대통령이 물에 잠긴 미국 중부의 '지방자치단체 담당 업무'에 연방정부가 관여하지 않도록 최선을 다하고 있었다. 쿨리지 대통령은 마운즈랜딩 사태로 그 지역 주민들이 생명을 위협받아 더 이상 무시할 수 없을 때까지 몇 달씩이나 도움 요청을 무시했다. 홍수 피해를 입은 주에서 다섯 명의 주지사가 상무장관 허버트 후버Herbert Hoover를 연방 특별 구호활동 책임자로 임명해 달라고 거듭 요청하고 있었다.

마운즈랜딩 제방이 무너진 다음 날인 4월 22일, 쿨리지는 국무회의를 열고 이 요청을 수용했다. 내각 구성원 다섯 명과 미국 적십자사 부의장을 포함한 준공공 위원회가 구성되었다.[48]

후버는 제1차 세계대전에서의 인도적 구호 활동으로 사람들에게 알려졌다. 스탠퍼드대학 1기 졸업생으로 지질학을 전공한 그는 광업 분야에서 일하며 특히 오스트레일리아와 중국에서 큰돈을 벌었다. 제1차 세계대전이 발발했을 때 후버는 광산 기술자이자 금융업자로 런던에서 살고 있었다. 전쟁이 나자 유럽에 살고 있던 수많은 미국인이 여행자수표와 다른 금융자산을 쓸 수 없는 상태로 발이 묶였다. 이 문제에 대응해 후버는 미국위원회American Committee를 세워서 돈을 빌려주고 고국으로 돌아가는 배편을 마련해 주었다. 또한 활동의 범위를 늘려 벨기에서 양측의 군대 사이에 낀 민간인들에게 식량을 조달하는 구호단체를 이끌었다. 미국이 전쟁에 뛰어들자 우드로 윌슨Woodrow Wilson 대통령은 후버를 미국식량청United States Food Administration 청장으로 임명했고 그는 전쟁이 끝날 때까지 미국 내에서 식량을 성공적으로 공급했다. 전쟁이 끝날 무렵 사람들은 후버를 '위대한 인도주의자'로 일컬었다.

후버는 자신이 돈을 버는 데 흥미를 잃었음을 깨달았다. 그는 "인간에게 필요한 만큼"[49]보다 훨씬 많은 돈을 이미 벌었다. 전쟁 중의 활동으로 인지도가 높아진 그를 민주당과 공화당 둘 다 영입하고 싶어 했다. 그래서 1920년 공화당의 대통령 후보 경선에 나섰지만 실패하고 말았다. 이전에 국외에 너무 오래 머물렀기 때문에 대통령에 출마할 정도로 지지층이 충분히 견고하지 않았다. 그는 경선에서 승리한 워런 하딩Warren Harding을 충실히 지지했고, 대통령이 된 하딩은 후버를 상무장관에 임명했다. 하딩이 죽고 후계자 쿨리지가 대통령이 된 뒤에도 후버는 그 자리를 지켰다. 후버는 언론 캠페인을 통해 지속적으로 대중과 소통했지만, 라디오 주파수를 통제하는 문제나 도로교통에 대한 토론으로 이끌어낼 수 있는 대중의 관심은 제한적이었다. 1927년 초반에는 1928년 대통령 선거의 잠재적 후보를 거론하는 신문 기사 대다수가 후버를 언급조차 않았고,[50] 언급하더라도 공화당 진영이 후버를 얼마나 싫어하는지에 대해 논평했다.[51]

1927년 봄의 홍수 구호 활동을 지휘한 후버의 운영 능력, 기술, 인도주의는 돋보였다. 다른 일도 하지만 구호 자금의 분배에 주력하는 미국 연방긴급재난관리청이 세워지기 무려 50년 전이었다. 쿨리지 대통령은 구호 활동에 연방정부의 자금을 지원하길 아예 거부했다. 이런 판단은 재난 구호는 지역 문제, 심지어 개인의 문제에 불과하고, 연방정부가 모든 국민으로부터 걷은 세금을 일부 국민에게 주는 것은 부적절하다는 미국인의 오랜 신념과 일치했다. 1886년 그로버 클리블랜드Grover Cleveland 대통령은 가뭄이 닥친 텍사스주의 농부들을 돕는 법안에 거부권을 행사하며 이렇게 말했다. "나는 헌법에서 자금을 그렇게 유용해도 된다는 정당한 근거를 찾지 못했다. 그리고 연방정부의 능력과 의무가 공공 서비스나 공공의 혜택과 전혀 무관한 개인의 고통을 구제하는 데까지 미쳐야 한다고 생각하지 않는다. … 국민은 정부를 지원하지만 정부는 국민을 지원하지 말아야 한다. 이 원칙은 항상 지켜야 한다."[52]

그 시대에 재난 구호를 담당한 주체는 미국 적십자사였다. 이 단체의 중요성을 인정하는 차원에서 형식적으로 미국 대통령이 적십자사의 의장을 맡았다. 1926년 쿨리지 대통령은 "원조는 무료로…, 수혜자가 자선의 대상이 된 기분을 느끼지 않는 방법으로 주어진다. 수혜자는 자존심을 잃지 않는다."[53]라고 말하며 적십자사의 활동을 칭찬했다. 나아가 "우리가 지켜나가기 위해 모든 노력을 기울이고 있고, 또 대체로 성공적으로 지키고 있는 표준적인 미국인의 상태는 스스로 설 수 있고 스스로를 다스리는 독립적인 인간이다"라고 강조했다. 그는 구호 자금의 유일하게 적절한 출처는 인도주의적 기부금이라고 말했다.

그래서 마운즈랜딩 제방 붕괴 다음 날, 쿨리지 대통령은 국민들에게 적십자사로 기부해 달라고 호소했다. 500만 달러가 즉시 모금되었다. 주지사들이 후버를 의장으로 삼아달라고 요청했던 홍수구호위원회는 적십자사가 참여하는 준공공 위원회의 성격을 띠었다.

그런데 6만 7000제곱킬로미터가 넘는 땅이 물에 잠기고 이재민이 60만 명에 이르러, 미국에서 유례없는 어마어마한 구호 활동이 필요한 상황이었다. 일반적인 기부금만으로 이를 충분히 감당할 수 없다는 사실이 곧 명확해졌다. 그런데도 대통령은 여전히 연방정부의 자금을 지원할 수 없다고 고집하고 있었다. 심지어 이를 논의하기 위한 연방의회 소집도 거부했다. 따라서 후버는 상무장관으로 일하면서 갈고닦은 능력으로 언론 매체를 활용했다. 미국 남부 지역의 참상을 북부 주민들에게 보여주는 캠페인을 벌였다. 이 방법은 효과가 있었다. 적십자사 기부금이 1600만 달러로 늘어났다. 이 일로 후버는 부가적인 이득도 얻었다. 그는 홍수 구호 활동의 영웅으로 전 국민의 주목을 받았다.

✦

미시시피주 그린빌에서 백인들은 물에 잠긴 상가와 호텔의 2층으로 이동했고, 흑인 이재민들은 제방 꼭대기에 세워진 유색인종 수용소에 머물렀다. 무장한 백인 국민위병이 수용소를 감시했다. 수용소에 사는 1만 3000명을 쉽게 추적하기 위해 옷 위에 커다란 숫자를 달라는 명령이 내려졌다. 그들은 먹을 것을 얻기 위해 노동을 해야 했고, 쉽게 해달라고 부탁했다가 구타를 당하곤 했다. 워싱턴카운티의 50만 이재민에게 공급된 구호품은 그린빌로 운송되어 흑인 일꾼들에 의해 하역되었지만, 정작 흑인들은 그 구호품을 받지 못했다. 인종별로 거주지를 분리한 탓에 백인 이재민은 더 좋은 식량과 의료 서비스를 제공받았다. 어느 흑인은 캠프 안으로 먹을거리를 가져오려고 하다가 총에 맞았다.[54]

이런 학대도 끔찍했지만, 이게 이재민 수용소의 흑인들이 겪는 유일하거나 최악인 문제는 아니었다. 5월 8일, 미국에서 가장 많은 흑인 독자가 구독했던 주간지 《시카고 디펜더Chicago Defender》는 그린빌 수용소의 현실을 폭로하는 기사를 실었다. "노역에서 도망치지 못하도록 이재민들을 가축처럼 대했다." 일간지 《시카고 트리뷴Chicago Tribune》도 이 사태를 다루면서 적십자사에 논평을 요구했다. 여성 참정권론자, 사회사업가, 노벨평화상 수상자인 제인 애덤스Jane Addams 같은 저명한 진보주의자들은 후버에게 흑인 이재민 학대를 조사하고, 이를 막으라고 요구했다. 이 위기 상황은 후버가 언론을 활용해 쌓아온 좋은 이미지를 위협했다.

이에 대한 대응으로 후버는 앨라배마주의 유서 깊은 흑인 대학인 터스키기대학 총장인 로버트 모튼Robert Moton에게 적십자 유색인종 자문위원회Colored Advisory Commission를 꾸리게 해서 흑인 이재민들이 "처우, 생활환경, 노동 현황, 구호품" 측면에서 학대받고 있는지 조사하게 했다. 이 위원회는 1927년 6월 14일 후버와 적십자사에 보고서 초안을 제출했다. 보고서에는 일부 수용소, 특히 그린빌 수용소에서 흑인 이재민들이 사실상 노예와 다름없는 조건으로 강제로 일하고 있으며, 백인 국민위병에게 자주 구타와 강간을 당하고 있다는 사실이 적혀 있었다. 그리고 기부된 식량 대부분이 유색인종 수용소에 전해지지 않는다는 사실도 확인되었다. 모튼은 이 보고서를 제출하면서 후버에게 이렇게 말했다. "바람직해 보이는 방향으로 마음껏 수정하거나 추가하십시오."[55]

후버가 발표한 보고서에는 심각한 문제가 없다고 쓰여 있었다. 사소한 범죄들이 기록되었을 뿐, 유색인종을 돕는 미국 적십자사의 노력을 칭송했다.[56] 그러면서 후버는 비밀리에 이듬해에 대통령으로 당선된다면 흑인 공동체를 위한 개혁을 단행하겠다고 약속했다. 그는 모튼에게 전례 없이 백악관을 드나들 수 있게 해주겠다고 확언했고, 파산한 농장들을 해체하고 농장 주인이 떠난 땅의 소유권을 흑인 농부들에게 나누어주겠다는 의향을 비쳤다.

좋은 기회를 감지한 모튼은 1928년 후버의 대통령 선거 운동을 적극적으로 도왔다. 남부 흑인들은 선거에서 투표할 자격이 없었지만, 남부에는 공화당원이 상대적으로 적었기 때문에 남부 흑인들의 여론은 경선에서 상당한 영향력을 발휘했다. 모튼과 터스키기대학의 도움, 그리고 미국 역사상 최대의 자연재해에 신속하게 대응한 '위대한 인도주의자'라는 이미지 덕분에 후버는 공화당 경선에서 1위를 차지했고 총선거에서 압도적인 승리를 거두었다. 170년 전 리스본의 드카르발류처럼 후버는 효과적인 (또는 효과적으로 보이는) 응급 구호를 이끈 정치가에게 주어진 정치적 보상을 누렸다.

후버는 또한 드카르발류처럼 장기적인 정치적, 구조적 개선의 기회를 붙잡았다. 모든 것을 잃은 수십만 명의 유례없는 궁핍에서 발생한 긴장, 정부가 운영한 제방의 홍수 방지 실패, 개인 기부금만으로는 명백히 부족한 구호 자금 때문에 재해 발생시 연방정부의 역할에 관해 맹렬한 논쟁이 불붙었다. 의회에 조치를 취하라고 요구하는 사설이 모든 허스트윌리엄 허스트가 1887년 세운 미국의 거대 미디어기업 – 옮긴이계 신문에 실렸다. 쿨리지 대통령이 이를 거부하자 《뉴욕 타임스》만은 유달리 그의 자제력을 찬양했다.

그렇더라도 많은 것을 잃은 사람들을 도와야 한다는 여론이 거셌다. 의회는 대규모 원조 법안을 발의했고 쿨리지 대통령은 이를 강력하게 반대했다. 그는 이 일이 연방정부가 해야 할 일의 범위를 벗어난다고 여겼을 뿐 아니라, 마련된 원조 대부분이 진정으로 필요한 사람들에게 전해지지 않고 남부의 부유한 지주들의 잇속을 채워주는 선심 정치로 전락하는 것을 걱정했다. 하지만 홍수를 통제하는 데 연방정부가 더욱 큰 역할을 해야 한다는 쪽으로 논쟁이 진행되었다. 미래에 국가가 이와 비슷한 홍수를 미연에 방지하려면 새롭고 훨씬 더 포괄적인 접근법이 필요한 것은 명백했다.

후버는 내친 김에 역사상 손꼽힐 정도로 거대한 규모의 토목공학 프로젝트인 1928년 홍수통제법Flood Control Act을 시행했다. 의원들은 이를 통해 무언가 대비책을 마련하고 있다는 것을 보여주고, 동시에 전통주의자들은 개개인에게 지원금을 나눠주는 것은 아니라고 주장할 수 있었다. 이 법을 통해 연방정부는 미시시피강에 거대한 홍수 통제 시설을 건설하는 데 힘을 쏟았다. 오직 제방만 사용한다는 육군공병대의 정책에 종지부를 찍고, 강으로 물이 덜 들어가게 막는 저수지와 여수로를 지었다. 제방이 더 많이 부서지기 전에 물을 다른 곳으로 우회시키려는 목적이었다. 1927년에 홍수 피해를 입은 주들이 사용한 금액에 상응하는 자금을 연방정부에서 대는 형식을 갖추었다. 이렇게 해서 새 프로젝트 자금을 연방정부가 전부 대면서, 미래에도 항상 연방정부가 자금을 교부한다는 선례를 만들지 않을 수 있었다. 이 법은 또한 해당 시설이 미래에 오작동하는 경우에 연방정부의 법적 책임을 면제했다. 하지만 이 법이 실패한 지점은 개별 피해자를 지원하지 않은 것이었다. 홍수 피해자의 3분의 2가 흑인이었는데, 그들의 수많은 정당한 요구를 미국 정부는 전혀 받아들이지 않았다.

✦

홍수통제법은 발효 이후 20세기 내내 미시시피강 유역 개발에 있어 연방정부의 조치와 어마어마한 연방정부 자금 투입, 그리고 미국 사회의 발전 방향을 결정했다. 미시시피강 하류는 다시는 1927년처럼 강물이 넘치는 시련을 겪지 않았다. 2011년의 홍수는 규모가 1927년과 비슷했지만, 여수로를 효과적으로 사용해서 제방을 보호했다. 홍수통제법은 또한 공공의 이익을 위해 연방정부 자금을 지역의 사회기반시설에 사용한 선례가 되었다. 공공의 이익을 위한다는 발상은 나중에 프랭클린 델러노 루스벨트Franklin Delano Roosevelt 대통령과 테네시강유역개발공사Tennessee Valley Authority, 공공사업진흥청 Works Progress Administration 등 그의 뉴딜정책을 통해 더욱 꽃폈다.

루스벨트 역시 대홍수의 여파로 대통령에 당선되었다. 축소된 형태로 공개된 유색인종자문위원회의 보고서는 흑인 이재민의 학대 사실을 대부분의 백인들에게 숨겼을지 몰라도, 흑인들은 그렇게 쉽게 속아 넘어가지 않았다. 《시카고 디펜더》는 1927년 봄의 흑인 이재민 수용소 보도에 이어 계속 관련 기사를 실어 독자들에게 지속적으로 이 주제를 알렸다. 여름 내내 이재민들의 이야기를 싣고, 새로운 노예제도에 가까운 환경을 보도했다. 독자들은 처음에는 유색인종자문위원회가 미처 모르고 지나간 줄 알고 상무장관 후버에게 이 사실을 알렸다. 하지만 시간이 흐르자 후버가 일부러 못 본 체하고 있다는 것이 명확해졌다. 1927년 10월, 《시카고 디펜더》는 윌리스 존스Willis Jones가 수용소에서 보낸 공개 항의서를 실었다. 독자들은 이 편지에 깊이 공감했다.

우리는 우연히 《시카고 디펜더》를 읽기 전에는 적십자사가 우리를 돕기로 되어 있는 줄 몰랐습니다. 엄마들과 아이들은 밀짚과 맨바닥 위에 누워 있었는데 우리를 위해 사람들이 돈과 옷을 모아주었다니 충격을 받았습니다. 적십자사에서 보낸 옷과 식량을 달라고 하자 극도로 불친절한 말들만 돌아왔습니다.[57]

흑인들이 다시금 노예에 가까운 생활을 하는데도 백인 지도층에 굴복하고 아부한 흑인들을 비난하는 사설이 쏟아져나왔다. 터스키기대학보다 백인에게 덜 순응적이었던 전국유색인종협회National Association for the Advancement of Colored People는 이 쟁점을 지속적으로 거론했다.

그런데도 후버는 1928년 대통령 선거에서 흑인 표를 많이 얻었다. 흑인들이 감히 어떻게 에이브러햄 링컨Abraham Lincoln 대통령의 정당이 아닌 다른 정당을 찍겠는가? 그러나 공화당은 흑인들의 지지를 잃기 시작했다. 1928년 후버는 흑인 표의 15퍼센트를 잃었다. 이는 공화당 후보가 처음으로 흑인의 전적인 지지를 받지 못한 사례였다.

선거가 끝나자 종종 그렇듯이 공약은 무의미해졌다. 모튼의 요구는 무시당했고, 미시시피강 삼각주의 토지 재분배도 전혀 논의되지 않았다. 후버는 흑인들이 공화당을 떠나지 않으리라고 지나치게 확신한 나머지, 자신이 약속하거나 암시한 것을 전부 어겼다.

후버는 자신의 배신이 일으킬 분노를 과소평가했다. 1932년 무렵, 많은 흑인이 민주당 후보인 루스벨트의 포퓰리즘과 '큰 정부' 공약이 공화당 후보의 표리부동함보다 낫다고 판단했다. 루스벨트는 1932년 대통령 선거에서 흑인 표의 겨우 3분의 1을 얻었지만, 1936년에는 70퍼센트를 얻었다. 그 이후로 공화당 후보는 다시는 흑인 표의 40퍼센트 이상을 얻지 못했다.

✦

　자연재해는 인간이 만든 체계를 교란한다. 인간이 만든 체계는 물리적으로(하수도, 전력망, 도로, 다리, 댐, 제방), 그리고 사회적으로(가족, 친구, 교회, 사원, 의회, 입법) 기능한다. 이 모든 체계에는 약점이 있고, 극단적인 자연재해는 이런 약점에 압력을 가한다. 가장 약한 곳에서 문제가 생기는 법이다. 미시시피강에서 제방은 홍수를 막는 데 실패했다. 그런데 더 의미심장한 것은 미국 사회가 실패했다는 점이다. 미시시피강 홍수는 외부자로 인식되는 사람, 특히 흑인을 깔보고 비인간적으로 대하고 희생양으로 삼는 경향이 있는 미국 사회질서의 근본적인 약점을 드러냈다. 강인한 공동체를 위한 가장 좋은 투자는 사건이 일어나기 전에 그런 약점들을 찾아내고 개선하는 일이다. 이런 접근법은 자연재해가 일어났을 때, 그리고 자연재해가 일어나지 않을 때에도 모두의 삶을 향상시켜 준다.

　1923년 간토 지진 때 일본인이 한국인을 공격한 사례가 잘 보여 주듯이 1927년 미시시피강 홍수 당시의 잔혹하고 편파적인 대응은 미국만의 독특한 모습은 아니었다. 인류 역사는 인간성의 개념이 점진적으로 확장되며 발전했다고 볼 수 있다. 처음에는 자신이 속한 부족과 자기를 동일시하다가, 국가의 개념을 발달시켰고, 결국에는 더 넓은 세계를 받아들이게 되었다. 하지만 위 사례들이나 현재의 뉴스만 봐도 아직 한참 멀었다는 것을 알 수 있다.

　재난은 때로 인간의 가장 훌륭한 면을 이끌어낸다. 마운즈랜딩의 급류가 처음으로 그린빌과 미시시피강 삼각주로 쏟아졌을 때, 미처 도망치지 못한 사람들은 나무 위와 잠긴 집 꼭대기에서 오도 가도 못하고 있었다. 그들을 가장 먼저 도운 것은 배를 타고 온 밀주업자들이었다. 그들은 밀주업에 종사한 사실을 들킬 위험을 감수하고 며칠씩이나 생존자를 찾고 구조하는 데 열중했다. 재난이 한창이었던 4월 20일 아칸소주의 제방이 무너져 소용돌이가 생기는 바람에 증기선이 뒤집혔다. 이때 흑인 샘 터커Sam Tucker는 혼자서 작은 보트에 올라타고 사고 지점을 향해 갔다. 그곳에서 두 사람의 생명을 구했다.

재난의 충격이 지나가면 우리는 상실의 황량함을 마주하고, 절망에 휩싸이게 된다. 불행을 무작위적인 우연 탓으로 돌리지 못해 스스로 대체 무엇을 잘못했는지 궁금해한다. 살던 집이 사라지고, 낯선 이들의 선의에 기대야 하고, 파산의 위험에 떨고, 어쩌면 사랑하는 이들이 죽은 상황에서 인간은 탓할 대상을 찾아 외부자를 공격한다. 군중의 일부가 된 이들에게서 볼 수 있듯, 재난은 개인의 행동을 바꿔 우리의 윤리 기준과 갈라놓을 수 있다. 재난의 가장 무서운 위협은 우리의 인간성에 대한 위협이라는 사실을 우리는 명심해야 한다.

CHAPTER 7

정치와
재난의
상관관계

**1976년, 중국
탕산 지진**

✦

"위와 아래가 조화를 이루지 못하니,
음양이 뒤틀려서 요사스러운
기운이 발생하였다.
이 때문에 재이가 발생하게 된다."

동중서, 기원전 150년경

1979년 2월, 나는 스물네 번째 생일에서 1주일이 지난 때에 처음으로 베이징北京을 방문했다. 비행기에서 내려 무채색의 도시로 갔다. 옥외 광고판에는 마오쩌둥毛澤东의 글씨로 "인민을 섬겨라", "수정주의에 반대하라" 같은 격언들만 적혀 있었다. 중국은 그때 막 문화대혁명에서 회복하고 있었다. 모든 사람이 남색 또는 회색 인민복을 입었다. 여자가 색깔 있는 스카프를 두르는 것은 무척 대담한 행동이었다. 봄이 오자 나뭇잎 덕분에 도시의 하늘에 녹색이 보였지만, 땅에는 풀이 전혀 자라지 않았다. 풀이 자라면 곤충이 번식한다고 인민들에게 풀을 다 뽑게 했기 때문이다.

그 겨울날 나는 1949년 중국 공산혁명 이후 처음 있었던 미국과 중국 사이의 학문 교류에 참여하도록 선정되어 베이징에 갔다. 당시 나는 매사추세츠공과대학 지진학과의 대학원생이었는데, 대만 타이베이臺北에 몇 년 살았던 적이 있어서 중국어를 유창하게 구사할 수 있었다. 공식적인 내 목표는 1975년 일어난 규모 7.3의 하이청海城 지진을 연구하는 것이었다. 중국 정부는 이 지진을 예측해서 수천 명의 목숨을 구했다고 주장했다. 덜 공식적인 내 두 번째 목표는 1976년 탕산唐山 지진 때 어떤 일이 있었는지 파악하는 것이었다. 이 지진은 예측되지 못했고 수십만 명이 죽었다. 현실은 어땠을까? 지진 예측은 정말로 가능할까?

지진학은 일본에서 시작된 이래로 크게 발전했다. 미국은 1963년 핵실험 금지조약을 세계 여러 나라가 잘 지키는지 파악하기 위해 곳곳에 120개의 지진관측소를 세우는 세계표준지진계네트워크

Worldwide Standardized Seismograph Network를 만들었다. 목표는 핵실험 금지조약이 정한 상한선인 150킬로톤을 넘는 모든 지하 핵폭발을 감지하는 능력을 갖추는 것이었다. 150킬로톤의 핵폭발에서는 규모 5.5의 지진과 비슷한 에너지가 발생한다. 그런데 이는 곧 전 세계에서 일어나는 규모 5.5 이상의 모든 지진을 기록한다는 뜻이었다. 게다가 기록한 데이터가 기밀 자료로 분류되지 않았다는 데 크나큰 의미가 있었다. 대학의 지진학과에서 모든 데이터의 마이크로필름을 구매할 수 있었다.

이 데이터는 인간이 세계를 바라보는 방식을 바꿔놓았다. 이제는 지진이 지구 곳곳에서 좁은 띠 모양의 지역(지진대)에서 발생하고, 이 지진대는 수심과 해저의 잔류 자기(잔류 자기 데이터는 제2차 세계대전 중 해군의 조사로 얻었다)와 상관관계가 있다는 사실을 알게 되었다. 이런 사실들은 1960년대에 지구과학을 완전히 뒤바꿔 놓은 판 구조론 혁명의 핵심이었다. 지구의 가장 바깥쪽 층인 암석권은 약 열 개의 커다란 판으로 나뉘어 있다. 이 판들은 1년에 수 센티미터 이하의 매우 느린 속도로 이동한다. 전 세계 지진 대다수가 판끼리 서로 스치고 지나가는 경계에서 일어난다.

중국은 예외였다. 중국과 가까운 판 경계는 일본의 섭입대가 있는 동쪽, 인도아대륙이 북쪽의 유라시아대륙 쪽으로 이동해 히말라야산맥을 밀어올리는 남쪽, 이렇게 두 군데뿐으로 보였다. 그런데도 중국에서 지진이 자주 일어나고, 인구밀도가 높다 보니 사상자도 많았다. 중국은 판 구조론에 들어맞지 않는 유일한 장소였다. 중국에서 왜 지진이 많이 일어났을까? 그 지진들이 유래한 판 경계는 어디일까?

1975년 미국의 젊은 지진학자 피터 몰너Peter Molnar와 프랑스 지질학자 폴 타포니에Paul Tapponnier의 저명한 논문이 첫 번째 대답을 내놓았다.[58] 몰너는 매사추세츠공과대학의 조교수였고 타포니에는 박사 후 연구원으로 몰너의 연구실에 합류했다. 이 논문에서 두 사람은 북쪽으로 이동하는 인도아대륙이 히말라야산맥을 밀어 올리는 동시에 중국을 동쪽으로 밀어내고 있다는 사실을 입증했다. 가벼운 암석보다 무거운 암석을 들어 올리기가 더 힘든 것처럼, 산맥이 높이 솟아오를수록 그것을 위로 밀려면 점점 더 많은 에너지가 필요하다. 중력을 거스르고 더 많은 암석을 위로 밀어야 한다. 어느 시점에 이르자 히말라야산맥은 너무 높아져서 산맥을 밀어 올리는 것보다 중국 평지를 미는 것이 에너지가 덜 들게 되었다. 길고 가파른 단층이 생겨서 티베트의 땅을 위쪽과 동쪽으로 밀고, 중국을 동해 쪽으로 밀었다. 그 결과 지진은 대부분 중국 서부의 티베트, 신장新疆, 칭하이青海에서 일어났는데, 동북쪽으로 번질 때도 있었다.

대학원에 지원하던 중인 내가 몰너와 타포니에를 만난 것은 이 논문이 나온 직후였다. 몰너는 1975년 하이청 지진 연구에 참여한 적이 있었고, 중국 정부가 이 지진을 정말로 예측했는지, 예측한 게 맞다면 어떻게 예측했는지 알고 싶어 했다. 그는 중국어와 물리학을 전공한 나의 대학원 지원서를 보고 좋은 기회라고 여겼다. 몰너 교수는 내가 매사추세츠공과대학의 자신의 연구실에 대학원생으로 들어오기로 한다면, 무슨 수를 써서라도 중국에 보내주겠다고 약속했다. 그 말을 듣고 나는 곧바로 다른 학교들에 냈던 지원서를 취소했다.

✦

1975년 2월 4일 하이청 지진이 일어났을 때 중국은 여전히 문화대혁명에 휘말려 있었다. 중국은 1949년 공산주의 혁명의 성공 이래로 격동의 세월을 보냈다. 대다수 국가들이 공산당이 지배하는 중화인민공화국을 정식 국가로 인정하지 않았기에, 중국은 초기에 소련의 재정 지원에 크게 의존해야 했다. 국가주석 마오쩌둥은 장제스蔣介石와 국민당을 몰아내는 데 성공한 후, 중국 사회의 느린 개혁 속도와 소련의 그늘 아래 있는 상태를 초조해했다. 그는 중국이 소련을 뛰어넘어 진정한 공산주의로 발전했음을 보여주기 위해 대약진운동을 개시했다. 대약진운동은 1875년 칼 마르크스Karl Marx가 제안한 대로("능력에 따라 각자로부터 거두어, 필요에 따라 각자에게 나누어 준다") 사회가 노동력을 활용하고 재산을 분배하는 정책이었다.

이 운동의 결과는 참혹했다.[59] 2년 사이에 이 책에 나오는 모든 자연재해로 인한 사망자보다 더 많은 사람이 굶어죽었다. 강제로 농장들을 집단화하자 열심히 일할 동기가 사라졌다. 사람들은 농장에서 노동을 기부해야 했고 일을 하든 하지 않든 식량을 배급받았다. 그러자 인류 역사상 가장 치명적인 기근이 들었다. 적어도 2000만 명, 어쩌면 3000만 명이 사망했다. 1963년 중국의 사망자 중 절반 이상이 10세 미만이었다. 이런 현실을 마주한 공산당 중앙위원회의 다른 구성원들은 마오쩌둥을 권력의 핵심에서 끌어내려, 순수한 공산주의를 향한 마오쩌둥의 원대한 포부로부터 국민들을 보호했다.

공산당은 여전히 마오쩌둥을 '위대한 지도자'로 선전했다. 마오쩌둥 숭배를 이용한 정치 선전이 효과적이었기 때문이다. 중국에는 2000년 넘게 황제가 있었으니 말이다. 〈동방홍東方红〉은 중국 공산주의 혁명의 비공식적인 찬가였다. 노래 가사는 이러했다. "동녘이 붉어지며, 태양이 떠오른다. 중국에 마오쩌둥이 나타났다. 그는 인민을 위해 행복을 도모한다. 그는 인민의 위대한 구원의 별일세!" 이런 선전 속에서 자란 중국 청년들은 마오쩌둥의 명령을 따를 준비가 되어 있었다. 마오쩌둥은 이들을 권력을 되찾기 위한 강력한 무기로 이용했다.

1966년부터 1976년까지 10년 동안 이어진 마오쩌둥의 문화대혁명은 많은 사람에게 공포정치였다. 청년들은 부모와 스승에게 달려들었고, 정권은 종종 그들을 (심지어 육체적으로) 공격하라고 부추겼다. '자아비판' 공개 집회를 열어 공격 대상들을 공개적으로 모욕하고, 홍위병에게 절하라고 강요하고, 막대기나 쇠사슬로 구타했다. 지위가 높든 낮든 많은 공산당 간부가 감옥에 갇히고 처형당했다. 10대 홍위병들은 전국을 돌아다니며 너무 지적이고 말수가 적으며 의심스럽다고 여겨지는 사람들을 공격하는 데 가담했다. 1930년대에 일본식 교육을 받았거나, 친지가 수십 년 전 국민당 정부를 위해 일했다고 공격했다. 학교와 대학이 문을 닫았다. 한 세대의 어린이들이 몇 년 동안이나 교육을 받지 못했다. 그때 그곳에 없었던 우리로서는 이 사태가 생활 전반에 얼마나 지장을 주었는지 상상하기 어렵다. 내가 일했던 중국 국가지진국国家地震局에서 가장 젊은 중국인 과학자들은 서른여섯 살이었다. 그들은 1966년 문화대혁명이 시작되기 직전에 대학원을 마친 이들이었다.

문화대혁명 이데올로기는 공산당 엘리트를 공격했는데, 반지성적인 요소도 매우 강했다. 중화인민공화국 건국 초기에 인민의 8대 적이 선포되었다. 지주, 부유한 소작농, 반혁명주의자, 악질분자(범죄 성향이 있는 자들), 우파, 배신자, 간첩, 주자파(자본주의 노선을 주장하는 사람들)였다. 문화대혁명 때 마오쩌둥은 지식인을 아홉 번째 적으로 추가했다. 그들은 '악취 나는 아홉 번째'라는 뜻으로 처오라오주臭老九라고 불렸다. 많은 연구자, 과학자, 교사가 지적인 활동을 한 죄로 굴욕과 구타, 심지어 죽임까지 당했다.

문화대혁명의 공포는 중국 지진 예측 프로그램의 씨앗이 되었다. 1966년 3월, 문화대혁명이 막 시작되던 시기에 허베이성 싱타이邢臺 근처에서 일련의 지진이 일어났다. 규모 6.8의 지진을 시작으로 규모 6의 지진이 수차례 거듭되었고 3주 후 규모 7.2의 지진으로 마무리되었다. 공식적인 보고에 따르면 이 지진들로 총 8064명이 사망했고 약 350킬로미터 떨어진 베이징까지 피해를 입었다. 저우언라이周恩來 총리는 진앙 인근 지역을 몸소 방문했고 미래에 지진으로 인한 인명 피해를 줄일 수 있도록 지진을 예측하는 방법을 찾아 달라고 지구과학자들을 독려했다.

도저히 불가능해 보이는 지진 예측에 서양은 별로 관심을 보인적이 없었다. 캘리포니아공과대학의 찰스 릭터Charles Richter·지진의 규모를 나타내는 데 쓰이는 릭터 규모를 창안한 미국의 저명한 지진학자─옮긴이는 지진을 예측했다고 주장하는 사람은 모두 사기꾼 아니면 바보라고 말했고, 이는 널리 인용되고 있다. 그런데 중국 내 유전을 조사하는 작업을 이끌어 에너지 자급 수단을 마련했던 뛰어난 중국 지질학자 리쓰광李四光이 이 과제를 맡았고, 진전을 보이기 시작했다.

지진 예측 연구를 착수시킨 저우언라이 총리의 의도를 완벽하게 파악하기는 불가능하다. 내가 만난 많은 과학자들은 그것이 기발한 조치였다고, 적어도 일부 지적 자원을 문화대혁명의 유린으로부터 보호하는 방법이었다고 생각했다. 어쩌면 저우언라이는 지식인에 대한 공격이 중국의 미래에 어떤 피해를 입힐지 내다보았을지도 모른다. 지진 예측 연구 덕분에 과학자들에게 일을 시킬 명분이 생겼고 그들은 마오쩌둥의 재교육 수용소에 가지 않아도 되었다. 나와 같이 일했던 한 과학자는 함께 탄 기차에서 누가 엿들을 가능성이 없을 때 이런 이야기를 털어놓았다. 그는 1966년이 되기 전에는 중생대 구조지질학(2억 2500만 년 전~6500만 년 전의 지질학사)을 전공했는데, 문화대혁명이 일어나고서 "갑자기 지진의 매력에 푹 빠졌다"라고 말했다. 그렇게 하는 것이 유일하게 안전한 길이었다.

지진 예측 연구를 통해 다양한 분야의 지식인이 보호받았다. 중국사와 중국고전문학 연구자들은 방대한 역사 기록을 샅샅이 조사해 4000년 가까이 거슬러 올라가는 과거의 지진 목록을 작성했다. 이것은 옛 중국 관료들의 꼼꼼한 기록에서 얻은 세계에서 가장 긴 지진 목록이며 값진 과학적 자원이다. 이들은 연구 허가를 받았지만 티베트로 가서 연구해야 했다. 여기에 참여했던 한 지진학자의 말에 따르면 이는 저우언라이가 과학자들을 보호하는 데 한계가 있었기에, 정치적 혼란 속에서 눈에 띄지 않도록 취한 조치였다고 한다. 그는 아버지가 정치범이었기에 자신도 표적이 될까 두려워서 이 프로그램에 자원했다고 했다.

지진 예측 연구에 착수한 중국 과학자들은 서양 과학자들과 마찬가지로 근본적인 문제에 부딪혔다. 지진이 일어나는 과정이 완전히 무작위적이라는 점이었다. 예측의 근거로 삼을 이론적 모형이 전혀 없었다. 하지만 아무것도 하지 않으면 재교육 수용소로 갈 상황이었던 과학자들은 생각할 수 있는 모든 것을 시도했다. 곳곳에 설치한 지진계로 지진을 측정해 종이에 기록하고 날마다 분석했다. 지면의 기울기, 지전류지구의 가장 바깥층을 자연적으로 흐르는 전류—옮긴이, 지하수의 혼탁도와 화학적 성질 변화를 측정하는 기계들도 개발하고 활용했다.

이 과학자들도 정치적 태풍의 회오리를 다 피해갈 수는 없었다. 그들은 '악취 나는 아홉 번째'가 아니라는 것을 증명하기 위해 오늘날 시민 과학이라고 부를 법한 데이터 수집 활동을 벌였다. 농부들에게 이례적인 현상을 보고해 달라고 요청했다. 특히 우물 수위가 달라지거나, 물이 탁해지거나 평소와 다른 냄새가 나는 등 지하수의 변화와 짐승의 이상 행동에 주목해 달라고 했다. 과학자들은 또한 사람들에게 지진과 지진의 자연적 원인에 대해 교육하는 활동도 했다. 음양의 불균형 때문에 지진이 발생한다는 미신이 지진 문제에 대처하는 데 방해가 된다고 여겼기 때문이다.

때마침 이 시기에 지진 활동이 활발했다. 1966년 싱타이 지진군같은 지역에서 짧은 기간에 거듭 발생한 여러 지진−옮긴이은 중국 동북부에 빈발한 지진들의 선두주자였다. 1967년 규모 6.3의 허젠河間 지진과 1969년 규모 7.4의 보하이渤海 지진이 일어나서 지진 발생지가 만주를 향해 동북쪽으로 이동했음을 암시했다. 대부분의 경우 이렇게 무리 지어 발생하는 지진군에서는 대규모 지진이 나타나지 않지만, 1930년대와 1940년대 터키에서 그랬듯이 역사적으로 지진 빈발 지역에서 파괴적인 지진이 뒤따라 일어난 적도 있었으므로, 중국 과학자들은 긴장했다.

문화대혁명 최악의 시기가 지나간 1971년에 중국 국가지진국이 설립되었다. 베이징에 세 개의 연구소를 세웠고 각 성마다 국가지진국 지부를 마련했다. 국가지진국에서 해마다 여는 학회에 베이징과 각 지방의 대표 연구자들이 모여 이듬해에 지진이 예상되는 위치를 논의했다.

만주, 특히 랴오닝성은 항상 예상 목록에 올라 있었다. 규모가 큰 지진 발생지의 이동은 과학자들이 연구할 수 있는 사실상 유일한

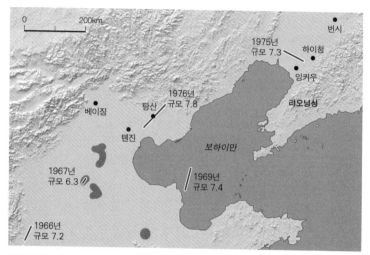

중국 동북부 지도. 1966년부터 1976년까지 주요 지진을 일으킨 단층을 표시했다.

구체적 현상이었고, 지진들이 만주 쪽으로 가고 있었기 때문이다. 랴오닝성에 각종 기계를 설치했고 1974년 연구원들은 지면 기울기와 지전류를 모니터하기 시작했다. 이례적인 신호들이 감지되었다. 예를 들어 그해 여름에는 여러 다른 위치에서 같은 방향으로 지면이 가파르게 기우는 현상을 발견했다. 이 현상은 연례학회에서 우려할 만한 상황으로 발표되었다. 그 뒤로 여름마다 이 신호가 나타났다. 과학자에겐 배경지식이 부족했고, 이 신호와 대조할 만한 자료가 없었다. 이것이 지진을 예측하는 데 쓸모 있는 데이터가 아니라, 논에 물을 대기 위해 땅속에서 물을 퍼올릴 때 일어나는 현상이란 것을 나중에야 알게 되었다.

정치와 재난의 상관관계

1974~1975년 겨울, 국가지진국 지부의 과학자들은 초조해하고 있었다. 그들은 데이터를 모으고 있었지만 그것을 해석하기 위한 맥락을 파악하지 못했고, 지진 발생지가 이동한다는 사실을 알았을 뿐 다음 지진이 어디에서 일어날지 유추할 근거를 전혀 확보하지 못했다. 그리고 대규모 지진을 예측하지 못했을 때 벌어질 사태가 몹시 두려웠다. 12월에 랴오닝성 번시本溪 근처에서 약한 지진이 잔뜩 나타났고 12월 22일에는 규모 5.2의 지진이 일어났다. 이 정도 규모의 지진이 흔하지 않았기에 모두 걱정했다.[60] 그로부터 2주 동안 국가지진국 지부에서는 여러 다른 장소의 지진을 예고했는데, 주로 규모 5.2의 지진이 일어난 위치에 가까운 지점들이었다. 어떤 곳에서는 주민들이 건물이 무너질까 봐 며칠 동안 실외에서 잤다. 빈발했던 지진이 점차 잦아들자 지진주의보도 철회되었다. 주간 보고서에는 짐승의 이상 행동이 계속 기록되었다. 하지만 그런 제보가 토요일 오후에 가장 많이 들어온다는 사실을 감안하면 노동자에게 짐승의 이상 행동 보고를 촉구하는 토요일 오전의 정기적인 공산당 집회와 관계가 깊어 보였다.[61]

1975년 2월 1일, 다시 약한 지진이 자주 발생하기 시작했다. 2월 4일 아침, 하이청 근처에서 12시간 이내에 500개 이상의 지진이 발생했고 그중에서 규모 4.7의 지진이 약간의 피해를 입혔다. 하이청은 혼란에 빠졌다. 많은 주민이 (1975년 중국 시골의 느린 통신 체계를 거쳐야 하는) 정부의 지시를 기다리기보다 스스로 대피했다.[62]

전진foreshock · 큰 지진보다 먼저 발생하는 작은 지진-옮긴이으로 추정되는 이 작은 지진들을 기록하던 시펑유 관측소는 마을 지도층을 불러 당일 밤에 대규모 본진이 예상된다고 말했다. 그러자 마을의 영화관은 밤새도록 실외에 영화를 틀어서 사람들을 집 밖으로 나오게 하기로 했다. 시펑유 관측소가 속한 잉커우營口현에서 예전부터 지진을 적극적으로 대비해 오던 관료 한 명은 공식적인 대피 지시를 내렸다.

이런 조치들 덕분에 2월 4일 저녁에 규모 7.3의 하이청 지진이 마침내 일어났을 때 많은 사람이 목숨을 구했다. 잉커우현의 중심 도시 거주민은 7만 2000명이었는데, 건물의 3분의 2가 무너졌는데도 사망자는 21명뿐이었다. 지진은 시펑유에서 영화를 야외 상영하고 있을 때 일어나서 영화를 보던 사람은 모두 살았다. 군 간부의 방문에 맞춰 음악 공연이 계획되어 있었지만, 지진이 닥치기 몇 분 전에 공연을 취소하고 극장에 있던 사람을 모두 내보냈다.

하지만 모든 사람이 골고루 대피하지는 못했고, 랴오닝성에서는 아무런 조치를 취하지 않았다. 인접한 하이청현에서는 주민들을 적극적으로 대피시키지 않아서 인명 피해가 컸다. 최종 통계에서 붕괴한 방 1000개당 사상자가 하이청현에서는 서른 명이었던 반면에 잉커우현에서는 열한 명에 그쳤다.[63]

사람들의 생명을 구한 것은 다행이었지만 기다렸다는 듯이 이를 정치적으로 이용한 사람들이 있었다. 랴오닝성 혁명위원회의 고위 간부 중에 마오쩌둥의 조카 마오위안신毛远新이 있었다. 대피 성공의 업적은 실제로 대피를 주도한 개별 현들이 아니라 랴오닝성의 공로로 돌아갔다. 자연조차 당의 의지에 굴복한 사건은 당내 급진파가 지나치기에는 너무 유리한 서사였다. 당시 오랫동안 이어진 문화대혁명이 국민들의 교육, 안전, 안정을 앗아간 상황에서 급진파는 권력을 유지하느라 골머리를 앓고 있었다. 전 세계가 지진 예측이 불가능하다고 생각했는데 중국 과학자들이 하이청 지진을 예측하는 데 성공한 일은 겁에 질리고 분노한 국민들 사이에서 급진파의 평판을 되살려주었다. 이 일은 전국에 방송으로 널리 알려졌다. 중국은 지진을 예측하는 데 성공했다.

물론 과학자들은 다르게 생각했다. 전진이 많이 관측된 덕분에 운이 좋았던 것이다. 다음에도 이와 같이 성공하리라는 보장은 없었다.

✦

1년이 지난 1976년 7월 27일, 규모 7.8의 지진이 탕산에서 일어났다. 인구가 150만 명이었던 탕산은 탄광업에 주력하는 도시였다. 탕산의 탄광들은 많은 사람들을 고용했고 중국의 산업적 이익에 너무도 중요해서 3교대로 24시간 내내 가동되었다. 이 지역에서 큰 단층이 발견된 적이 없었기 때문에 탕산은 지진 위험이 낮다고 여겨졌다. 그래서 사실상 아무런 내진 설계 없이 탄광과 건물들이 세워졌다.

그런데 알고 보니 도시 한복판 아래에 단층이 있었다. 그리 큰 단층은 아니었고 지표면에는 상대적으로 작은 부분만 드러나 있었다. 지질학자가 살펴보기 전에 도시는 이미 지어졌다. 20세기의 사회 혼란 속에서 중국은 전국의 지진 가능성을 체계적으로 조사할 시간과 여력이 없었고, 많은 단층이 감지되지 못한 채 숨어 있었다. 1923년 도쿄에서 그랬듯이, 도시 바로 아래 단층이 있다는 건 건물이 가장 밀집된 구역이 가장 강하게 흔들린다는 것을 의미했다.

탕산은 지진에 대한 대비가 거의 되어 있지 않았다. 대부분의 집이 낡은 벽돌집이거나 저렴한 재료로 지은 다층 아파트였다. 더군다나 지진이 새벽 일찍 일어나는 바람에 탄광 야간 근무조를 제외한 많은 사람이 (지진에 취약한) 집에서 자고 있었다.

내 가족의 친구 중 한 명은 탕산 출신인데, 1976년엔 홍콩에 살고 있었다. 그녀의 어머니와 다섯 형제를 비롯한 친지들은 지진 당시 탕산에 살고 있었다. 그들은 새로 지은 10층 아파트에 거주했다. 지진 전날, 어머니는 아파서 1층 의무실로 갔다. 몸이 불편해서 쉽게 잠들 수 없었다. 어머니는 새벽 3시 42분에 지진이 시작되었을 때 깨어 있었다. 바깥으로 대피하기 위해 문 쪽으로 달려갔지만 고장 났는지 열리지 않았다. 그래서 창문을 통해 겨우 나갔다. 바깥에서 10층 건물이 모조리 무너지는 모습을 지켜볼 수밖에 없었고, 가족들은 대부분 사망했다. 어머니의 초등학생 손녀 두 명은 지진이 건물을 흔들어 7층 아파트가 무너지는 순간 잠에서 깨어났다. 건물의 잔해에 깔려 침대에서 벗어나지 못했지만, 아이들은 건물 파편이 내려앉는 와중에 학교에서 배운 대로 머리를 보호하고 호흡을 위한 공간을 확보했다. 아이들은 비록 골절상을 입었지만 이틀 뒤에 기적적으로 살아나왔다. 그 밖에 그날 탕산에 있었던 다른 식구들은 모두 숨졌다.

탕산 지진이 유발한 피해 규모를 모조리 열거할 수는 없다. 처음 몇 달 동안 탕산 시민의 절반인 75만 명이 사망했다는 소문이 돌았다. 허베이성 혁명위원회는 사망자를 65만 5천 명으로 보고했다. 1980년대 초에는 공식적인 사망자 수가 24만 2천 명으로 하향 조정되었다. 실제 사망자 수는 영원히 알 수 없을 것이다. 1979년 내가 중국에 있을 때 여전히 외국인은 탕산에 출입할 수 없었고, 그곳에서 일한 사람들이 해준 말에 따르면 도시 전체에서 지진에 무너지지 않은 건물을 단 두 채뿐이었다.

거의 모든 건물이 파괴되고 수많은 사람들이 목숨을 잃은 상태에서 일상으로 돌아가는 것은 도저히 불가능했다. 생존자들은 날이면 날마다 건물 잔해를 파서 추가 생존자를 찾는 데 힘썼다. 지진이 일어났다는 사실을 베이징에서도 알고 있었다. 불과 약 160킬로미터 떨어져 있는 베이징도 지진 피해를 입었다. 그러나 정부는 혼란에 빠져 있었다. 마오쩌둥이 죽기 직전이었고 교통과 통신이 두절되어 지진에 대응하는 데 여러 날이 걸렸다. 이재민에게 식량과 식수를 보내는 데에도 걸림돌이 많았다. 겨우 목숨만 건진 탕산 시민들은 굶주림에 시달렸다.[64]

야간 근무를 하던 광부들 중에는 생존자가 많았다. 단층의 움직임이 지하수 흐름을 바꿔놓았기 때문에 탄광 이곳저곳이 물에 잠겼다. 하지만 탄광은 하나도 무너지지 않았고 그 안에서 죽은 광부도 없었다. 이 사실은 언뜻 보기에 놀라울 수도 있지만, 실제로 지진이 일어났을 때 굴이나 터널이 파괴되는 일은 극히 드물다. 여기에는 몇 가지 이유가 있다. 첫째, 땅속의 지진파 진폭은 지표면에서의 지진파 진폭의 절반이다. 지진파가 지표면에 도달하면 파동이 진행하던 반대 방향으로 반사되고 반사된 파동도 진동을 유발한다. 따라서 지표면의 흔들림은 땅속의 두 배이다. 둘째, 터널은 단면이 원형이나 타원형인데 이는 매우 안정적인 형태이다.

탕산 근처에서 규모가 큰 여진들이 계속 일어났다. 탕산에서 약 100킬로미터 떨어졌고 인구가 1000만 명이었던 톈진은 그중에서도 최악의 여진을 맞이했다. 시 행정부는 국가지진국에 미래의 여진을 예측할 지진학자를 보내달라고 요구했다. 전문가들은 지진 예측이 과학적, 정치적으로 위험한 일임을 알고 있었다. 지진학자들은 톈진에 가지 않기 위해 온갖 구실을 찾아냈다.

핑계가 가장 부족했던 지진학자는 지질물리학연구소의 막내 연구원으로, 문화대혁명으로 대학이 폐교하기 직전에 대학을 졸업하자마자 고용된 장라오(가명)였다. 장라오는 발생하는 여진과 미래 여진의 예상 빈도에 관해 일간·주간 보고서를 썼다. 여진은 점차 줄어들었다. 마침내 본진이 일어나고 1년 가까이 지난 후, 장라오는 이 지역에서 규모 6 이상의 지진이 일어나지 않을 것 같다고 정부에 보고했다. 정부는 '않을 것 같다'는 받아들일 수 없다고, '일어난다'와 '일어나지 않는다' 중에서 고르라고 했다. 장라오는 '일어나지 않는다'라고 답했다. 장라오는 1979년에 나에게 이 이야기를 해주면서, 그때 이후로 2년 동안 자신이 틀렸을까 봐 공포에 떨며 지냈다고 말했다.

국가지진국의 동료 과학자들은 솔직히 말해주었다. 탕산 지진은 예측되지 못했다. 전조 현상이 전혀 없었다. 1976년 초 지진 예측 연례학회에서 중국 과학자들은 하이청 지진으로 이 지역에 대규모 지진이 다시 일어날 위험이 줄었는지 늘었는지 논쟁을 벌였다. 지진 발생지가 이동하는 경향을 보였고, 이 경향이 끝날 때까지는 지진 위험이 증가한다. 하지만 끝이 언제가 될지 어떻게 알겠는가? 결국 그해에 지진이 일어날 가능성이 있는 장소 목록에 동북부를 포함시켰지만, 가장 가능성 높은 위치를 구체적으로 싣진 않았다.

나와 함께 일했던 지질학자(앞에서 중생대 구조지질학을 저버리고 지진을 연구하기 시작한 학자)가 탕산 지진에 관한 일화를 이야기해 주었다. 지진 전날, 국가지진국 허베이성 지부는 탕산 근처의 몇몇 우물이 이상하다는 보고서를 받았다. 우물에서 물이 샘처럼 흘러나올 정도로 수위가 높아져, 우물이 찬정지하수가 지층의 압력에 의해 지표면으로 솟아 나오는 우물—옮긴이으로 변했던 것이다. 이 현상에는 다양한 자연적 원인이 있을 수 있다. 그런데 어차피 국가지진국 과학자 두 명이 출장 중에 탕산을 지나갈 예정이어서, 그들에게 잠시 방문해서 조사해 달라고 부탁했다. 두 과학자는 밤늦게 탕산에 도착했고 다음 날 조사할 계획으로 여관에서 잠들었다. 새벽에 지진이 일어나자 여관은 무너졌고 두 과학자는 숨졌다. 나는 이 이야기를 들려준 지질학자에게 지진이 없을 때 우물이 찬정으로 변했다는 보고가 얼마나 자주 들어오느냐고 물었다. 그는 매우 흔하다고 대답했다.

✦

탕산 지진이 일어나고 두 달 사이에 정치와 과학이 뒤섞이기 시작했다. 중국의 지배 체제는 유학과 음양오행설을 융합한 2세기 학자 동중서의 철학에 일본보다 더 깊이 뿌리박고 있었다. 무려 2000년 동안 젊은 학자들은 공직에 입문하기 위해 동중서의 저작을 비롯한 고전에 관한 시험을 통과해야 했다. 천명이 황제의 지배를 정당화했고, 자연재해는 하늘이 황제로부터 천명을 거두어들였다는 신호였다. 동중서의 충고에 따라 자연재해 이후에 황제가 자책하는 관행은 1911년 청나라가 멸망하기까지 계속되었다.[65] 제국과 그 학자 관료들은 공산주의자들에 밀려 사라져도, 깊이 새겨진 미신은 하루아침에 사라지지 않는 법이다.

마오쩌둥은 노골적으로 대중의 찬양을 강구했고, 한때 황제가 맡았던 문화적 역할을 수행했다. 탕산 지진이 일어났을 때 마오쩌둥은 죽음을 앞두고 있었다. 의사들이 아예 옆에 붙어 살았고, 마오쩌둥은 4월부터 모습을 드러내지 않았다. 게다가 지진 이후에 탕산에 가지도 않았다. 그의 병에 관한 소문들이 전국에 떠돌고 있었다. 이 소문들이 여전히 널리 퍼져 있던 지진에 관한 미신과 합쳐졌다. 중국 고전은 이 문제에 대해 명확히 설명해 주었다. 황제의 죽음(또는 임박한 죽음)은 지진을 일으킨다고.

1976년 8월, 대만의 어느 신문이 탕산 지진이 마오쩌둥이 사망할 징조라고 보도했다. 지진 예측에 대한 대중의 오해, 그리고 음양의 조화를 되찾는 데 지진 한 번으로는 충분하지 않을 가능성 때문에 중국 전체가 지진에 대한 공포에 휩싸였다. 각 성 국가지진국 지부의 절반이 지진 예측을 발표했고, 예전에 하이청에서 그랬듯이 더 많은 사람이 스스로의 판단으로 건물 밖에 머물기로 했다. 내 동료들의 말에 따르면 1976년 8월, 약 5억 명이 실외에서 잤을 것이라고 한다. 8월 16일에는 쓰촨성 산간지대에서 규모 7.2의 지진이 발생했다. 이때 중국에서 가장 큰 성인 쓰촨성의 약 1억 명의 주민 대부분이 이미 실외에서 생활하고 있었다. 1억 명 중에서 진앙 근처에 사는 극히 일부가 실외 생활 덕분에 목숨을 구했을 수도 있다. 하지만 이 지진은 두려움과 불확실한 상황을 더욱 부추겼다.

9월 9일 마오쩌둥이 죽자 권력 다툼이 시작되었다. 마오쩌둥의 부인 장칭江靑을 앞세워 문화대혁명을 추진했던 급진파와 그들보다 온건한 공산당 간부들 사이에 일어난 마오쩌둥 사후의 대립을 분석한 책은 많이 있다.[66] 마오쩌둥이 죽고 한 달 후, 온건파가 쿠데타를 일으켜 장칭을 비롯한 사인방장칭, 왕훙원, 장춘차오, 야오원위안—옮긴이을 체포했다. 그들은 신속하고 효과적으로 움직여 피 흘리지 않고 사인방을 억류했다.(많은 성과 주요 도시에 강력한 지지자들이 있었는데도.) 탕산 지진에 대한 반응 또한 급진파를 빠르게 처리한 이유 중 하나일 것이다.

탕산 지진은 동중서의 다른 몇 가지 경고와도 들어맞았다. 죽어가는 황제 말고 음기가 지나치게 강해지는 두 가지 주요 원인은 신하들이 황제의 권력을 빼앗는 경우와 여자가 정치에 나서는 경우였다. 이 두 가지 죄목으로 사인방이 기소되었다. 기소장에 사인방은 마오쩌둥의 이름과 특권을 이용해 자신들의 목적을 이룬 죄로 고발되었다. 그리고 장칭의 기소장에는 마오쩌둥과의 노골적인 성적 관계와 여성스러운 계략이 강조되었다.[67] 이는 물론 자연재해와 무관하게 여성에 관한 뿌리 깊은 문화적 편견을 자신들에게 유리하게 갖다 붙인 것이었다. 하지만 이렇게 분명한 음양 불균형의 결과를 보여주는 것은 기소에 나쁠 게 없었다.

누구도 공식적으로 사인방이 탕산 지진을 일으켰다고 말하지 않았다. 공산당은 이런 종류의 미신을 없애는 데 열심이었다. 하지만 공산당은 지진과의 연관성을 은근히 암시하기 위해 기소장에 동중서의 글을 인용했다. 그들의 의도는 명백했다. 어느 장소에서 대지진이 일어나면 보통 그곳에서 더 많은 지진이 일어날 것이라는 소문이 돈다. 수차례의 여진이 흔히 발생하므로 옳은 말이다. 그러나 1976년 중국에서처럼 5억 명이 스스로 건물 밖으로 나와 실외에서 생활한 현상은 유례가 없었다. 탕산에서 멀리 떨어진 곳까지, 중국 전역에서 나타난 이런 행동은 전통적인 미신의 영향을 받은 것이었을 수 있다.

1979년 내가 베이징에 갔을 때 사인방은 감옥에 있었지만 아직 재판을 받지 않았다. 나는 신기한 존재였다. 베이징에는 겨우 서른다섯 명의 미국인이 체류하고 있었고 그중에서 내가 최초의 과학자였다. 중국 사람들과 완전히 자유롭게 대화할 순 없었지만 기숙사, 식당, 택시 등 많은 곳에서 지진학자라는 내 직업이 이야깃거리가 되었다. 중국 사람들 사이에 정부가 지진을 예측할 능력이 있다는 믿음이 널리 퍼져 있어서 나는 크게 놀랐다. 한 운전사는 정부가 경고해 줄 테니 중국 사람들은 더는 지진을 걱정할 필요가 없다고 자랑스럽게 말했다. 나는 "그렇다면 탕산 지진은요?"라고 물었다. 과학자를 제외하고 내가 이야기해 본 중국인 대다수가 그랬듯이 그는 탕산 지진도 예측되었지만 지진학자들이 그 사실을 알리지 못하게 사인방이 막았다고 확언했다. 그의 말로는 사인방은 마오쩌둥의 권력을 빼앗고 정부를 장악해서 지진을 유발했으면서, 자기들이 유발한 지진에 관해 아무도 말하지 못하게 했다는 것이었다.

✦

나는 지진 예측에 관한 관점이 달라진 채 중국에서 미국으로 돌아왔다. 하이청 지진의 전진들에 관한 물리적 연구를 완료했다. 전진들이 사실은 본진을 지연시켰다는 것을 입증했다.(이로 인해 전진을 판별하는 방법, 즉 다른 지진과 구별되는 전진의 특성을 찾아낼 수 있다는 희망이 커졌다. 하지만 결국 찾지 못했다.) 나는 또한 지진 예측이 본질적으로 과학의 영역이 아님을 깨달았다. 적어도 과학만의 문제는 아니었다.

자연재해 발생 시점의 내재적 무작위성을 논할 때 딱 한 가지 분명한 예외가 있다. 바로 한 지진의 다른 지진을 촉발시키는 힘이다. 오모리는 무려 100년 전에 이 힘을 수치화했다. 그런데 이후에 여진이란 개념을 확실하게 정의할 수 없음이 드러났다. 여진은 본진보다 작은 경우가 압도적으로 많다. 그러나 확률분포의 끄트머리로 가면, 약 5퍼센트의 경우에 여진이 본진보다 크다. 그리고 대부분의 여진은 본진과 시간적, 공간적으로 가깝게 발생하지만 앞에서 살펴본 중국 동북부의 예처럼 때때로 여러 대규모 지진이 비교적 넓은 지역에 걸쳐 빈발하기도 한다.

내가 베이징에 갔을 때에는 이런 개념들이 아직 발달하는 중이었다. 중국 과학자들은 지진 예측에 관해 서양 과학자들보다 잘 알지 못했다. 하지만 서양 과학자들과 달리 중국 과학자들은 정치적 압력 때문에 추측을 근거로 행동해야 했다. 미국 과학자라면 그럴 수 없었을 것이다. 중국의 시골에선 허술한 건물들 때문에 지진을 예측하면 이득이 컸고, 경제가 농업 중심이어서 잘못된 경보의 대가가 크지 않았다. 지진을 예측할 가치가 있었던 셈이다. 반면에 지진보다 교통사고로 죽는 사람이 더 많은 미국에서는 대피의 경제적 비용이 어마어마했을 것이고, 잘못된 경보를 울린 정부는 언론의 자유를 누리는 대중으로부터 엄청난 정치적 비판을 받았을 것이다. 주어진 정보가 같아도 취할 수 있는 조치는 달라진다.

지진학자로서 다음 10년 동안 나는 한 지진이 다른 지진을 촉발하는 확률을 정량화하는 데 열중했다. 지진학 정보를 열심히 모으고 해석해서 확률로 변환하면 정책 입안자와 긴급재난 관리자에게 그 자료를 넘길 수 있고, 담당자들은 사회적·정치적·문화적 측면을 종합적으로 고려해서 어떤 조치가 필요한지 결정할 것이라고 믿었다. 지금 돌이켜보면 오로지 확률을 근거로 결정할 수 있다고 생각하다니 나도 참 순진했다. 여기서 얻은 교훈을 나는 25년 후에 더 효과적으로 활용할 수 있었다.

CHAPTER8

✦

재난에는
국경이
없다

2004년, 인도양
남아시아 지진

✦

"모든 사람은
다른 세계를 열어주는
새로운 문이다."

존 궤어,
희곡 〈여섯 다리의 법칙〉 중에서

학문으로서의 과학에서 매우 중요한 원칙은 자신을 속이는 게 가장 쉽다는 사실을 인정하는 것이다. 과학자를 비롯한 모든 인간은 확증편향에 빠지기 쉽다. 인간은 이미 믿고 있는 바와 일치하는 정보를 덜 비판적으로 받아들이고 어긋나는 정보를 비판적으로 따진다. 과학적 방법론, 특히 동료 간의 상호 검토 절차인 동료 심사peer review가 발달한 것은 누군가가 데이터를 객관적으로 바라보지 못할 때 일깨워주기 위해서였다. 동료 심사를 받을 때, 과학자는 지적인 분신이자 성실한 활동의 소중한 결과물인 자신의 연구를 동료 또는 경쟁자의 손에 넘겨주고 낱낱이 파헤쳐 부족한 점을 찾아내고 자신이 잘못한 것을 지적해 달라고 부탁한다. 이 과정은 감정적으로 너무나 힘겨워서 갓 박사학위를 받은 많은 사람이 연구를 하지 않는 직장을 택한다. 명백한 진실을 탐구하는 데 꼭 필요한 절차의 유감스러운 단점이다.

이렇게 정기적으로 자신의 연구가 철저히 해부되는 환경의 한 가지 결과로 과학자들은 말을 매우 조심스럽게 하는 경향이 있다. 과학자는 배경 설명을 모조리 나열하고 실험을 전부 다 서술한 후에야 결과를 발표한다. 또한 애매모호한 수식어 사용을 피한다. 내가 "이것은 규모가 '큰' 지진이다."라고 말하면, 동료가 곧바로 다른 지진만큼 규모가 크지 않다고 알려준다. 아니면 현장에서의 증폭이나 고지진학 기록을 고려하지 않았을 때에만 '큰' 것이라고 지적한다. 지적할 건 수도 없이 많다. 과학자는 '크다'의 의미를 정확히 정의하고 나서야 '크다'고 말할 수 있다.

자연재해가 일어날 때마다 사람들은 "바로 이게 '대재난'이었을까요?"라고 과학자에게 묻는다.(강조하는 억양도 늘 질문의 일부분인 듯하다.) 자연재해들을 분석하고 비교해 여기에 답하기 위해 과학자에겐 각각의 편차를 정량화하는 접근법이 필요하다. 따라서 각 분야 과학자들은 측정 가능하고 반론의 여지가 없는 물리량을 기준으로 삼아 자연재해의 상대적 크기를 분류하는 체계를 만들었다. 허리케인(사피어-심슨 척도)과 토네이도(후지타 척도)를 분류하는 데 최대 풍속을 사용한다. 화산 폭발성 지수Volcanic Explosivity Index, VEI는 화산이 얼마만큼의 물질을 얼마나 높이, 얼마나 오래 분출했는지에 따라 정의한다.(0~8의 숫자로 나타낸다. 기원후 79년 베수비오산의 화산 폭발성 지수는 5, 1783년 라키산은 6이었다.) 홍수는 발생 확률로 분류하는 유일한 자연재해이다. 백년홍수는 1년 사이에 일어날 확률이 100분의 1이다. 지진학자들은 지진으로 분출되는 총 에너지를 나타내는 '규모'라는 개념을 만들었다.

각각의 척도는 물리적 측정값이기 때문에 동료들의 비판에 대응해 객관적으로 제시할 수 있고, 단순한 숫자여서 대중에게 설명하기도 쉽다. 재해로 인한 피해는 정량화하기 어렵고 공포는 측정 불가능하다. 과학자는 잘 정의된 물리적, 정량적 세계에서 훨씬 편안함을 느낀다.

그리고 이런 물리적 측정값에는 오류가 없다. 물리적으로 어떤 일이 일어났는지 정의하는 제 역할을 다한다. 문제는 누군가가 "바로 이게 대재난이었을까요?"라고 질문하는 사람은 인간의 삶 전반에 대해 묻고 있는 반면, 대답하는 과학자는 물리적 영향을 말할 뿐이어서 둘 사이에 간극이 생긴다.

그런데 때때로 둘이 일치하는 때도 있다. 진정한 '대재난'이 일어난 것이다.

2004년 12월 26일 인도네시아 수마트라Sumatra섬의 서쪽 해안에서 일어난 규모 9.1의 남아시아 지진과 쓰나미가 바로 그런 사건이었다. 이 정도 물리적 규모의 지진과 쓰나미는 전례가 없었다. 이 지진에서 움직인 단층의 길이는 1500킬로미터가 넘었다. 지금까지 알려진 지진 중에서 가장 길었다.(1906년 샌프란시스코 지진을 유발한 단층의 길이는 440킬로미터였다.) 파열면이 한쪽 끝에서 다른 쪽 끝으로 이동하는 데 무려 9분이나 걸렸다.[68]

지진은 순다Sunda해협 아래 섭입대에서 일어났다. 섭입대는 순전히 물리적인 측면에서 지구에서 가장 규모가 큰 지진이 일어나는 곳이다. 2장에서 지진의 규모는 단층이 엇갈려 미끄러진 거리와 단층 길이에 따라 달라진다고 설명했다. 하지만 실상은 조금 더 복잡하다. 판의 두께는 최대 80킬로미터이다. 판의 깊은 지점은 너무 뜨거워서 마찰력으로 한자리에 고정시킬 수 없다. 암석이 부서지는 대신에 엿가락처럼 늘어나고 모양이 변형된다. 판에서 마찰력으로 고정되는 부분은 맨 위에서 16~24킬로미터 깊이까지다. 이곳의 암석은 휘어지면서 탄성에너지를 저장한다. 미는 힘이 마찰력보다 커져서 단층 한쪽이 갑자기 다른 쪽을 스쳐 미끄러질 때 지진이 일어난다. 따라서 지진의 규모는 주로 세 가지 요소에 의해 결정된다. 미

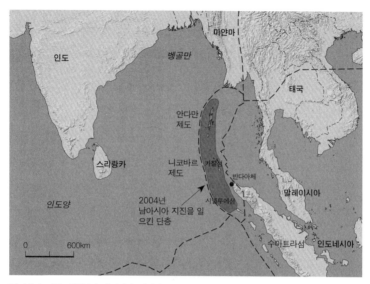

남아시아 지도. 2004년 남아시아 지진에서 움직인 길이 1500킬로미터, 폭 160킬로미터의 단층을 어두운 색으로 표시했다.

끄러진 거리, 단층의 길이, 마찰력으로 고정된 깊이, 이 세 가지이다. 1906년 샌프란시스코 지진은 마찰력으로 고정된 깊이가 13킬로미터로 비교적 얕았다. 하지만 단층의 길이는 500킬로미터에 가까웠고 미끄러진 거리도 제법 커서 모든 효과를 종합하니 규모 7.8의 지진이 일어났던 것이다.

앞에서 우리는 후방 추돌 사고를 일으킨 트럭이 작은 승용차를 타고 올라가듯이, 섭입대 지진에서 한 판이 다른 판을 아래로 누른다는 것도 설명했다. 이 판들은 일반적으로 5~20도의 작은 기울기로 만난다. 아래로 눌린 암석은 최근에 표면 가까이 드러나 있었기

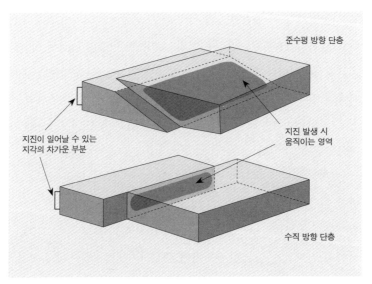

지각의 온도와 기울기에 따라 단층의 길이가 같아도 면적은 완전히 달라질 수 있다.

때문에 더 차갑다. 온도가 낮으면 마찰이 발생하는 부분이 늘어난다. 그 결과 단층이 넓어진다.

이 모든 것을 감안하고 길이가 320킬로미터인 두 개의 단층을 상상해 보자. 단층 하나는 수직 방향이고 다른 하나는 준수평 방향이다. 수직 방향 단층에서는 지진이 깊이 16킬로미터까지만 생긴다. 따라서 단층의 면적은 약 5000제곱킬로미터라고 볼 수 있다. 섭입대에 있는 준수평 방향 단층은 지진이 깊이 30킬로미터까지 발생한다.(아래로 눌린 판의 암석이 아직 상대적으로 온도가 낮고 딱딱하기 때문에 더 깊은 곳까지 지진이 발생할 수 있다.) 하지만 10도로 기울어져 있기 때문에 단층의 깊이는 30킬로미터지만 폭은 185 킬로미터이다. 320킬로미터 길이의 비스듬한 단층의 면적은 약 6만 제곱킬로미터이다. 단층의 길이는 같은데 면적은 수직 방향 단층과 비교해 열 배가 넘는 것이다. 게다가 섭입대 지진은 다른 종류의 지진보다 단층이 미끄러지는 거리가 길다. 결과적으로 지진 규모가 더욱 커지는 것이다.

규모가 매우 큰 섭입대 지진만이 대양을 가로지르는 쓰나미를 유발할 수 있다. 규모 8.0의 지진이면 국지적으로 파괴적인 쓰나미가 발생할 수 있지만, 해양분지ㅡ아주 깊은 해저의 움푹 들어간 곳ㅡ옮긴이를 지나서까지 전파되는 파도를 만들기에 충분하지 않다. 반면에 규모 8.5 이상의 지진은 섭입대에서 일어났을 것이 분명하고, 곧이어 쓰나미가 몰려올 것이라고 확신해도 좋다.

쓰나미는 골ㅡ파도의 가장 낮은 지점ㅡ옮긴이과 마루ㅡ파도의 가장 높은 지점ㅡ옮긴이가 여러 개인 파도이다. 아주 커다란 파도라기보다는 물웅덩이에 떨어뜨린 돌을 중심으로 원형으로 퍼지는 물결에 가깝다. 해저의 지진으로 인해 위로 솟았다가 아래로 내려가는 움직임이 잇따라 바깥으로 퍼진다. 골과 마루가 몇 개나 생겼고 상대적 크기가 어떤지, 서로 얼마나 떨어져 있는지는 파도가 부딪히는 해안선의 모양은 물론이고 해저의 모양에도 달려 있다. 해안선에 골이 먼저 도달할 경우, 쓰나미의 첫 번째 신호는 밀물이 아니라 썰물이다.

쓰나미의 높이가 7미터라면, 해발고도 7미터 이하의 모든 것이 물에 잠긴다. 이 쓰나미는 해안가의 10미터 높이의 절벽은 넘지 못한다. 밀물 때문에 수위가 이미 평균보다 0.5미터 높은 경우에는 쓰나미도 0.5미터 높아져서 해발고도 7.5미터 이하의 모든 것이 물에 잠긴다. 쓰나미 피해는 보통 물에 잠겨서가 아니라 물에 휩쓸려서 생긴다. 파도는 대양에서 처음 이동할 때 제트기만큼 빠르게 움직이지만, 수심이 얕아질수록 자동차와 비슷한 정도로 느려진다. 그렇더라도 시속 30킬로미터로 이동하는 엄청난 양의 물은 막대한 에너지를 품고 있다. 제자리에 아주 단단히 고정되지 않은 것이면 무엇이든지 휩쓸린다. 자동차와 사람은 쉽게 떠밀린다. 약한 건물은 쓰러진다. 튼튼한 건물도 뼈대만 남고 벽이 무너진다. 튼튼한 건물에 있었던 어느 아파트에 냉장고만 덩그러니 남아 있는 사진을 본 적이 있다. 무거워서 떠내려가지 않은 냉장고는 해초를 걸친 채 제자리를 지키고 있었다.

2004년 남아시아 지진은 기록된 지진 가운데 규모가 세 번째로 컸다. 미끄러진 단층의 길이는 가장 길었다. 기록된 것 중에서 세 번째로 많은 양의 물을 이동시켰고, 인도양에서 관찰된 가장 큰 파도를 만들어냈다. 이때 발산된 에너지는 그때까지 폭발한 가장 큰 수소폭탄의 에너지보다 1000배 많았다. 인간에게 미친 영향도 결코 덜하지 않았다.

✦

2004년의 규모 9.1 지진은 단층의 움직임이 격렬했지만, 규모에 걸맞을 정도로 많은 사상자를 내지는 않았다. 단층은 주로 바닷속과 주민이 거의 없는 섬 아래에 있었다. 지진은 크리스마스 이튿날 오전 8시 조금 전에 시작되었다. 수마트라섬 북쪽 끝의 아체Aceh 주는 지진 파열의 남쪽 끝에 있었고, 단층에 가까이 있다 보니 가장 큰 피해를 입었다. 아체주와 주도 반다아체Banda Aceh의 많은 건물이 크게 손상되었다. 쓰나미는 본진이 끝난 뒤부터 여진이 진행되는 동안에도 계속 몰려왔다. 아체주의 서쪽 해안에서 파도의 높이는 15~30미터에 달했다. 많은 사람이 바다로 휩쓸려갔고 시신을 찾을 수 없었기 때문에 사망자 수는 불확실하다. 우리가 알기로 인도네시아의 총 사망자와 실종자 수가 20만 명 이상이었고(다른 나라의 세 배 이상) 대부분 아체주 주민이었다. 인구 30만 명의 도시 반다아체의 거의 모든 건물 1층이 물에 잠겼고, 인구의 10퍼센트가 사라졌다. 아체주 서해안에 있던 인구 1만 명의 마을 루풍Leupeung은 완전히 폐허가 되었고 고작 수백 명만 살아남았다.[69]

아체주의 북쪽과 서쪽의 작은 섬들은 섭입대 바로 위에 있으므로 지진으로 강하게 흔들렸고 곧바로 쓰나미에 휩쓸렸다. 해저의 윤곽과 해안선의 모양 때문에 몇몇 섬은 다른 섬보다 훨씬 커다란 파도를 맞아야 했다. 북쪽 끝에 있는 섬들에선 쓰나미 높이가 1.5~3.5미터였지만[70] 니코바르Nicobar제도의 카찰Katchal섬에는 10미터가 넘는 쓰나미가 와서 인구의 90퍼센트가 사망했다. 카찰섬의 원주민은 사실상 그들의 부족 제도, 생활방식, 문화를 죄다 잃었다. 시멜루에 Simeulue섬의 경우에는 1907년 쓰나미의 기억이 공동체에 남아 있어서 지진이 끝난 직후에 다들 고지대로 올라갔다. 그 결과 인명 피해가 거의 없었다.

인도네시아 다음으로 쓰나미가 덮친 나라는 단층에서 서쪽으로 수천 킬로미터 떨어진 스리랑카였다. 지진은 여러 진동수의 파동을 만들고, 음파의 경우에도 그렇듯이 진동수가 낮은 파동은 진동수가 높은 파동보다 더 멀리까지 전파된다.(음악을 멀리서 들을 때 진동수가 낮은 드럼 소리는 들리지만 진동수가 높은 곡조는 들리지 않는 것과 같은 원리이다.) 따라서 지진이 가까이에서 일어나면 진동수가 높은 급작스런 흔들림을 느끼지만, 먼 곳에서 지진이 일어나면 느린 너울거림을 느낀다. 스리랑카 사람들이 바로 이런 움직임을 느꼈다. 쓰나미가 벵골만을 가로지르는 데 약 90분이 걸렸다. 쓰나미는 섬나라인 스리랑카를 에워쌌고 4~13미터의 파도가 모든 해안에 들이닥쳤다. 해안가에 많은 마을이 형성되어 있었고 목조 건물들이 쉽게 떠내려 갔기에 4만 명이 넘게 사망했다.

쓰나미의 가장 강력한 파도는 단층과 직각 방향으로 생긴다. 남아시아 지진의 단층이 대략 남북으로 뻗어 있었기 때문에 지진의 영향은 서쪽의 스리랑카는 물론이고 동쪽의 태국에서도 크게 나타났다. 태국의 서쪽 해안에는 전 세계 관광객이 모여드는 해변들이 있고 당시 크리스마스 휴일을 맞아 호텔들이 가득 차 있었다. 지진 두 시간 후에 몰려온 쓰나미의 높이는 인도네시아만큼은 아니었지만 어떤 경우에는 21미터에 달할 정도로 높은 편이었다.

쓰나미는 인도양을 거침없이 가로질러 인도, 말레이시아, 몰디

브, 미얀마에서 사람들의 목숨을 앗아갔다. 아프리카 동쪽 해안까지 밀려와 예멘, 세이셸, 남아프리카 공화국, 케냐에서도 사망자가 나왔다. 쓰나미는 인도양에서 대서양, 태평양 두 방향으로 퍼져나갔고, 이후 며칠 동안이나 미국 해양대기청National Oceanic and Atmospheric Administration의 감시 기기에 지속적인 흐름이 기록되었다. 전부 13개국을 덮쳤고, 18개국의 사회기반시설과 건물에 피해를 입혔다. 47개국 국민이 국외 여행 중에 사망했다. 그중 많은 사람이 태국에서 휴가를 보내던 중이었다. 이런 관점에서 2004년 남아시아 지진은 막대한 인명 피해를 낸, 물리적으로 규모가 큰 사건이었을 뿐만 아니라 전 세계를 아우르는 최초의 자연재해였다.

✦

1977년 스탠퍼드대학에서 지질학 박사학위를 받은 케리 시Kerry Sieh는 연구 내용이 어찌나 획기적이었던지 학위를 받자마자 캘리포니아공과대학의 교수로 임용되었다. 그의 연구는 결과적으로 고지진학paleosiesmology·먼 옛날의 지진을 연구해 지진 예측에 도움을 주는 지진학의 한 분야−옮긴이이라는 완전히 새로운 연구 분야의 시초가 되었다. 스물여섯 살의 학자가 대단한 일을 해낸 것이었다. 그때까지 지질학자들은 지진으로 인해 갈라지고 이동한 암석층의 특징을 조사하고 그 결과 지구 표면이 어떻게 변화했는지 알아보는 식으로 단층을 연구하고 있었다.(이를 지형학이라고 부른다.) 시의 연구가 새로웠던 점은 어떻게든 단층의 표면에 접근해서 관찰할 수만 있다면 그곳에 훨씬 더 많은 정보가 있다는 사실을 알아차린 것이었다. 그래서 시는 단층을 가로질러 도랑을 파고 단층의 이동 흔적들을 일일이 기록하고 이동 거리를 측정해 일종의 지도를 만들었다. 그가 작업한 장소는 고인 물에 흙이 잠기면서 새 땅이 빠르게 만들어지는 늪지대였다. 지층의 형성 시기는 유기물의 탄소-14 동위원소원자번호는 같고 질량수가 다른 원소를 동위원소라고 한다. 탄소의 가장 흔한 형태는 탄소-12이고, 탄소-14는 극히 일부 존재하는 방사성 동위원소다. 탄소화합물 중의 탄소-12와 탄소-14의 비율을 통해 연대를 유추할 수 있다.─옮긴이의 양을 측정해 추정할 수 있다. 지진이 일어나 샌앤드리어스단층이 움직이면 그때까지 형성되어 있던 모든 지층이 절단된다. 하지만 지진이 끝난 뒤에는 그 위에 새로운 지층이 생긴다. 절단된 지층과 절단되지 않은 지층을 일일이 지도로 만든 시는 지진 관측 사상 딱 한 번 움직인 단층에서 수많은 지진의 역사를 찾아낼 수 있었다.

여기서 시작해 시와 그의 학생들, 나중에는 학생의 학생들이 캘리포니아 전역과 전 세계의 단층을 조사해서 이 분야를 발전시켰다. 이런 연구를 통해 평균 100~200년마다 샌앤드리어스단층 전체가 움직이는 큰 지진이 난다는 사실을 알게 되었다. 역사 기록만으로는 이 정보를 유추해 낼 수 없었을 것이다.

그런데 단층이 바닷속에 있어서 과거가 숨겨진 섭입대는 특수한 경우다. 인도양판의 빠른 움직임으로 미루어 순다해협에서 지진이 상당히 자주 일어나는 것이 분명하지만, 문자로 기록된 역사는 불과

100년도 채 되지 않는다. 시멜루에섬의 노인들이 1907년 지진을 기억한 덕분에 인명 피해를 줄이기는 했지만, 역사 기록은 거기까지밖에 거슬러 올라가지 못했다. 시가 다른 아이디어를 떠올리기 전에는 말이다.

순다해협에는 화산대를 따라 포리테스*Porites*속屬 산호가 서식한다. 이 산호는 햇빛을 받으면 어느 정도까지 쑥쑥 자란다. 날마다 성장선을 하나씩 더하며 자라다가 수면 바로 밑에 이르면 더 자라지 않는다. 그때부터는 옆으로 자란다. 만약 해저면이 위로 솟아 산호를 밀어 올리면 물 위로 나온 부분은 죽는다. 그리고 해저면이 아래로 주저앉으면, 다시 수면에 다다를 때까지 위로 자란다.

섭입대에서는 하나의 판이 다른 판을 아래로 누르므로, 아래로 눌린 판에 서식하는 산호는 위쪽으로 충분히 자랄 수 있다. 그런데 지진이 일어나 판이 서로 충돌해 위로 솟아오르면 거기서 자라던 산호의 수면 위로 노출된 부분은 죽어버린다. 이 현상을 이용해서 섭입대 단층의 과거 지진 역사를 알아낼 수는 없을까?

2004년 초, 시와 그의 학생 대니 나타위자자Danny Natawidjaja는 1797년과 1833년 순다해협에서 일어났던 대지진을 서술한 중요한 논문을 발표했다. 이 연구 덕분에 이제 이곳에 지난 250년 사이에 한 번(1907년)이 아니라 세 번의 지진이 일어났다는 사실을 알게 되었다. 이런 자료가 있으면 순다해협에서 지진이 제법 자주(대략 100년에 한 번) 일어난다고 좀 더 확신을 갖고 말할 수 있다. 그리고 이는 곧 미래에, 지금 살아 있는 많은 사람이 세상을 떠나기 전

2004년 남아시아 지진 때 수면 위로 노출되는 바람에 죽은 산호.
자료 제공 | 캘리포니아공과대학 판 구조론 관측소의 존 갈레츠카

에 지진이 한 번 더 일어날 것임을 뜻했다.

나타위자자는 인도네시아인이었고 박사학위 논문을 위한 마지막 현장 연구를 마무리하러 그해 여름 인도네시아로 돌아가기로 되어 있었다. 쓰나미의 위험을 너무도 잘 알고, 인도네시아 정부의 준비 부족을 익히 알았던 나타위자자와 시는 쓰나미가 무엇인지 설명하고 큰 지진이 일어난 후 해안에서 멀리 대피해야 인명 피해를 줄일 수 있다고 알리는 포스터를 만들었다. 영어(관광객용), 인도네시아어, 지역 방언인 멘타와이Mentawai어로 쓰인 포스터는 남아시아 지진 몇 달 전인 2004년 여름, 나타위자자의 현장 연구 지역에 배포되고

부착되었다.[71] 일어나지 않은 피해를 가늠할 수는 없지만, 나타위자자와 시의 노력으로 목숨을 건진 사람들이 분명히 있을 것이다. 과학자가 한 일이 이토록 명확하고 빠르게 빛을 보는 일은 드물다.

그런데 여기서 더 큰 의문이 생긴다. 제때(지진 직후)에 경보를 보냈으면 많은 목숨을 구할 수 있었을 텐데 어째서 그렇게 사망자가 많았을까? 나는 2004년 지진이 일어나고 15분 후에 수마트라섬 북쪽 끝에서 규모 8.8(추정)의 지진이 발생했다는 이메일을 받았다. 전 세계에 규모 5 이상의 지진이 일어날 때마다 이메일이 온다. 원하는 사람은 누구나 미국지질조사국 지진 위험 프로그램 홈페이지에서 그런 서비스를 받을 수 있다. 나는 곧이어 무시무시한 쓰나미가 인도양을 덮칠 것을 즉시 알아차렸다. 대재난이 벌어지고 있는 것을 알면서 나는 무력하게 캘리포니아주의 우리 집 크리스마스트리 앞에 앉아 있었다.

위험에 처한 넓은 지역의 사람들에게 경고하려면 잘 준비된 체계가 필요하다. 관측하고 기록하는 기계, 경보 부서를 관리할 인력, 위험에 처한 사람들과 정부에 경보를 전달하는 수단이 필요하다. 1946년 알래스카 지진으로 발생한 쓰나미는 하와이에서 150명의 사망자를 냈다. 이 일로 미국 정부는 1949년 하와이에 태평양쓰나미경보본부Pacific Tsunami Warning Center를 세웠다. 1960년 칠레 지진으로 인한 쓰나미가 하와이에서 수십 명, 일본에서 수백 명의 목숨을 앗아간 후, 태평양쓰나미경보본부는 국제적인 기관으로 확장되어 태평양 전역의 경보를 맡게 되었다. 2004년 남아시아 지진이 일어났을 때 태평양쓰나미경보본부는 태평양 해역에 쓰나미 위험이 없다고 공표했다. 틀린 말은 아니었다. 다만 이 사실은 태평양 서쪽에 대한 경고만 할 수 있었던 태평양쓰나미경보본부의 한계를 분명히 보여주었다.

이 정도 규모의 지진이 마지막으로 나타난 것은 40년 전, 1964년 알래스카 지진이었다. 그러나 당시의 기술로는 지진의 실제 규모를 가늠할 수 없었다. 1980년대와 1990년대에 디지털 기록과 처리 기술이 개발된 후에야 지구에서 일어나는 대규모 지진이 얼마나 어마어마한 에너지를 품고 있는지 알 수 있었다. 태평양쓰나미경보본부의 담당자는 구식 기술에 의존하고 있었기 때문에 처음에 지진의 규모를 과소평가했다. 한 시간 후쯤 되자 처음 짐작했던 것보다 지진의 규모가 더 크다는 것을 깨달았지만, 지진에 영향을 받을 국가들의 정부에 연락할 통로가 마련되어 있지 않았다. 겨우 연락이 닿은 경우에도 그 국가들은 해안 주민들에게 경고할 방법이 없었다. 과학자들의 데이터가 잘 전달되었다면 얼마나 많은 사람이 살았을지 생각만 해도 괴롭다.

다행히도 그때 이후로 진전이 있었다. 1860년대 캘리포니아주 홍수 사례에서 인간의 집단 기억은 희미해진 위험을 축소하는 경향이 있다는 것을 보았다. 반대로 여전히 생생하게 살아 있는 충격에는 매우 적극적으로 대응한다. 수마트라섬의 막대한 피해, 그리고 기술적 해결책으로 인명 피해를 막을 수 있었다는 인식 덕분에 조치가 취해졌다. 쓰나미가 일어나고 2주 이내에 인도양에 경보 체계를 마련하고 구식 기술을 갱신하자는 제안이 나왔다. 이제는 오스트레일리아, 인도네시아, 인도의 데이터를 이용해 유엔이 주관하는 경보 체계가 가동하고 있다. 태평양쓰나미경보본부도 지진 규모를 추정할 때 더 현대적인 기술을 사용하기 시작했다. 이제 세상은 미래의 자연재해에 덜 취약해졌다.

✦

　다들 '여섯 다리의 법칙'을 들어보았을 것이다. 지구에 사는 한 사람은 다른 한 사람과 다섯 명 이하의 지인으로 연결되어 있다는 이론이다. 내 생각에 지구인 대다수는 2004년 남아시아 지진이 유발한 쓰나미의 희생자와 세 명 이하로 연결되어 있을 것이다.(내 남동생의 직장 동료는 크리스마스 휴가로 태국에 갔다가 돌아오지 못했다. 내가 아는 스리랑카 사람 중 적어도 한 명은 분명히 쓰나미 희생자와 아는 사이다.)

　전 세계 국가의 3분의 1인 57개국 국민이 사망했다. 어떤 국가의 국민은 고국에서의 사건·사고보다 쓰나미로 더 많이 사망했다. 2004년 남아시아 지진은 스웨덴 역사상 스웨덴인 사망자가 가장 많았던 자연재해이다. 그리고 1709년의 어느 전투 이후로는 인명 피해가 가장 컸던 단일 사건이다. 세계화와 편리해진 항공 여행으로 세상은 근본적으로 바뀌었다. 처음으로 전 세계 사람들의 대부분까지는 아니더라도 제법 많은 수가 단 하나의 자연재해로 인한 상실을 공유했다.

통신의 발달 때문에도 이 재난은 근본적으로 더 큰 충격을 주었다. 피해 현장의 사진들은 쓰나미보다 더 빠르게 전 세계로 전파되었다. 우리는 텔레비전과 컴퓨터를 통해 납작해진 집, 치솟은 물길, 장난감 배처럼 연안으로 내던져진 거대한 선박의 사진을 보았다. 그리고 이웃의 사촌이나 아이의 선생님의 조카가 휴가에서 돌아오지 않았다는 소식을 들었을 때, 이 일은 더 이상 먼 곳에서 일어난 사건이 아니었다. 우리 자신의 삶에 스며든 공포였다.

지구 반대편에서 일어난 재난을 더 뚜렷하게 인식하게 되면서 인류가 재난을 바라보고 재난에 대응하는 방식이 바뀌고 있다. 인류가 인명 피해 방지 조치를 취하지 못하는 이유 중 하나는 재난이 언제 일어날지 불확실하기 때문이다. 당장 일어날 확률이 낮은 위험은 더 임박한 문제에 밀려나기 마련이다. 한 사회를 파괴하는 대재난은 드물게 발생한다. 1년이나 10년마다 일어나는 홍수는 도시를 계획할 때 고려되고, 지진 빈발 지역에서는 자주 일어나는 전형적인 지진을 견디는 건물 설계 규정을 채택한다. 그런데 이렇게 자주 일어나는 소규모 재해는 연속되는 자연재해의 일부분이고, 결국 언젠가 훨씬 드물고 규모가 큰 재해가 일어나기 마련이다.

작은 지역에서 매우 드문 자연재해도 세계적으로 살펴보면 훨씬 더 흔하다. 캘리포니아주에서 규모 8의 지진은 수백 년에 한 번 꼴로 일어나지만, 세계 어디에선가는 거의 매년 규모 8의 지진이 일어난다. 예전에는 전 세계를 한눈에 살펴볼 방법이 없었다. 폼페이가 멸망했을 때, 로마제국에 사는 사람들은 인도네시아에서 화산이 폭발해 인간이 정착해 살던 마을을 파괴했다는 사실은 물론이고 인도네시아의 존재 자체를 몰랐다. 1783년 라키산이 분화했을 때 유럽의 몇몇 과학자는 아이슬란드에서 무슨 일이 벌어지고 있는지 알아차렸지만, 대대수 유럽인은 몰랐다.(아이슬란드가 속해 있던 덴마크 정부가 원조를 보낸 것도 1년 가까이 지난 후였다.) 1923년 간토 지진이 도쿄에 피해를 입혔을 때, 전보를 통해 이 소식을 미국으로 전했지만, 미국인은 도쿄에서 벌어진 지옥 같은 상황을 파악할 길이 없었다. 불과 40년 전 탕산 지진으로 남아시아 지진과 쓰나미의 두세 배에 해당하는 사망자가 발생했을 때에도, 전 세계가 알아차리기는 했지만 주의를 기울이지 않았다. 중국이 세계로부터 고립된 시대였고 거의 모든 희생자가 중국인이었던 데다가, 우리는 그들의 고통을 목격하지 못했다. 인터넷이나 개인용 컴퓨터가 세계를 우리 책상 앞에 가져다놓기 전이었다. 중국은 다른 나라 사람들이 자국의 약점을 보기를 원하지 않았기 때문에 사진을 공개하지 않았다. 지진 이후 5년 동안 탕산에는 외국인 출입이 전면 금지되었다.

그런 측면에서 남아시아 지진은 우리에게 슬픔 이외에도 의식의 확장을 가져다주었다. 쓰나미에 관한 지식이 이토록 넓게 퍼진 적은 없었다. 과학자들은 여전히 도움이 필요한 사람들에게 위험을 알리기 위해 힘쓰고 있다. 하지만 바닷가에 사는 너무나 많은 주민들이 여전히 쓰나미 피해에 노출되어 있고, 해발고도 150미터 이상에 거주하는 많은 사람이 비합리적으로 쓰나미를 두려워하고 있다.

대규모 쓰나미가 형성될 때 섭입대 지진이 하는 역할은 아직 충분히 파악되지 못했다.(다만 섭입대 지진과의 관련성 덕분에 쓰나미가 도달할 장소를 예측할 수 있다.) 하지만 쓰나미라는 용어는 불과 20년 전에 비해 우리에게 상당히 큰 의미를 지닌다.

남아시아 지진 이후 10년 동안 자연재해 대응에 많은 관심이 쏠렸다. 유엔은 유엔재난위험감소기구UN Office for Disaster Risk Reduction를 설립했고 2015년 일본 센다이仙臺에서 논의한 '센다이 협약'이 총회에서 채택되었다. 세계화와 현대 통신기술 덕분에 처음으로 국지적 재난이 국제적 경험으로 확장되었다.

가족에서 부족으로, 부족에서 국가로 확장되어 온 '우리'의 정의는 계속 넓어지고 있다. 2004년 남아시아 지진에서 우리는 전 세계를 아우르는 '우리'를 보았고, 그 과정에서 재난을 바라보는 시각을 바꾸었다. 그 결과 전 세계가 재난을 감정적으로 경험했고, 이 경험은 인간이 가장 위험하고 깊이 뿌리박힌 편견을 극복하는 데 일조하고 있다.

CHAPTER 9

실패에서
배워야
하는 것들

2005년, 미국
허리케인 카트리나

✦

"갈색 종이봉투보다 까만 인간이
이 거리에 나타나면 쏴버리겠다."
뉴올리언스 앨지어스포인트의 한 백인 주민

"신의 은총이 아니었다면 나도 죽었을 수도 있다." 희생자에 대한 공감을 표현할 때 하는 말이다. 로스앤젤레스 지역 뉴스 라디오 방송국에서는 2005년 허리케인 카트리나Katrina가 뉴올리언스를 덮친 직후에 '신의 은총이 아니었다면'이라는 제목의 특별 프로그램을 방영했다. 허리케인과 캘리포니아주의 높은 재난 확률을 연결 짓는 제스처였다. 이 구절은 모든 인간이 공유하는 취약성을 인정하고 고통에 대한 연민을 드러낸다. 그리고 많은 사람이 이를 자연재해의 무작위성을 막아주는 방패나 부적처럼 사용한다. 신의 선량함을 충분히 믿으면 나는 저들과 같은 운명을 피할 수 있을 것이라고. 그러나 희생자들에게 신의 은총이 베풀어지지 않은 이유를 추측하는 때는 희생자에게 더없이 엄격해진다.

앞에서 인간이 자연재해에서 규칙성을 찾는 경향을 언급했다.(그런 규칙들이 그럴 듯하지만 틀렸다고 판명되고 나서도.) 이런 경향은 수천 년 동안 인류의 생명을 구해왔다. 예를 들어 심한 배탈과 섭취한 버섯 사이의 관계에 주목했을 때 그랬다. 하지만 인과관계에는 책임의 문제가 딸려온다. 어떤 사람이 심장마비에 걸렸다는 이야기를 들으면, 우리는 재빨리 그의 생활 습관과 몸무게에 생각이 미친다. 누가 암에 걸렸다는 이야기를 들으면 종종 "그가 담배를 피웠나요?"라고 묻는다. 의식적으로든 아니든 불운을 당한 사람을 탓함으로써 우리는 같은 운명에 처하지 않으려고 안간힘을 쓴다. 속으로 이렇게 중얼거리며 안심한다. "난 운동을 많이 해." "난 담배를 피지 않아."

자연재해가 신이 내리는 벌이라는 생각은 탓할 대상을 찾으려는 충동 때문에 매력적이었다. 18세기 리스본 지진의 희생자들에게 원조를 거부했던 네덜란드 국민들을 생각해 보라. 그들은 신이 내린 벌을 거스를 수 없었다. 그들의 칼뱅주의 신앙은 우상을 숭배하는 가톨릭교도들에게 내려진 처벌로부터 그들을 보호해 주었다. 자연재해의 과학적 모형이 발달하고 널리 수용되면서 신의 벌과 같은 단순한 설명은 거의 사라졌지만, 희생자에게 책임을 물음으로써 자신을 희생자들과 분리하려는 인간의 욕구는 줄지 않았다.

이런 경향은 현대 미국 역사에서 특히 허리케인 카트리나가 왔을 때 가장 극명하게 드러났다. 카트리나는 텔레비전이 발명된 후 처음으로 미국에서 일어난 대규모 자연재해였다. 1906년 샌프란시스코 지진 이후의 어떤 사건보다도 더 많은 미국인이 사망했고, 미국의 상징적인 도시 하나가 거의 파괴되었다. 미국인들은 뉴올리언스의 사진들을 보고 몸서리쳤다. 사람들이 불어난 물속에서 버려져 죽고, 속수무책으로 지붕 위에 서 있었다. 이재민들이 슈퍼돔뉴올리언스의 미식축구 경기장—옮긴이 안으로 가축처럼 떼거리로 줄지어 들어가고 전기나 전등도 없이 복도에서 대변을 보는 모습을 보았다. 많은 미국인이 이 나라에서 상상조차 할 수 없다고 여겨왔던 상황이 벌어지고 있었다.

대재난에 관한 언론 보도가 나머지 미국인들에게 전해졌을 때, 우리는 자연스럽게 떠오르지만 답할 수 없는 질문에 답하려고 애쓰고 있었다. 대체 왜?

✦

　기상재해 중에서도 열대저기압은 최악이다. 어느 지역에서 형성되느냐에 따라 이름이 다르지만(사이클론, 허리케인, 태풍), 모두 기본적으로 같은 현상을 가리킨다. 열대저기압은 강풍과 나선형 뇌우를 동반하고 매우 빠르게 회전하는 기상 체계이다. 미국을 둘러싼 대서양 또는 태평양 동쪽에서 발생한 경우 허리케인이라고 부른다.

　모든 폭풍은 공기를 계속 이동시키고 공기 중에 수분을 품기 위한 에너지원이 필요하다. 열대저기압의 에너지원은 적도 근처의 바다 바로 위의 공기다. 적도 근처의 바닷물은 따뜻하기 때문에 바로 위의 따뜻한 공기가 수분을 품고 위로 상승한다. 그러면 수면 바로 위에서는 공기의 양이 적어져서 저기압이 된다. 따뜻한 공기가 위로 올라가고 수면에 저기압이 형성되는 이 메커니즘이 바로 허리케인의 원동력이고, 늦여름에 허리케인이 자주 생기는 이유이기도 하다. 바다의 수심 50미터까지의 수온이 적어도 26도는 되어야 허리케인이 만들어질 수 있고, 이 조건은 낮의 길이가 긴 몇 달 동안 햇빛을 받은 뒤에야 충족될 가능성이 높다.

　물론 뜨거운 공기는 어디서든 위로 상승한다. 허리케인이 생기려면 따뜻한 바닷물 말고 다른 조건도 필요하다. 첫째, 기온이 따뜻한 지역을 차가운 공기가 둘러싸야 한다. 따뜻한 공기가 위로 올라가서 압력이 낮아지면, 압력이 상대적으로 높은 주변의 공기가 저기압 영역으로 흘러들어 간다. 이 '새로운' 공기도 따뜻하고 습해진 위로 상승하는 식으로 순환이 계속된다.

수증기는 대기의 높은 곳으로 올라가면서 상대적으로 찬 공기를 만난다. 따뜻한 공기와 차가운 공기 사이의 온도차로 인해 수증기가 물방울로 응결해 구름이 만들어진다. 물을 증발시키는 데 들어 갔던 에너지가 이 과정에서 방출된다. 이제 공기는 더 뜨거워지고 더욱 높이 상승한다.

이렇게 물이 대기의 높은 곳으로 올라가는데, 허리케인의 특징적인 강풍과 회오리는 지구 자전으로 유발되는 코리올리힘에 따라 달라진다. 코리올리힘은 적도에서 0이고 극지방을 향해 갈수록 커진다. 허리케인은 코리올리힘을 받아 회오리가 형성될 수 있도록 적도에서 충분히 멀면서도(최소한 480킬로미터 떨어진 위치), 수온이 최소 26도가 될 정도로 적도에 가까워야 생길 수 있다. 허리케인의 회전은 더욱 많은 공기를 저기압 영역으로 끌어들인다.

허리케인 형성을 위한 마지막 요소는 연직 시어vertical wind shear가 없어야 한다는 것이다. 이는 공기가 대기의 높은 곳으로 올라가는 동안 전반적인 바람의 방향과 속력이 거의 변하지 않아야 한다는 뜻이다. 위로 올라가던 뜨거운 공기가 여러 다른 방향으로 부는 바람을 만나면 똑바로 올라가지 못하고 옆으로 새버려서 허리케인을 형성하는 데 방해를 받는다. 이 모든 요소가 적절히 작용할 때에만 허리케인이 생긴다.

바다의 수온이 따뜻할 때 허리케인이 생기므로, 과학자 대다수는 지구온난화가 진행될수록 허리케인의 숫자와 강도가 늘어날 것으

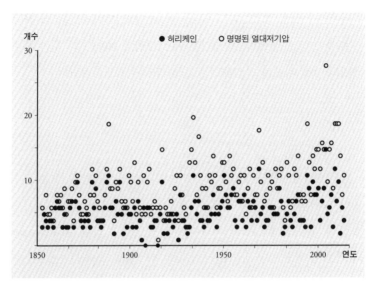

● 허리케인　　○ 명명된 열대저기압

1850년부터 2015년까지 대서양에서 발생한 열대저기압을 나타낸 도표.
데이터 출처 | 미국 해양대기청

로 예측한다. 실제로 최근에 그런 경향이 보인다. 관측 사상 가장 강했던 허리케인은 2015년 태평양 동쪽에서 생긴 허리케인 퍼트리샤Patricia였다. 2017년 허리케인 하비는 텍사스주 휴스턴에 단일 열대저기압으로서 가장 많은 비를 뿌렸다. 같은 해 허리케인 어마Irma는 격렬한 강풍이 관측 사상 가장 길게 유지되었다. 그런데 이름이 붙은 열대저기압(풍속이 최소한 시속 63킬로미터여서 열대폭풍 이상으로 분류되면 이름을 붙인다)이 가장 많았고, 대서양 해역에서 허리케인이 가장 많이 발생한 해는 2005년이었다.[72] (2017년의 맹렬했던 허리케인철에는 대규모 허리케인의 수가 2005년과 비슷했지만(2017년 여섯 개, 2005년 일곱 개), 소규모 허리케인은 더 적었다.(2017년 열 개, 2005년 열다섯 개)) 그리고 2005년의 모든 폭풍 중에서 가장 피해가 막심했던 것은 허리케인 카트리나였다.

✦

자연재해에 대한 미국의 대응은 1927년 미시시피강 홍수 이후 쿨리지 대통령이 피해를 입은 국민에게 직접 지원금을 주기를 거부했을 때와 비교해서 확연히 달라졌다. 재난으로 인한 수많은 사람의 고통에 대해 일반 국민들은 강력히 항의했다. 그 결과 1928년 홍수통제법이 제정되었고 미시시피강뿐 아니라 미국 전역 큰 강들의 홍수 관리에 상당한 금액의 연방정부 자금이 투자되었다. 이런 지출은 개별 이재민에게 직접 도움이 되지는 않았지만, 연방정부가 대규모 자연재해에 관여하는 선례가 만들어졌다.

미시시피강 홍수 이후에 미국에서는 농사법의 문제점과 광범위한 가뭄으로 '더스트볼Dust Bowl'이라는 별칭이 붙은 생태적·사회적 재난이 발생했다. 때는 대공황1929의 세계적인 경제 혼란─옮긴이 시기였고 루스벨트 대통령이 당선되자 정부는 적극적으로 대응했다. 루스벨트 행정부는 삶의 터전을 잃은 농민들을 돕고, 더스트볼을 유발한 농사법 사용을 막을 목적으로 몇몇 기관을 설립했다. 이 일로 정부의 역할은 1927년 대홍수 때 그랬듯이 피해자를 돕는 데 그치지 않고 피해를 줄이는 장기적 전략을 세우는 것으로 확정되었다.[73]

이후 수십 년 동안 미국 연방정부는 계속해서 자연재해가 발생할 때마다 피해를 구제하는 데 힘썼다. 그러다가 1950년 의회는 연방재난구호법Federal Disaster Relief Act을 통과시켰다. 의회는 처음으로 재난 구호를 목적으로 연방정부 자금을 사용하는 것을 허가했다.(마침내 "국민은 정부를 지원하지만 정부는 국민을 지원하지 않는다"라는 클리블랜드 대통령의 선언을 백지화했다.) 하지만 서로 다른 정부기관들이 필요에 따라 구호 정책을 우후죽순으로 마련했다. 1970년대에 어떤 사례에서는 100개가 넘는 정부기관이 재난 구호를 제공해 혼란스럽고 비효율적이었다.

1979년이 되어서야 연방긴급재난관리청이 세워져 재난 대응 절차가 통합되었다. 연방긴급재난관리청의 주된 역할은 재난 이후에 구호 자금을 나눠주는 것이었기 때문에 정부에서 임명한 사람들이 일했다. 재난 상황일지라도 정부 자금을 배분하는 데는 언제나 정치적 고려가 있었다. 1992년에 연방긴급재난관리청은 미국 정부기관 중에서 일반 공무원 대비 정부가 임명한 인력의 비율이 가장 높았다.

1990년대에는 연방긴급재난관리청의 역할과 입지가 변화했다. 빌 클린턴Bill Clinton 대통령은 연방긴급재난관리청 아칸소주 지부장을 지낸 제임스 리 윗James Lee Witt을 연방긴급재난관리청장으로 임명했는데, 청장이나 청 고위직에 긴급재난을 관리해 본 경험이 있는 사람이 임명된 것은 이때가 처음이었다. 윗은 자연재해에 대한 적극적 대응의 정치적 가치를 이해하고 있었고, 1993년 미시시피강 홍수와 1994년 캘리포니아주 지진에서 보여준 그의 뛰어난 대응 능력은 클린턴 행정부에 정치적 자산으로 작용했다. 윗은 또한 구호뿐만 아니라 예방의 가치도 이해하고 있었다. 그는 범람원 내에 부동산을 소유한 사람들에게서 건물을 구매해 지진과 강풍을 견딜 수 있게 개량하는 등 재난 피해를 줄이는 여러 가지 방편을 마련했다.

윗이 연방긴급재난관리청장으로 재직하면서 시작했고, 지금도 계속되고 있는 일 중 하나는 계획을 짜는 것이다. 구체적으로는, 일어날 확률이 높은 자연재해를 예측하고 정부 대응을 준비하기 위한 시나리오를 짜는 것이다.(앞에서 내가 참여했다고 소개한 셰이크아웃 시나리오처럼.) 연방긴급재난관리청의 지역 지부들은 그 지역에서 발생하는 자연재해에 대한 대응책을 마련했다.

루이지애나주의 연방긴급재난관리청 지부는 3등급 허리케인이 뉴올리언스를 강타하고 제방을 무너뜨려 도시가 광범위하게 물에 잠길 때의 시나리오를 만들었다. 그리고 이 시나리오를 허리케인 팸Hurricane Pam이라고 불렀다.[74]

✦

뉴올리언스의 미시시피강 유역은 짠물이 드나드는 활성 삼각주active delta이다. 강어귀가 충분히 커서 퇴적물이 침전하고 해수면이 상승할 때 지류가 이동하거나, 강의 본류로부터 흘러나오는 작은 물

줄기가 만들어진다. 이는 곧 '강'의 위치가 고정되어 있지 않다는 뜻이다. 강에서 물이 흘러나가는 지류들은 계절이 바뀌면 형태와 위치가 달라진다. 전 세계에 활성 삼각주는 나일강, 갠지스강 삼각주를 비롯해 약 70개밖에 없다. 뉴올리언스는 활성 삼각주 내에 자리 잡은 유일한 대도시라는 점에서 특별하다.[75]

　퇴적물과 해수면은 복잡하게 상호작용한다. 강이 바다와 마주치면 강의 유속이 0에 가깝게 느려져서 운반하던 퇴적물을 하구에 쌓는다. 한편 해수면이 상승하면(해수면은 마지막 빙하기가 끝난 1만 3000년 전부터 계속 상승해 왔다.) 퇴적물이 하구에 다다르기 전에 먼저 쌓인다. 이 두 가지 효과가 더해져서 강바닥이 높아진다. 앞에서 강에 인접해 자연 제방이 형성되는 과정, 그리고 홍수가 나면 결국 자연 제방을 뚫고 고도가 낮은 곳으로 물이 이동한다는 사실을 살펴보았다. 이로 인해 새로운 지류들이 만들어지는데, 또 다른 효과도 있다. 홍수가 났을 때 밀려온 물이 쌓은 퇴적물의 무게 때문에 그 아래의 지반이 조금 내려앉는다. 그래서 움푹 들어간 지반 침강 구역이 생기고 여기에 더 많은 퇴적물이 쌓이게 된다.

　1927년부터 미시시피강에서 시행된 대규모 홍수 통제 작업들은 강의 동역학을 바꿔놓았다. 오늘날 미시시피강은 예전보다 퇴적물을 덜 운반한다. 예전 같으면 떠내려 왔을 퇴적물이 상류의 저수지에 남아 있게 된 것이다. 그렇더라도 양옆의 제방에 갇힌 나머지 퇴적물의 무게도 상당해서 삼각주 아래의 지반은 계속 침강한다. 이런 상호작용의 결과, 미시시피강은 점점 높아지고 주변 땅은 가라앉고 있다.[76] 이제 뉴올리언스의 대부분은 해발고도 아래에 위치해 있고, 일부 지점은 해수면보다 6미터 이상 낮다.

뉴올리언스를 보호하기 위해 인공 제방들을 세웠지만, 그중 몇몇은 허리케인 카트리나를 이겨낼 수 없을 정도로 낡고 힘이 없었다. 이 사실은 2005년 이전에 이미 알려져 있었다. 3년 전, 루이지애나 주립대학의 루이지애나수자원연구소는 삼각주가 형성되면서 뉴올리언스의 지형이 움푹 들어간 사발 모양으로 변해서 허리케인이 닥치면 반드시 물에 잠긴다는 것을 입증하는 과학 연구를 완료했다. 해안선을 따라 형성된 습지의 둘레를 막아 가두거나 파괴한 일도 문제를 악화시켰다. 연구자들은 강우량이 많고 느리게 이동하는 열대저기압이 오면 폭풍해일(열대저기압의 영향으로 해수면이 급격히 높아지는 현상-옮긴이)에 빗물이 합쳐져서 많은 제방 위로 물이 넘칠 거라 예측했다.

이 연구는 허리케인 팸 시나리오의 과학적 바탕이었다. 시나리오에서는 그런 허리케인이 왔을 때 무엇이 필요한지 시험해 보기 위해 5회의 대비 훈련이 계획되었다. 탐색과 구조, 대피 절차, 긴급 구호물품 관리 등의 요소를 고려했다. 5회 중 4회의 훈련을 마친 상태에서 허리케인 카트리나가 들이닥쳐 허리케인 팸 시나리오를 현실로 만들었다.[77]

실제 허리케인은 가상의 허리케인과 물리적으로 매우 비슷했다. 시나리오는 총 강우량과 범람 수위를 오차 10퍼센트 이내로 예측했다. 대피해서 공공 피난처에 들어간 사람 수, 배를 이용한 구조, 피해를 입은 화학공장, 잔해의 양, 파괴된 건물, 무너진 교량 등 사회적·기술적 여파 역시 비교적 정확히 예측되었다.[78] 허리케인 카트리나가 강타하고 몇 주 뒤에 국토안보부 장관 마이클 처토프Michael Chertoff는 "여러 재앙이 조합된 그 '완벽한 허리케인'은 계획자들의 예측을 넘어섰고 아마도 모든 사람의 예측을 넘어섰다"[79]라고 말했다. 하지만 그의 말은 사실이 아니었다. 긴급재난 관리 전문가들은 뉴올리언스에서 어떤 사태가 벌어질지 정확히 알고 있었고, 처토프가 이끄는 정부기관은 바로 그 허리케인에 이미 대비하고 있었다.

✦

우리는 허리케인 카트리나에 뉴올리언스가 강타당했다고 알고 있지만, 사실 멕시코만 연안의 많은 다른 지역도 피해를 입었다. 카트리나는 바하마 근처에서 형성되었고 8월 25일 플로리다주를 가로지르기 직전에 허리케인 규모로 강해졌다. 육지 위를 지나가면서 약해졌지만 멕시코만에 이르자 오히려 전보다 더 강해졌다. 그리고 8월 29일 월요일 이른 아침 상륙했다. 허리케인의 눈은 뉴올리언스 동쪽을 지나 미시시피주로 이동했다.

허리케인을 분류하는 기준은 풍속이다. 시속 119킬로미터부터 1등급이다. 5등급 허리케인은 최대 풍속이 시속 250킬로미터 이상이다. 하지만 풍속은 여러 요소 중 하나일 뿐이다. 허리케인이 피해를 입히는 방법은 세 가지이다. 첫째, 강풍으로 건물을 부순다. 둘째, 해

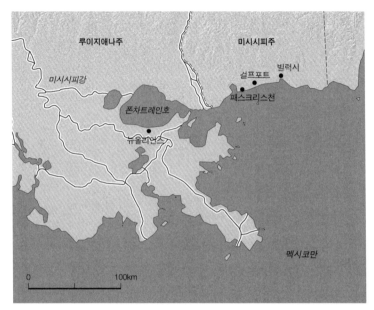

미시시피강 삼각주 지도. 2005년 허리케인 카트리나로 뉴올리언스를 비롯한 멕시코만 연안의
도시들은 큰 피해를 입었다.

안가로 바닷물을 끌어와 폭풍해일을 일으킨다. 셋째, 비를 쏟아 홍
수를 일으킨다. 바람은 처음 두 경우와는 상관이 있지만 세 번째 경
우와는 무관하다. 따라서 느리게 이동하는 1등급 허리케인이 빠르
게 이동하는 4등급 허리케인보다 강우량이 많아서 더 큰 피해를 유
발할 수도 있다.

　허리케인에서 풍속이 가장 빠른 지점은 중심부 가까이에 있고, 특
히 허리케인의 눈 북동쪽 사분면에 약간 더 많은 에너지가 담겨 있
다. 이 부분이 미시시피주를 지나갔기에 특히 해안가의 피해 규모

는 어마어마했다. 미시시피주 해안을 강타한 폭풍해일은 높이가 9 미터를 넘었고 해안에서 800미터 이내의 거의 모든 것을 파괴했으며 내륙으로 최대 20킬로미터까지 뻗쳤다.[80] 비교적 큰 도시인 빌럭시Biloxi와 걸프포트Gulfport도 건물이 완전히 무너지고 카지노 유람선들이 뭍으로 휩쓸려가는 등 광범위한 피해를 입었다. 많은 소도시가 초토화되었다. 그중 하나였던 패스크리스천Pass Christian에는 8000채의 집이 있었는데 500채만 남고 모조리 크게 손상되거나 파괴되었다. 미시시피주의 총 경제적 손실은 1250억 달러를 넘었다.[81]

물리적 피해의 규모를 보면 사망자가 더 많지 않았던 것이 신기하게 느껴진다. 해안가에 있는 세 카운티의 인구를 합하면 총 40만 명이었다. 미시시피주 주정부는 8월 27일 토요일부터 대피 지시를 내렸기 때문에 허리케인이 가장 세게 강타한 시점에 이미 대다수가 대피한 후였다. 미시시피주의 총 사망자 수는 238명이었다.

물론 이것도 적은 수는 아니지만, 더 많은 생명을 잃지 않은 것은 허리케인 예측 덕분이었다. 앞에서 지진 예측에 한계가 크다는 사실을 확인했다. 나 같은 고체지구과학자지구과학 중에서 대기, 해양을 제외하고 지표면과 지구 내부를 연구하는 분야를 통틀어 고체지구과학이라고 한다.─옮긴이가 지진 예측과 관련된 지식을 제공할 수 있지만 지진 발생 시점은 여전히 예측에서 크게 벗어나며 무작위적이다. 대기과학자는 연구 대상을 직접 관찰할 수 있으므로 훨씬 잘 예측할 수 있다. 어느 분야에서든 성공적인 예측을 하려면 예측하고자 하는 사건의 이전 단계가 진행되었다는 증거가 필요하다. 지진의 경우에는 땅속에 변형력이 축적되는데, 지하 수 킬로미터의 암석층을 뚫고 이 현상을 관찰하기가 어렵고, 대규모 지진과 소규모 지진의 변형력이 축적되는 양상의 차이는 더더욱 알 수 없다.

반면에 허리케인은 난데없이 나타날 수 없다. 먼저 바다 위에서 비구름이 형성되고 에너지가 쌓인 후 육지로 이동한다. 이 모든 것이 대기 중에서 일어나므로 인공위성과 항공 관측을 통해 관찰할 수 있다. 어려운 점은 허리케인이 오고 있는지 알아내는 것이 아니라 허리케인의 경로와 시간에 따라 변화하는 강도를 예측하는 일이다. 지난 수십 년 동안 수집된 데이터와 슈퍼컴퓨터를 이용한 포괄적인 모델링으로 이 두 가지를 종종 경이로울 정도로 정확하게 예측할 수 있었다. 미국 기상청의 단기 예측은 카트리나의 경로를 24킬로미터 이내, 풍속을 시속 16킬로미터 이내의 오차로 비교적 정확하게 맞췄다.

카트리나가 상륙하기 56시간 전인 8월 26일 금요일 밤, 미국 기상청은 멕시코만 연안 주민들에게 불길한 경고를 보냈다.

해당 지역 대부분에서 몇 주 동안 거주할 수 없을 것입니다. … 어쩌면 더 오래갈 수도 있습니다. … 현대의 기준으로 주민 피해가 엄청날 것입니다.

다른 주들은 미시시피주만큼 빠르게 대응해 주민들을 강제로 대피시키지 못했다. 루이지애나주와 뉴올리언스는 카트리나 상륙 19

허리케인 카트리나가 휩쓸고 지나간 후 물에 잠긴 뉴올리언스 시내.

시간 전까지 기다렸다가 강제 대피 지시를 내려서 주민들이 준비할
시간이 너무 부족했다.

다음 이틀 동안 허리케인 팸 시나리오에 나타난 예측이 실시간으
로 그대로 펼쳐졌다. 카트리나의 세력은 미시시피주보다 뉴올리언
스에서 약했지만, 8월 29일 아침에 뉴올리언스 동쪽을 지나갈 때 헤
아릴 수 없는 피해를 입혔다. 고층 건물의 창문들이 깨졌다. 슈퍼
돔 지붕의 일부가 떨어져 나갔다. 연안에 계속 머무른 사람들은 허
리케인의 힘을 온몸으로 느꼈다. 허리케인이 상륙하고 처음 몇 시간
사이에 해안경비대원은 나무와 지붕 위에서 6500명을 구조했다.[82]

상황은 점점 악화되었다. 루이지애나수자원연구소에서 예측한 것처럼 뉴올리언스의 제방들은 폭풍해일, 다량의 비, 강풍을 견디지 못했다. 월요일에 많은 제방이 물에 잠기거나 부서졌다.(허리케인 팸 시나리오에서 물이 제방 위로 넘칠 것은 예측했지만 제방이 무너지리라 예측하진 못했다.) 처음으로 제방이 파괴되었다는 보고는 상륙 직후인 월요일 아침에 미국 기상청에 들어갔다. 화요일에 더 많은 제방이 무너졌다. 엎친 데 덮친 격으로 본래 불어난 물을 퍼내는 역할을 해야 할 양수장 여러 곳이 정전이 되고 기계가 물에 잠기는 바람에 작동을 멈추었다. 수요일이 되자 뉴올리언스의 80퍼센트가 물에 잠겨 있었고 물의 깊이는 최대 6.3미터였다.

이것은 물리적 피해였다. 사회가 입은 피해도 결코 덜하지 않았다. 하수도, 배수 시설, 전력, 물자 공급망, 통신 등 모든 것이 정지되었다. 뉴올리언스에 남은 사람들에게는 우리가 현대인의 생활에서 당연하게 기대하는 모든 것이 사라졌다. 많은 사람이 시에서 지정한 이재민 수용소로 가는 수밖에 없었다.

허리케인이 닥쳤을 때 슈퍼돔에 대피한 사람은 1만 명에 가까웠고, 제방들이 무너진 뒤에는 이미 북적이는 경기장에 수천 명이 더 몰려들었다. 이재민의 수와 응급 상황이 지속된 기간에 비해 공급된 구호물자가 턱없이 모자랐다. 화요일 아침에 미국 보건복지부는 슈퍼돔의 시설을 점검했다. 전등도, 에어컨도, 하수 시설도 작동하지 않고 있었기에 거주할 수 없는 장소로 간주했다.[83] 그렇지만 실상은 벌써 2만 명이 그곳에서 살고 있었다.

미국인 대다수가 상상도 할 수 없는 지옥 같은 환경이었다.《로스앤젤레스 타임스Los Angeles Times》는 생후 3주의 아들을 데리고 슈퍼돔에 머무르던 스물다섯 살의 태프니 스미스Taffney Smith의 말을 인용했다. "바닥에 오줌을 싸요. 마치 짐승 같아요."[84] 경악스러운 일들이 끊임없이 일어났다. 기사에 따르면 "어린이를 포함해 적어도 두 명이 강간당했다. 적어도 세 명이 사망했는데 그중 한 남자는 이제 살아야 할 이유가 전혀 없다며 17미터 높이에서 뛰어내렸다."

집에 남아 있던 사람들이 겪은 시련도 만만치 않았다. 사람들은 어쩔 수 없이 다락방과 지붕으로 올라가야 했다. 어떤 이들은 자기 집에서 익사했다. 해안경비대가 3만 3000명을 구조했고, 다른 단체들과 이웃 사람들이 수만 명을 더 구조했다. 뉴올리언스에서 허리케인 카트리나로 인해 얼마나 많은 사람이 죽었는지 우리는 모른다. 루이지애나주는 카트리나가 강타하고 1년 후 사망자 수를 1464명으로 발표했지만 전부 다 세지 못했음을 인정했다.[85] 그보다 더 긴급한 문제에 자원과 인력을 동원해야만 했다.

✦

슈퍼돔의 야만적인 상황과 가족들이 자기 집 지붕 위에서 구조 헬리콥터를 향해 손을 흔드는 두 개의 이미지는 허리케인 카트리나의 영원한 시각적 상징이 되었다. 전 세계 사람들이 텔레비전으로 목격한 멕시코만 연안의 참상이었다. 그 모습이 불러일으킨 감정

중 하나는 연민이었다. 사람들은 미국 적십자사에 첫 달에만 10억 달러 가까이 기부했다.[86]

허리케인 카트리나는 또한 사람들이 재난의 희생자들과 같은 운명에 처하지 않으리라는 믿음을 줄 자연재해의 규칙성을 찾고, 또 책임을 덮어씌울 대상을 찾는 경향을 극명히 드러낸 좋은 본보기가 되었다. 사람들은 희생양을 수도 없이 많이 찾아냈는데, 그중에서도 서로 배타적이지 않은 두 의견이 가장 우세했다. 바로 정부의 잘못, 그리고 희생자들의 잘못이었다.

정부가 근본적인 의무인 시민의 안전 보장에 실패했다는 의견을 뒷받침하는 근거는 아주 많다. 2006년 공개된 여야 위원회 보고서에서 미국 의회는 허리케인 카트리나에 대한 대응을 "정부의 실패, 계획의 실패, 지도층의 실패"라고 불렀다.[87] 이 정도 규모의 실패는 정부가 모든 차원에서 실패했음을 뜻한다. 연방긴급재난관리청의 책임이라고 간단히 말할 수 있는 일이 아니다. 미국의 긴급재난 관리 체계는 모든 자연재해가 국지적이라고 전제했다. 재난에 대응할 전적인 권한이 있는 지방자치단체가 먼저 대응하기 시작한다. 그들이 힘에 부치면 주정부에 도움을 요청하며 권한과 책임을 넘긴다. 주정부가 힘에 부치면 그제야 연방긴급재난관리청에 도움을 요청할 수 있다. 하지만 연방긴급재난관리청의 역할은 주로 자금을 배분하는 일이다. 허리케인 카트리나 때 생긴 문제들은 연방긴급재난관리청의 영역이 아니었다.

사실 정부는 허리케인 이전, 도중, 이후에 국민들을 돕는 데 실패했다. 기존의 제방들은 닥쳐올 범람을 저지할 능력이 없었다. 육군공병대가 제방들을 세웠고 뉴올리언스 제방위원회가 유지·보수를 맡았으며 해마다 육군공병대의 점검을 받도록 되어 있었다. 허리케인 카트리나 이후의 분석[88]에 따르면 그들의 대비는 엉망이었다. 제방위원회는 제방 유지·보수 훈련을 받아야 한다는 요건을 무시했다. 연례 점검은 철저한 조사가 아니라 사교 행사였다. 기차 사고로 손상되어 닫히지 않는 수문은 내버려 둔 채, 공원 분수를 고치는 데 제방위원회 자금 수백만 달러가 쓰였다.

허리케인에 대비한 긴급재난 구조 계획은 사실상 아무런 소용이 없었다. 허리케인 팸 시나리오는 미래에 일어날 일을 놀라울 정도로 정확하게 예측했지만, 뉴올리언스시는 그것에 한참 모자라게 대비했다. 군의 원조 활동을 이끌기 위해 8월 31일 수요일 뉴올리언스에 도착한 육군 준장 러셀 오노레Russel Honoré는 슈퍼돔의 상황을 "관료들이 최악의 시나리오를 생각해 보고는 최상의 시나리오에 해당하는 자원만 제공하는 고전적인 사례"[89]라고 서술했다. 공급품은 한참 모자랐다. 긴급재난 지휘 본부가 없었다. 뉴올리언스시는 전국 사고 지휘 체계가 어떻게 작동하는지 몰랐다.[90] 미시시피주는 허리케인이 상륙하기 56시간 전에 대피를 시작한 반면에, 루이지애나주 주지사 캐슬린 블랭코Kathleen Blanco와 뉴올리언스시 시장 레이 네이긴Ray Nagin은 대피를 미루었다. 대피 지시를 전달하는 과정에서 생기는 문제들을 고려하지 않았다. 탐색구조팀에는 배가 공급되지 않았다. 문제점의 목록은 끝이 없다.

크나큰 실패 중 하나는 정부의 각 단위 사이의 협조가 부족한 것이었다. 예를 들어 루이지애나주는 긴급재난관리지원협약Emergency Management Assistance Compact(자연재해와 인간이 유발한 재해가 발생하면 주끼리 자원을 공유하기로 한 상호 지원 합의)에 따라 캘리포니아주에 뉴올리언스시 시정을 재개할 수 있도록 전문가를 보내달라고 요청했다. 로스앤젤레스는 데릴 오즈비Daryl Osby(그는 지금 로스앤젤레스카운티 소방서장이다)가 이끄는 열다섯 명의 탐색구조 전문가, 경찰 전문가, 시정 전문가를 보냈다. 그런데 오즈비가 배턴루지Baton Rouge에서 블랭코 주지사와 회의를 한 후 뉴올리언스에 도착했을 때, 네이긴 시장은 그가 오는 줄 전혀 모르고 있었다. 오즈비는 나중에 이렇게 말했다. "그곳에 도착하고 나서야 연방정부, 주정부, 지방자치단체 사이의 관계를 이해했다. 그들은 서로 소통하고 있지 않았다. 그저 비난하고 탓하고 있었다."

재난에 대응하는 과정에서 뉴올리언스시 시정부와 루이지애나주 주정부는 긴급재난 관리 체계가 어떻게 작동하는지 파악하지 못하고 실수를 저질렀다. 뉴올리언스에는 긴급재난 지휘 본부가 없어서 네이긴 시장은 호텔 방에서 일하고 있었다. 오즈비 소방서장 등 다른 주에서 도우러 온 인력은 본부를 마련하는 데 2주일을 소모해야 했다 블랭코 주지사는 연방정부와 주정부의 자원을 적절히 사용하는 절차를 파악하지 못한 채 주방위군이 즉석으로 주는 지침에 의존했다.[91]

부정부패는 대응과 복구 작업을 더욱 방해했다. 오즈비 소방서장은 네이긴 시장과의 첫 만남을 이렇게 묘사했다. "네이긴 시장이 나에게 말했습니다. '와주셔서 고맙습니다만 사실 서장님이 필요하지 않습니다. 연방긴급재난관리청에서 1억 달러의 지원금을 얻는 데 도움을 주신다면 나머지는 우리가 처리할 수 있어요.' 나는 믿기지 않아 다시 말해달라고 했습니다. 그리고 그에게 적법한 절차가 존재한다고 설명했습니다." 오즈비가 그곳에 있던 몇 주 동안, 사람들은 자꾸 재난구호 자원을 특정한 방법으로 쓰게 해달라며 뇌물을 주겠다고 했다.

경찰 인력의 15퍼센트에 달하는 200명 이상의 경찰관이 허리케인 카트리나가 지나간 뒤에 복구 작업에 참여하지 않았다. 일부는 가족이 큰일을 당해서 정신이 없었다. 하지만 어떤 이들은 그냥 출근하지 않았다. 허리케인 카트리나에 세간의 관심이 쏠린 후, 경찰관 51명이 무단결근으로 해고되었다.[92] 허리케인이 지나간 후에 법무부는 뉴올리언스경찰청을 감사했다.[93] 감사 결과, 뉴올리언스경찰청은 모든 단계에서 제 기능을 하지 못하고 있었다. "뉴올리언스 시 시정, 경찰의 시스템과 활동 대부분에서 문제점을 발견했다." 바로 권력 남용, 느슨한 고용 기준과 감독 기준, 부패 등이었다.

복구 작업을 돕기 위한 연방정부의 자원이 제공되자 새로운 부패의 양상이 나타났다. 뉴올리언스에 쏟아진 수십억 달러의 돈이 시정부, 주정부, 연방정부가 서로 싸우는 와중에 사라졌다. 미국 국민들의 아우성 때문에 연방긴급재난관리청에서 자금이 계속 제공되었지만 그중 대부분이 다른 데로 흘러갔다. 네이긴 시장은 2010년

자리에서 물러났는데, 2014년 스물한 개의 뇌물과 탈세 혐의 중 스무 개에 대해 유죄 판결을 받았다.[94] 그는 부정부패로 유죄 판결을 받은 최초의 뉴올리언스시 시장이라는 불명예를 안았다. 루이지애나주 주정부 역시 부패가 만연했다. 주정부는 뉴올리언스를 재건하고 이재민들이 다시 돌아가 정착할 수 있게 돕는 '집으로 가는 길A Road Home' 프로그램을 운영하면서 10억 달러의 연방정부 자금을 받았다. 2013년 조사 결과, 그중 70퍼센트인 7억 달러의 사용처가 불분명했다.[95]

✦

허리케인 카트리나 사건 당시 정부가 시민을 보호하는 데 실패한 것은 분명하고, 정부에 책임을 돌리는 것도 충분히 설득력이 있다. 하지만 희생자들과 같은 운명에 처할지 모른다는 공포에 무의식적으로 시달리는 관찰자의 입장에서 보면 이는 전적으로 안심이 되는 답은 아니다. 정부를 교체할 수 있다는 사실은 위안이 된다. 실제로 블랭코 주지사는 명백한 지지율 하락을 확인하고 허리케인 카트리나 이후 재선에 나서지 않았다. 그런데 우리 대다수는 정부에게 권력을 빼앗긴 것처럼 느끼곤 한다. 게다가 다음 정부 역시 이전 정부처럼 실패하지 않으리라고 어떻게 확신하겠는가? 이런 사고방식을 전적으로 정당화하긴 어렵지만 쉽게 무시할 수도 없다.

어쩌면 희생자들이 잘못된 선택을 했다고 주장할 수도 있다. 약

10만 명이 대피 지시를 어기고 뉴올리언스에 남아 있었다. 미시시피주 연안 지역의 사례에서 보았듯이 대피했으면 생존 가능성이 높아졌을 것이다. '우리 같으면 그런 실수는 안 했을 거야'라고 말하기 쉽다.

물론 진실은 훨씬 더 복잡하다. 앞에서도 보았지만 뉴올리언스 사람들이 대피 지시를 받은 때와 허리케인 카트리나가 상륙한 때 사이의 시간은 매우 짧았다. 대피가 불가능했기 때문에 남아 있던 사람이 많았다. 시 인구의 4분의 1이 자동차가 없었는데 그들은 어떻게 대피해야 했을까? 도시계획 부서는 스스로 대피할 수단이 없는 사람의 수를 정확히 추정했지만, 그들에게 다른 방법을 제공하지 않았다. 뉴올리언스시는 시가 소유한 통학버스를 운행해서 그들을 대피시키지도 않았다. 나중에 시정부는 그에 대해 책임을 질 수 없었고 운전사가 충분하지 않았다고 주장했다.

통학버스를 이용해서 주민들이 대피했다면 그들을 어디로 갔을까? 많은 이들이 숙박비를 지불할 능력이 없었다. 허리케인 카트리나가 온 때는 월말이었고, 저소득층은 이틀 안에 들어올 월급을 기다리고 있었다. 많은 경우에 슈퍼돔은 최선이 아니라 유일한 선택지였다.

언론은 만연한 무법 상태와 폭동처럼 보이는 상황을 묘사하며 우리 모두로부터 희생자의 잘못을 찾아내려는 충동을 이끌어냈다. 연합통신은 "약탈자들이 뉴올리언스가 엉망이 된 틈을 타다"[96]라고, CNN은 "구조 요원들, '시가전'에 직면하다"[97]라고 보도했다. 오노레 준장은 8월 31일 루이지애나주에 자신이 도착했을 때 블랭코 주지사가 실망했다고 전했다.[98] 주지사는 뉴올리언스시 시정부의 권위가 무너지는 상황을 바로잡아 주기 위해 더 많은 군인이 오기를 기대했던 것이다. 이와 비슷한 이야기가 퍼져 뉴스 보도의 대부분을 차지했다. 이 이야기가 퍼진 속도(그리고 그중 대부분이 허위로 인정되었다는 사실)로 미루어보면 재난이 일깨운 불미스러운 욕구를 엿볼 수 있다. 바로 방관자들이 희생자로부터 거리를 두고 희생자에게 미묘하게 책임의 일부를 돌리려는 욕구이다.

오노레 준장은 언론과 정부가 뉴올리언스를 포위당한 도시처럼 묘사하는 것을 들었지만, 직접 가서 목격한 광경은 크게 달랐다. 사람들은 절박한 궁핍에 시달리며 생존하기 위해 싸우고 있었고 "가난한 자들의 인내심"을 보여주고 있었다. 시간이 흐르자 언론에 널리 퍼졌던 뉴올리언스의 무법 상태의 증거들은 허위로 드러났다. MSNBC 방송국은 뉴올리언스의 경찰관이 '약탈'하고 있는 모습을 보도했다. 그런데 수개월 후, 이 경찰관은 상관의 지시에 따라 이재민에게 물자를 공급하는 중이었던 것으로 드러났다.[99] 허리케인 카트리나가 상륙하고 5년 후, 《뉴욕 타임스》는 이렇게 보도했다. 흑인들이 도시를 공포에 몰아넣었다는 가짜 서사 대신에 "그만큼 추악한 진실이 명확하게 드러나고 있다. 백인 자경단의 폭력, 경찰의 살인과 은폐, 그리고 믿기지 않을 정도로 비인간적인 대우를 받는 주민들."[100]

이런 보도들은 흑인의 약탈에 관한 보도들과 달리 세월의 흐름을 견뎌냈다. 내가 아는 사람이 당시 10대의 나이로 배턴루지에서 살고 있었다. 그녀는 뉴올리언스 피난민이 배턴루지로 오고 있다는 소식을 듣고 이웃 사람들이 황급히 총을 사러 갔다고 이야기해 주었다. 그리고 거의 백인만 사는 도시 그레트나Gretna로 향하는 다리 위에 흑인과 백인이 섞인 피난민들이 전진하고 있을 때였다. 마치 100년 전의 미시시피강 홍수 때처럼 시 지도층 인사들은 피난민을 막고 허공에 총을 쏘며 물에 잠긴 곳으로 돌아가라고 명령했다.[101]

백인이 주로 살고 물에 잠긴 곳이 거의 없었던 앨지어스포인트Algiers Point에서는 자경단이 조직되어 마을에 나타나는 모든 흑인을 공격했다. 그들 중 몇몇은 기소되었다. 《뉴욕 타임스》 기사에 따르면 피고 롤런드 부르주아 주니어Roland Bourgeois Jr.는 "갈색 종이봉투보다 까만 인간이 이 거리에 나타나면 쏴버리겠다"[102]라고 말했다고 한다. 그의 재판은 여러 차례 연기되다가 2014년 무기한 연기되었다.[103]

댄지거Danziger 다리에서는 뉴올리언스의 혼돈을 피해 떠나려던 두 흑인 가족이 아무런 경고 없이 경찰관 네 명의 총에 맞아 숨졌다.[104] 경찰은 총소리를 듣고 대응하던 중이었다. 이 경찰관들은 기소되었는데, 항소 후 형량이 크게 줄었다.

✦

허리케인 카트리나로 인한 뉴올리언스의 참상을 지켜본 모든 사람은 사태가 그렇게 진행되지 않을 수 있었다고 생각하게 되었다. 그러나 어떻게 다르게 대처할 수 있었을지 말하는 것은 쉽지 않다. 그렇게 큰 실패가 일어나려면 여러 주체들의 수많은 작은 실패가 있어야 한다. 그리고 나무의 이미 썩은 지점에서 가지가 부러지듯이 여파가 가장 큰 실패들은 시스템이 이미 약해져 있던 부분에서 발생했다.

강은 점차 육지를 잠식해 가며 장기적으로는 언제나 승자가 되기 마련이다. 뉴올리언스의 제방들은 강을 막기 위해 설계되었기 때문에 무너졌다. 미시시피강 홍수 통제 체계는 경외감이 느껴지는 훌륭한 공학적 업적이지만, 불가능한 싸움을 하고 있다. 미시시피강을 효과적으로 관리하려면 강의 경계가 결국 변한다는 사실을 인정하고 그런 변화를 줄이려고만 하지 말고 받아들이는 법을 배워야 한다. 다른 대도시들이 활성 삼각주에 위치하지 않은 데에는 이유가 있다.

허리케인 카트리나의 경우 정부가 주민들을 실망시킨 것은 사실이지만, 그 실패는 허리케인이 상륙하기 훨씬 전에 만연해 있던 문제들에서 비롯했다. 시정부와 주정부 사이의 불신 때문에 협력이 불가능했다. 오래전부터 뉴올리언스에 들끓던 부정부패도 복구 작업을 지연시켰고 시민들은 계속 비참하게 생활해야 했다.

또한 지나치게 많은 미국인이 흑인 동포들을 두고 재난에 희생된 것이 아니라 그 상황을 스스로 선택했다고 간주했다. 의식적이든 아니든 이렇게 피해자를 탓하는 경향은 자연재해 앞에서 너무나 흔한 반응이어서 거의 불가피한 것처럼 느껴진다. 인간은 고통이 우리의 통제를 벗어난 힘에 의해 유발된다는 생각을 거부하고, 안심하기 위해 피해자를 책망한다. 이 본성은 자선을 베풀려는 충동만큼이나 인간답고, 따라서 없어질 가능성은 별로 없다. 하지만 이를 인식함으로써 우리도 그런 욕망에 사로잡혀 있음을 알아차리고, 적어도 다음 재난이 닥쳤을 때 같은 오류에 빠지지 않을 수 있다.

CHAPTER 10

과학은
재난에 책임을
져야 할까

2009년, 이탈리아
라퀼라 지진

✦

"오직 바보와 사기꾼만이
지진을 예측한다."
찰스 릭터

내가 메사추세츠공과대학 대학원생이었을 때 중국에서의 연구와 관련해 지진 예측에 관한 신문기사에 내 말이 인용된 적이 있다. 얼마 지나지 않아 나는 스코틀랜드의 어떤 사람에게서 자신이 지진뿐만 아니라 "화산, 허리케인, 폭풍, 화재, 살인, 심장마비, 강간 등 자연재해"를 예측할 줄 안다는 편지를 받았다. 대체 누가 살인과 강간을 자연재해로 보는가? 작고 다닥다닥 붙은 활자가 빽빽한 네 장의 편지에서 그는 세계에 대한 자신의 왜곡된 관점을 설명했다. 나는 경악하며 그것을 읽었다. 선배 지진학자가 내게 말해주었다. "지진학에 입문한 걸 환영해. 자네도 헛소리 보관함을 마련할 때가 됐군."

대중적 인지도가 어느 정도 있는 지진학자는 이런 종류의 편지를 수시로 받게 된다. 나는 숫자 점, 달의 위상, 수맥 찾기(땅속에 지하수가 고인 곳을 찾는 미신적인 방법), 창의적인 경전 독해, 심지어 질병을 통해 지진을 예측한다는 사람들의 편지와 전화를 받아보았다. 어떤 부인은 미국지질조사국에 정기적으로 전화를 걸어왔는데, 자신에게 두통이 찾아오면 샌프란시스코에 지진이, 설사가 나면 로스앤젤레스에 지진이 난다고 예측했다.(4대째 로스앤젤레스에 살고 있는 나로서는 기분이 썩 좋지 않았다.) 어떤 사람은 아침마다 집 앞 진입로에 남은 민달팽이의 흔적을 그림으로 그려놓고 그 그림과 비슷한 해안선이 있는 곳에 지진이 날 것이라고 예측했다. 우리는 몇 년 동안이나 거의 매일 그런 그림이 그려진 팩스를 받았다.

앞에서 보았듯이 인간은 무작위성을 무척 싫어하고, 예측 가능한 패턴을 만들기 위해 종종 극단적인 수단을 이용한다. 계단에서 성경을 던져서 펼쳐진 페이지를 바탕으로 추측하는 사람은 별로 없다. 하지만 지진이 일어나는 대부분의 사회에는 '지진 날씨'와 같은 미신이 있다. 내 어머니는 1933년 롱비치Long Beach 지진을 겪었다. 어머니에게는 그 지진이 일어났던 3월에 캘리포니아에 흔한 안개 낀 날씨가 곧 지진 날씨였다. 태어나서 처음 겪은 큰 지진이 1987년 휘티어내로즈Whittier Narrows 지진이었던 사람들에게는 10월의 뜨거운 샌타애너 바람이 지진 날씨였다. 지진의 충격으로 날씨에 신경을 쓰기 시작하면, 인간은 패턴을 찾기 원하는 강한 욕구와 확증편향 때문에 패턴이 부합한 사례를 강렬하게 기억하고, 부합하지 않은 사례를 무시하기 쉽다.

그런데 미국지질조사국에 편지를 보내거나 전화한 사람들 중에 지진을 예측한 사람들은 소수였고 다른 부류의 사람들이 더 많았다. 그들은 과학자들이 지진이 언제 일어날지 정확히 알면서 정보를 공유하지 않는다고 확신했다. 지진 발생 시점을 예측할 수 없다는 사실에 수긍하기보다 내가 거짓말을 한다고 생각했다. 한 여성은 이렇게 썼다. "다음 지진이 언제 일어날지 제게 말해줄 수 없다는 건 압니다. 대신 선생님의 자녀분들이 언제 친척집에 가는지 알려주시겠어요?"

✦

이탈리아 사람들은 수천 년 동안 지진을 예측하려고 애썼다. 대 플리니우스는 《박물지》에서 지진 날씨에 대한 초기 이론을 개진했다. "나는 바람이 지진의 원인이라고 확신한다. 땅은 바다가 제법 잠잠할 때, 새들이 날지 못할 정도로 하늘이 고요할 때, 그리고 강풍이 분 직후를 제외하면 흔들리지 않기 때문이다."[105] 그는 또한 지진이 이탈리아 산간지대에서 더 자주 일어난다고 말했다. "내가 조사한 결과 알프스산맥과 아펜니노산맥은 지진이 자주 난다."[106]

대 플리니우스가 예측한 지진 발생 시점은 어긋났지만 지진의 공간적 분포는 실제와 상당히 일치했다. 아펜니노산맥은 이탈리아에서 지진이 매우 자주 일어나는 장소이다. 부츠처럼 생긴 이탈리아의 지진 위험 지도를 보면 등뼈처럼 남북으로 가로지르는 아펜니노산맥의 지진 위험이 가장 크다. 이 지역의 판 분포가 복잡하기 때문이다. 넓게 보면 폼페이의 경우에서 알 수 있듯 아프리카판은 유라시아판을 향해 북쪽으로 이동한다. 그런데 판 경계에서 부대끼는 작은 조각(마이크로판microplate)들 때문에 복잡해진다. 아드리아해판은 아드리아해 해저면을 이루는 마이크로판인데, 아프리카판이나 유라시아판과 독립적으로 이동하는 것으로 보인다. 구체적으로는 아드리아해판의 일부분은 이탈리아 아래로 섭입하면서 이탈리아를 종단하는 아페니노산맥을 형성한다.

아펜니노산맥은 지진이 잦은 다른 지역보다 지진이 무리 지어 발생하는 경향이 강하다. 앞에서도 언급했지만 20세기 초 지진학이 막 탄생한 시기에 오모리 후사키치는 한 지진이 다른 지진을 촉발하는 양상을 나타내는 수식을 만들었다. 기본 원리는 모든 지진에 적용되지만, 수식의 변수들은 지역에 따라, 개별 지진에 따라 편차가 크다. 이를테면 같은 규모 7의 지진이라도 어떤 경우에는 한두 개의 규모 5 지진을 포함한 소규모 여진들을 일으키고(1989년 샌프란시스코 근처의 로마프리에타), 다른 경우에는 수백 개의 규모 5 짜리 여진을 유발할 수 있다. 또는 2011년 일본 동북부 해안에서 규모 7.2의 지진이 일어나고 이틀 뒤에 규모 9의 지진이 일어났던 것처럼 규모가 더 큰 지진이 나중에 일어날 수도 있다. 개별 사례를 예측하기는 힘들지만, 지역마다 경향이 있다. 아펜니노산맥은 소규모 지진이 무리지어 나타나는 지역이다. 그런데 이따금 그중에 피해가 막심한 대규모 지진이 발생한다. 소규모 지진들이 며칠, 몇 주, 몇 달 동안 계속되다가 대규모 지진이 날 수도 있고 나지 않을 수도 있다.

이런 종류의 지진군은 지진 위험을 가늠하려는 지진학자들에게 골치 아프다. 로마에 있는 이탈리아의 정부 연구 기관인 국립지질물리학및화산학연구소Istituto Nazionale di Geofisica e Vulcanologia, INGV가 진행한 연구에 따르면 이탈리아에서 발발한 지진군의 약 2퍼센트가 대규모 지진을 포함한다.[107] 이는 소규모 지진들이 연달아 발생하기 시작하면 그중에 파괴력이 강한 지진이 일어날 확률이 약 2퍼센트라는 뜻이다. 다르게 말하면 대규모 지진이 일어나지 않을 확률이 98퍼센트이다. 어쨌든 2퍼센트도 위험이 상당히 증가한 것을 의미한다. 이렇게 생각해 보자. 어떤 위치에서 대규모 지진이 수백 년에 한 번씩만 발생한다. 한 달 사이에 대규모 지진이 발생할 확률

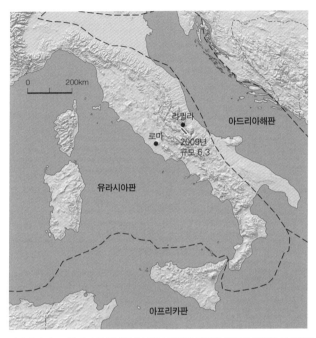

이탈리아 지도. 주변의 판 경계와 2009년 라퀼라 지진을 일으킨 단층을 표시했다.

은 1만 분의 1이다. 이와 비교해 소규모 지진군이 나타났을 때 대규모 지진 발생 확률이 50분의 1이라면 앞의 경우보다 200배 높은 것이다.

그렇더라도 50번 중 한 번이다. 50번 중 마흔아홉 번은 아무 일도 없을 것이다. 그렇다면 대중에게 뭐라고 말해야 할까? 위험이 200배 높아졌다고 말할까? 아니면 아무 일 없을 확률이 98퍼센트라고 말해야 할까?

✦

　　지진학자들은 지진 예측에 대해 애증을 느낀다. 규칙을 찾아내고 예측하려는 욕구는 모든 과학자의 유전자에 새겨져 있지만, 지진 예측은 언제나 인간의 손아귀에서 감질나게 벗어났다. 지진학자들은 의미 있는 규칙을 찾겠다는 희망을 품고 20세기 초에 지진 목록을 작성하기 시작했다. 지진학의 초기 거장 해리 우드Harry Wood는 1921년 캘리포니아 남부에 처음으로 지진계를 설치하자는 제안서를 썼다. 그는 소규모 지진들이 어디에서 일어나는지 안다면, 그 정보를 통해 대규모 지진이 발생하는 위치를 알아낼 수 있을 것이라며 자신의 제안을 뒷받침했다. 이 주장은 일부만 사실로 드러났다. 몇몇 작은 지진은 주요 단층 근처에서 일어나지만, 샌앤드리어스단층의 경우에는 계속 잠잠하게 있다가 대규모 지진 때에만 어긋난다. 그리고 1891년 오모리가 만든 기본적인 여진 유발 패턴을 제외하고는 소규모 지진을 분석하더라도 대규모 지진의 발생 시점을 알수 없었다. 이런 연구 결과는 지진을 예측한다면서 사기를 치고 비과학적인 주장을 하는 사람들에게 불리하게 작용했다. 지진을 예측하려는 사람들이 끊임없이 보내는 가망 없는 편지들에는 말할 것도 없다. 지진학자들은 지진 예측에 관한 모든 주장을 매우 회의적으로 바라보게 되었다.

　　1920~1930년대에 지진 데이터를 처음 수집하고 패턴이 없다는 사실이 명확해지자, 대다수 과학자는 지진을 예측하는 대신에 지진

이 왜 발생하는지 파악하는 데 초점을 맞추었다. 적어도 하이청 지진에서 뭔가가 맞아떨어져 예측에 성공해 사람들의 목숨을 구하기 전까지는 말이다. 그때 미국, 일본, 소련 정부는 마침내 이 수수께끼를 풀겠다는 희망을 품고 공식적으로 지진 예측 연구를 다시 시작했다.

하이청 지진으로 과학자들은 지진을 예측하는 중국의 몇몇 접근법을 알게 되었다. 지진 예측 연구는 대규모 지진이 일어나려면 단층을 따라 변형력이 쌓여야 하므로 변형력이 증가한다는 증거를 찾아야 한다는 발상을 중심으로 진행되었다. 지면의 변형을 직접 측정하는 기기인 변형계를 단층을 따라 설치했다. 중국 과학자들은 지하수의 화학적 성질도 조사했다. 이것은 어떤 면에서 물리적으로 타당했다. 암석이 강한 변형력을 받아 균열이 생길 때 방출된 기체가 물에 녹아 지하수의 화학적 조성이 눈에 띄게 변할 수 있다. 균열이 생기면 주변 암석의 전기전도성도 변할 수 있다. 심지어 동물들이 인간보다 먼저 지진을 감지하는지 확인하기 위해 캘리포니아에서 대조군을 갖춘 실험도 했다. 규모 5의 지진이 제법 흔한 샌앤드리어스단층 중심부에 거주하는 농부들에게 가축의 행동을 보고하게 했다. 그들은 최소한 1주일에 한 번 보고했고, 지진이 일어난 뒤에는 지진 전에 관찰된 행동이라 해도 보고하지 못하게 했다.(지진이 실제로 일어났다는 사실에 보고 내용이 영향을 받지 않도록.)

그런데 시간이 흐르면서 이런 연구 대부분이 성과를 내지 못했다. 변형계는 변화하는 수치를 기록했지만, 분석 결과 지진으로 이어지는 변형력뿐만 아니라 날씨가 양극단을 오고가는 캘리포니아주의 가뭄과 홍수로 인한 지하수 수위 변화도 반영하고 있었다. 지하수의 화학적 조성 연구도 실망스러웠다. 지하수에 함유된 라돈 기체 수치가 유용한 지표가 될 것이라는 기대가 있었다. 라돈은 특히 화강암의 방사성 붕괴에서 많이 발생하고, 지진 활동으로 땅에 균열이 생기면 지하수의 라돈 수치가 증가할 것이라고 추정하는 것은 합리적이다. 하지만 아이슬란드에서의 연구는 화산 폭발 전에 라돈 수치가 변화하지 않는다는 것을 확실하게 입증했다.(화산 폭발은 암석에 지진보다 더 큰 변형력을 가한다.) 그리고 짐승들은 지진을 예측하지 못한다. 대조군을 갖춘 연구 결과, 짐승의 이상한 행동은 지진 전에 평소보다 많지 않았다. 영리한 젊은 연구자들은 성공 확률이 더 높은 주제를 탐구해야 학자로서의 경력에 더 좋다고 판단했다. 그래서 몇십 년 동안 과학자들의 주목을 받았던 지진 예측에 대한 관심은 다시 희미해졌다.

지진에는 한참 동안 꽤 규칙성을 갖는 것처럼 보이더라도 결국엔 예측할 수 없다는 본성이 있다. 사실 지진은 늘 일어나고 있다. 예측은 언제든 우연히 들어맞을 수 있다. 만약 위치를 명시하지 않고 '내일 규모 5의 지진이 일어난다'고 말한다면, 이 말은 틀리지 않을 가능성이 높다.

어떤 사람들은 이 사실을 이용해 사기를 친다. 1994년 어떤 남자가 로스앤젤레스의 회사에 규모 6 이상의 지진이 그다음 주에 일어난다고 예측하는 내용의 팩스를 보낸 일이 기억난다. 정말 그의 예측대로 노스리지 지진이 일어나 400억 달러의 피해를 입히자, 회사는 깊은 인상을 받았다. 회사 관계자들은 그가 돈을 주면 더 많은 지진을 예측하겠다는 말에 귀를 기울였다. 그 남자가 같은 팩스를 매주 다른 회사로 보내 우연히 예측 내용과 일치하는 지진이 일어나기를 기다렸다는 사실은 미처 몰랐다.

인간의 자기기만은 더 큰 문제다. 어느 과학자가 특정 시각, 특정 지역에서 규모 5의 지진을 예측했다고 치자. 실제로 그럴 확률이 없지는 않다. 확률이 5퍼센트라고 가정하자. 그리고 규모 4.7의 지진이 일어났다. 예측이 거의 맞았다는 생각이 든다. 이 정도면 성공이라고 봐도 되지 않을까? 하지만 규모 4.7의 지진이 무작위로 일어날 확률은 5퍼센트가 아니라 10퍼센트로 두 배나 높다. 게다가 실제로 일어난 일에 맞추어 '성공적 예측'을 정의함으로써 통계의 가치를 깎아내렸다. 여기에 시각과 장소에 대해서까지 약간의 유연성을 발휘한다면, 진지한 의도로 예측을 했더라도 의미를 잃게 된다.

많은 연구자가 이 함정에 빠졌고, 통계학자에 의해 저지당했다. 오늘날 대다수 지진학자는 겉보기에 성공적인 예측도 허울뿐일 수 있다고 주장한다. 제대로 된 예측법은 여러 사례에 대해 타당성을 증명해야 하고, 무작위로 들어맞을 확률보다 적중률이 명백히 높아야 한다. 지진학자들은 수십 년 동안 거짓 예측에 속은 나머지 이제는 기대를 버렸다. 그러지 않으면 확증편향으로 인해 규칙성을 발견했다고 자신을 기만할 수 있다. 무작위로 배열된 별들을 보고 별자리를 만들어낸 것과 다를 게 없는데도 말이다.

2009년 1월, 이탈리아의 오래된 도시 라퀼라L'Aquila 근처에서 지진이 무더기로 발생하기 시작했다. 성벽에 둘러싸인 도시인 라퀼라는 중세시대에 신성로마제국 황제 프리드리히 2세Friedrich II가 99개 마을의 연맹을 보호하기 위해 세운 곳이다. 프리드리히 2세는 그 마을들, 그리고 자신의 나라를 점점 강해지는 교황청으로부터 방어하고 있었다. 그래서 도시의 이름을 '독수리'라는 뜻의 라퀼라라고 지었다.독수리는 신성로마제국의 상징이다.─옮긴이 라퀼라는 수백 년 동안 교통·상업·통신의 중심지였고, 오늘날 이탈리아 아브루초Abruzzo주의 주도다. 아펜니노산맥의 고도 700미터 되는 곳에 자리했고, 인구는 7만 명 이상이다. 라퀼라는 오랜 옛날부터 지진을 자주 겪었다. 기록에 남은 대규모 지진은 1349년(사망자 800명), 1703년(사망자 3000명), 1786년(사망자 6000명)에 일어났다. 2009년 1월에 빈발하기 시작된 지진들은 2월, 3월에도 계속되었고 그중에는 사람이 느낄 정도의 지진도 많았다.[108] 라퀼라의 지진 내력 때문에 시민들은 초조해졌다. 학교에서 학생들을 대피시킨 것도 여러 번이었다.

여기서 이탈리아 국립핵물리학연구원Istituto Nazionale di Fisica Nucleare에 속한 국립그란사소연구소Laboratori Nazionali del Gran Sasso의 기술자이자 라퀼라 시민인 잠파올로 줄리아니Giampaolo Giuliani가 등장한다. 줄리아니는 방사성 기체를 감지하는 기계를 연구했고, 2009년 초 무렵에는 거의 10년 동안 지진 패턴과 라돈과의 관계를 조사하고 있었다. 라퀼라에 새롭게 발생한 지진군은 그의 아이디어를 시험할 기회였다. 2009년 2월, 줄리아니는 라돈 측정치를 바탕으로 몇 개의 지진을 예측했다. 이 내용은 언론에 알려졌고 다양한 이야깃거리를 탄생시켰다. 그는 서면으로 된 예측 내용을 공식적으로 제출한 적이 없으므로, 우리는 그가 정확히 무엇을 예측했는지 모른다. 우리에게 남은 자료는 언론 보도뿐이다.

이런 예측에 대응해 국립지질물리학및화산학연구소는 라퀼라의 지진에 관한 현재의 과학 지식과 일치하는 내용을 공식적으로 발표했다. 이런 지진군은 흔하고, 신뢰할 수 있는 지진 예측은 여전히 불가능하며 대규모 지진 위험은 여전히 낮다고 했다. 이 내용은 전부 사실이지만 대중의 불안을 전혀 잠재우지 못했다. 지진이 사그라드는 기색 없이 계속되던 3월 중순, 블로그 '돈네 데모크라티케Donne Democratiche'는 계속되는 지진 활동에 관해 줄리아니의 의견을 물었다. 줄리아니는 지진군이 이 지역의 "정상적인 현상"이고 대규모 지진의 전조가 아니며 3월 말이면 줄어들 것이라고 말했다.[109]

그런데 3월 30일에 그때까지 가장 규모가 큰 규모 4.1의 지진이 라퀼라에서 일어났다. 그러자 줄리아니는 또 다른 지진을 예측했다. 그는 라퀼라에서 남동쪽으로 56킬로미터 떨어진 술모나Sulmona시의 시장에게 6~24시간 이내에 대규모 지진이 일어난다고 말했다. 술모나시 시장은 즉시 대응했다. 확성기를 설치한 승합차들이 마을을 돌아다니며 경고 방송을 하고 시민들에게 대피하라고 권했다.[110] 많은 사람이 집을 떠나 대피했다. 하지만 지진은 일어나지 않았다.

이렇게 줄리아니는 적어도 두 번 확신에 차서 예측했지만 둘 다 실패했다. 한편 사람이 느낄 정도의 지진이 정기적으로 일어나고 있었고 언론은 아직도 줄리아니에게 의견을 묻고 있었다. 이탈리아 정부는 줄리아니의 영향력을 막으려 애썼다. 관계자들은 그가 불필요하게 시민들을 공포에 몰아넣고 있다고 그에게 말했다. 하지만 이전의 실패에도 불구하고 다수의 시민이 그의 예측을 믿었다.

정부는 줄리아니만큼 설득력 있는 성명을 발표해야 했다. 과학계와 이탈리아 시민보호국Protezione Civile(미국의 긴급구조대와 비슷한 조직) 사이의 소통을 담당하는 공식 정부기관인 대규모위험예측및예방을위한국가위원회Commissione Nazionale per la Previsione e Prevenzione dei Grandi Rischi, 이후 위험예측위원회로 표기가 이 일을 맡았다. 지진 과학자와 공학자로 구성된 이 위원회는 1년에 한 번 로마에 모여서 지진 연구와 관측 활동을 검토하는데, 긴급 소집되어 임박한 지진 위험을 가늠하기도 한다.

정부는 이례적으로 3월 30일 토요일, 라퀼라에서 위험예측위원회 특별회의를 열었다. 회의는 한 시간 만에 끝났다. 이 회의의 유일한 기록은 한 달 후에나 작성되었으므로 믿을 만한 자료가 아니다. 관료와 전문가들은 지진에 관한 그럴듯한 서사를 만들기 위해 회의에 간 것이었다. 시민보호국 국장 귀도 베르톨라소Guido Bertolaso가 회의 전에 그렇게 말한 것이 도청을 통해 녹음되었다.(도청은 다른 사건을 수사하는 과정에서 이루어졌다.) 특히 그는 전문가들이 다음과 같이 대중을 안심시킬 것이라고 말했다. "지진이 전혀 일어나지 않

는 상황보다 규모 4짜리 지진 100개가 일어나는 편이 낫다. 규모 4
의 지진 100개가 에너지를 발산시키면 대규모 지진이 결코 발생하
지 않을 것이기 때문이다."[11]

회의가 끝난 후 참석했던 과학자 여섯 명은 즉시 떠났고, 시민보
호국 부국장 베르나르도 데 베르나르디니스Bernardo De Bernardinis가
회의에 관해 기자회견을 열었다. 그는 빈발하는 지진군의 이점에
관해 회의 전에 도청된 상사의 발언과 같은 내용을 말했다. "과학계
는 위험이 없다고 말해주었습니다. 에너지가 지속적으로 발산되고
있기 때문입니다. 상황은 낙관적입니다." 기자의 질문에 답하면서
그는 와인이나 한잔하며 불안을 털어버려도 된다고 말했다.

작은 지진들이 일어나면 큰 지진이 일어날 위험이 줄어든다는 데
베르나르디니스와 베르톨라소의 주장은 명백히 틀렸다. 나도 비슷
한 질문을 자주 받는데, 이는 단지 희망사항에 불과하고 아무런 근
거가 없는 이론이다. 이 이론에 따르면, 큰 지진이 일어나려면 작은
지진보다 더 많은 에너지가 쌓여야 하는데, 작은 지진이 많이 일어
나면 쌓인 에너지가 죄다 발산되어 버릴 것이다. 이는 직관적으로
이치에 맞는 듯하지만, 지진학자들이 관찰해 온 지진의 가장 일관적
인 특징과 모순된다. 그것은 릭터가 처음으로 릭터 규모를 계산해
낸 지진들에서 관찰했고, 모든 여진들에서 관찰되며, 지구를 어떻게
분할해서 지진 분포를 살펴보아도 관찰되는 특징이다. 바로 소규모
지진과 대규모 지진의 상대적 횟수는 일정하다는 사실이다. 작은
지진이 더 많이 일어나면, 큰 지진도 더 많이 일어난다는 뜻이다. 수

학자들은 이를 자기유사성 분포self-similar distribution라고 부른다.

럭터 규모의 경우에 규모 3의 지진이 한 번 일어날 때 규모 2의 지진은 약 열 번 일어난다고 추정할 수 있다. 규모 6의 지진이 한 번 일어나면, 규모 5의 지진이 열 번, 규모 4의 지진이 100번, 규모 3의 지진이 1000번 일어난다. 물론 약간의 편차는 있다. 하지만 이 분포는 지진학에서 가장 명백한 진리다. 어떤 지진학자도 소규모 지진이 많이 일어나면 대규모 지진이 일어날 확률이 줄어든다고 주장하지 않는다. 그렇다면 시민보호국 관계자들은 왜 그렇게 말했을까? 도청 내용을 보면 그들은 회의 전부터 그렇게 말할 생각이었다. 시민보호국 관계자들은 국민을 보호하는 책임을 진 사람들이다. 기자회견에 과학자는 아무도 없었다. 과학자가 오지 않기를 바란 것으로 보인다. 회의에 참석했던 한 과학자는 로마로 돌아간 후에야 기자회견이 열린 사실을 알았다고 말했다.[112] 그런데 지진학자들은 왜 나중에라도 기자회견 내용이 틀렸다고 나서서 말하지 않았을까?

✦

그다음 주인 4월 5일 종려주일 늦은 밤에 규모 3.9의 지진이 라퀼라에서 발생했다. 라퀼라 출신인 마흔여덟 살의 외과의사 빈첸초 비토리니Vincenzo Vittorini는 나중에 학술지《네이처Nature》와의 인터뷰에서 지진에 대응했던 방식에 관해 이야기했다. "예전에 제 아버지는 지진을 두려워했습니다. 그래서 땅이 조금이라도 흔들릴 때마다 식구들을 데리고 집 밖으로 나갔습니다. 근처 광장으로 걸어갔고 어머니와 우리 네 형제는 차 안에서 잤습니다."[113] 1주일 전에 규모 4.1의 지진이 라퀼라에서 일어났을 때, 아내는 공포에 질려 그에게 전화했고, 그는 아버지처럼 잠시 실외로 나가 있으라고 말했다. 하지만 이번에는 대규모 지진 가능성이 낮다고 관계자들이 단언한 기자회견 내용을 기억해 냈다. 마을 사람들은 기자회견 이후 계속 그 내용에 대해 논의하고 있었다. 비토리니, 그의 아내, 딸도 서로 의견을 나누었고, 비토리니는 가족을 설득해 집 안에 머물기로 했다.

　몇 시간 뒤인 4월 6일 새벽 3시 32분, 세 식구는 안방 침대에 함께 있었다. 그때 라퀼라를 갈기갈기 찢어놓을 규모 6.3의 지진이 강타했다. 이 정도 규모의 지진은 환태평양 조산대의 지진에 비하면 약해 보이지만, 단층 바로 위에서는 피해가 극심할 수 있다. 사실상 모든 건물이 손상되었고 총 2만 채의 건물이 파괴되었다. 1703년 지진 후에 새로 지은 구도심이 거의 다 파괴되었다.(2009년 지진 이후로 구도심은 너무 위험해서 출입금지 상태이다.) 제2차 세계대전 이후의 경제 성장 속에서 세워진 더 현대적인 건물들도 대부분 내진 규정이 확립되기 전에 설계되어 기준 이하의 재료와 건설법으로 인해 지진 피해가 막심했다. 라퀼라대학 기숙사가 무너져 학생들이 숨졌다. 지진으로 인해 6만 명이 넘는 이들이 집을 잃었다. 정부는 텐트를 갖춘 이재민 수용소를 마련해서 그중 4만 명을 수용했다.[114] (이탈리아 총리 실비오 베를루스코니Silvio Berlusconi는 시민들이 주거를 제공해 준 정부에 감사해야 하고, 해변에서 휴가를 보낸다고 생각하라는 망언을 했다.)

비토리니는 지진이 거대한 믹서기 같았다고 묘사했다. 그가 살던 1962년에 지어진 아파트 건물은 완전히 붕괴했다. 3층에 있던 그의 집은 지상에서 불과 1미터 높이로 주저앉았다. 그는 여섯 시간 후에 구출되었다. 그의 아내와 아홉 살 난 딸은 숨졌다. 라퀼라에서 총 309명이 사망했다.

✦

앞에서 보았듯이 모든 재난은 누군가를 탓하고자 하는 충동을 일으킨다. 고통을 겪은 라퀼라 시민들은 정부 관계자와 대규모 지진이 일어나지 않는다는 정부의 근거 없는 확언에 쉽게 책임을 돌릴 수 있었다. 이탈리아 정부는 이에 대응해 지진 몇 주 후에 시민보호를위한지진예측국제위원회International Commission on Earthquake Forecasting for Civil Protection, ICEF, 이후 지진예측국제위원회로 표기를 열었다. 그들은 중국, 프랑스, 이탈리아, 영국, 독일, 그리스, 러시아, 일본, 미국의 아홉 나라에서 열 명의 저명한 지진학자를 초청했다. 전 메사추세츠공과대학 지구과학과 학과장이며 당시 남부캘리포니아지진본부Southern California Earthquake Center 본부장이었던 토머스 조던Thomas Jordan 박사가 지진예측국제위원회 의장을 맡았다. 지진예측국제위원회는 전 세계의 지진 예측을 포괄적으로 검토하고 그런 예측이 불가능하다는 사실을 확인하는 작업을 했다. 지진 몇 달 후에 발표된 그들의 결론은 과학계가 연구뿐만 아니라 대중과 효과적으로 소통하는 일에도 주체적으로 나서야 한다는 것이었다.

이는 라퀼라 참사의 '책임' 소재를 어느 정도 규명했지만, 충분하지 않았다. 지진이 일어나고 17개월 후, 과학자들과 시민보호국은 더욱 구체적으로 비난받았다. 2011년 9월, 아브루초주 검사는 국민에게 틀린 내용을 공표해서 안심시킨 죄로 시민보호국 부국장 데 베르나르디니스와 3월 30일 운명적인 회의에 참석했던 여섯 명의 지진학자와 공학자를 과실치사 혐의로 기소했다.

국제 과학단체들은 분노했다. 미국과학진흥협회, 국제지질학및지구과학연합, 미국지진학회 등은 이 기소를 과학에 대한 공격이라고 규탄하는 편지를 이탈리아 당국에 보냈다.

그런데 라퀼라는 애초부터 과학의 실패와 무관했다. 그게 아니라 데이터의 의미를 대중에게 전달하는 데 실패한 것이었다. 비극이 닥쳤을 때 인간은 늘 묻는다. "어떻게 해야 했을까?" 라퀼라 지진의 경우에는 아주 명백한 답이 있었다. 지진예측국제위원회의 조던 의장은 이렇게 말했다. "줄리아니의 예측에 휘둘린 정부 관계자들은 위험 확률이 증가한 것을 강조하지 않았습니다. 게다가 라퀼라 시민에게 지진 대처법을 알려주는 데 집중하지도 않았습니다. 그 대신에 '이곳에 더 큰 지진이 일어날까?'라는 단순한 예-아니오 질문에 답해야 하는 진퇴양난에 빠졌습니다."[115] 일어나지 않는다고 답함으로써 그들은 훨씬 위험하고 결국 틀린 진술을 했던 것이다.

검사의 기소는 비토리니 같은 사람들의 개별 증언을 근거로 삼았다. 또 한 명의 피해자 마우리치오 코라Maurizio Cora는 3월 30일 규모 4.1의 지진이 났을 때에는 식구들을 실외 광장으로 데려갔지만, 4월 5일 밤 규모 3.9의 지진이 났을 때에는 정부의 기자회견 내용을 믿고 집 안에 있었다고 말했다. 건물이 무너지면서 그의 아내와 두 딸이 숨졌다.

피해자들의 증언은 강력했고 검사 측이 승리했다. 일곱 명의 피고 모두 유죄로 징역 6년을 선고받았다. 다음 3년 동안 두 번의 항소 재판이 열렸다.[116] 1심 판사는 전문가들이 위험 가능성을 "피상적, 근사적, 너무 일반적"으로 분석했고 위험예측위원회가 책임을 다하지 않았다고 판단했다. 2심에서는 위험예측위원회 구성원들의 분석 내용을 바탕으로 판결을 뒤집었다. 소규모 지진들 때문에 대규모 지진 확률이 유의미하게 변했다고 여길 이유가 없다는 위험예측위원회의 결론은 모든 지진학자가 동의하지는 않더라도 타당한 과학적 판단이었다. 3심에서 검사는 부국장 데 베르나르디니스가 기자회견에서 발표한 '다행스러운 에너지 발산'이란 발상을 과학자들이 저지하는 데 실패한 것이 범죄라고 주장했다. 결국 재판에서 데 베르나르디니스만 유죄가 확정되었다. 그의 형량은 2년으로 줄었고, 과학자들은 무죄를 선고받았다.

✦

이런 법적 소송은 극히 드물지만, 이탈리아 과학자들이 처했던 곤경은 드문 일이 아니다. 캘리포니아에서 나와 내 동료들도 비슷한 상황에 있었다. 라퀼라 지진이 나기 3주 전, 샌앤드리어스단층 남쪽 끝에서 겨우 5킬로미터 떨어진 지점에서 규모 4.8의 지진이 일어났다. 지진이 일어나면 근처에 다른 지진들을 유발할 가능성이 크기 때문에 이 위치는 의미심장했다. 이 경우처럼 아주 가까이에 매우 긴 단층이 있을 때에는 엄청나게 큰 규모의 지진이 일어날 확률이 높아진다. 약 20년 전, 나는 캘리포니아 샌디에이고대학의 동료 던컨 애그뉴Duncan Agnew와 함께 증가된 확률을 추정하는 방법을 개발했다. 2009년 3월처럼 규모 4.8의 지진이 샌앤드리어스단층 근처에서 발생하면, 다음 3일 이내에 대규모 지진(최소한 규모 7)이 일어날 확률이 1~5퍼센트로 추정되었다.

이탈리아의 대규모위험예측및예방을위한국가위원회에 해당하는 캘리포니아주의 기구는 캘리포니아지진예측평가위원회California Earthquake Prediction Evaluation Council, CEPEC, 이후 지진예측평가위원회로 표기였다. 당시에 나는 이 위원회에서 일하고 있었고, 규모 4.8의 지진이 일어난 지 한 시간 안에 전화 회의를 열었다. 모두가 합의하는 데 몇 시간이 걸렸다. 따라서 지진이 일어난 지 수 시간 후, 지진예측평가위원회는 캘리포니아주 주정부에 한 쪽짜리 성명서를 제출했다. 성명서에서 우리는 대규모 지진 확률의 절대적 수치는 낮지만, 장기적인 확률과 비교하면 여전히 수백 배 높다고 썼다. 지진예측평가위원회는 또한 수도 시설을 점검하는 등 남부 캘리포니아 주민들이 할 수 있는 구체적인 행동 강령을 수록한 공개 발표문도 준비했다.

남은 일은 정부가 우리 발표문을 공개하는 것뿐이었다.

이런 절차는 1980년대에 캘리포니아주의 과학자들과 캘리포니아주긴급재난국Governor's Office of Emergency Services, Cal OES, 이후 긴급재난국으로 표기 사이의 합의에서 비롯되었다. 긴급재난국은 공적인 발표의 결과를 감당해야 하므로, 당연히 과학자들이 작성한 발표 내용을 먼저 읽어보고 주민들에게 전달하고 싶어 한다. 따라서 지진관측소 네트워크, 지진예측평가위원회, 긴급재난국 사이에 프로토콜이 마련되었다. 지진관측소 네트워크는 데이터를 처리해서 어떤 일이 벌어졌는지 알아내고, 지진예측평가위원회는 위험을 평가하고, 긴급재난국은 그 결과를 언론과 주민들에게 발표했다. 과학자들이 개별 발표를 하지 않는 대신에 긴급재난국은 정보가 전달된 지 30분 이내에 발표하기로 되어 있다.

이 합의는 1986~1994년 캘리포니아주에서 지진이 자주 일어나던 시기에 확정되었다. 그때 우리 과학자들에겐 무엇이 효과가 있고 효과가 없는지 살펴볼 기회가 풍부했다. 그러나 2009년 무렵에는 대규모 지진이 거의 없고 상대적으로 조용한 시기에 들어서 있었다. 그동안 몇 명의 주지사가 거쳐 갔고 공직자, 과학자, 기술자들이 퇴직했다. 즉, 예전의 협력 관계가 약해졌다. 그해 3월, 지진예측평가위원회에서 우리가 주지사에게 성명서를 전달했을 때, 그것을 받은 사람들은 대개 이런 종류의 보고서를 받아본 적이 없었다.

일은 진행되지 않았다. 공식 발언은 없었다. 몇 시간이 지나자 지진관측소 네트워크와 지진예측평가위원회의 과학자들은 초조해졌다. 그로부터 몇 시간이 더 지나서야 소식이 왔다. 긴급재난국은 공식 성명을 발표하지 않겠다고 했다.

우리 과학자들은 어떻게 할지 논쟁을 벌였다. 지진으로 유발된 다음 지진의 확률은 여진 확률이 그렇듯이 시간이 지나면서 빠르게 줄어들기 때문에, 긴급재난국이 발표를 보류하고 있음을 안 시점에는 벌써 지진으로 인해 추가된 발생 확률이 절반 이하로 줄어 있었다. 미국지질조사국은 연방정부기관이기 때문에 자체적으로 성명서를 발표할 수 있었지만, 과학자들이 미국지질조사국으로 직접 성명서를 보내는 절차가 없었다. 항상 긴급재난국을 통했기 때문이다. 그래서 결국 이 내용은 발표되지 않았고, 우리 모두가 알듯이 그때 샌앤드리어스단층에서 대규모 지진이 일어나지 않았다.

불과 3주 후 라퀼라에 대규모 지진이 나고 과학자들에게 책임을 추궁하자, 조던(이탈리아의 시민보호를위한지진예측국제위원회 의장을 맡았고, 캘리포니아지진예측평가위원회에도 참여해 두 지진 모두에 관여한 지진학자)과 나는 우리가 곤란한 상황을 운 좋게 피했다는 것을 깨달았다. 만약에 샌앤드리어스단층에서 큰 지진이 발생했다면, 그리고 과학자들이 5퍼센트 확률로 그것을 예측했다는 사실이 알려졌다면(분명 알려졌을 것이고, 사실 우리가 예측한 확률은 1~5퍼센트였지만 틀림없이 앞부분을 잘라내고 큰 수치만 거론되었을 것이다), 그리고 우리가 주민들에게 이 사실을 공개하지 않았다는 것이 알려졌다면, 우리는 몰매를 맞았을 것이다. 당연히 그래야 마땅했을 것이다.

✦

　과학은 과학자들이 상반되는 의견을 자유롭게 논할 수 있을 때에
만 제 기능을 한다. 라퀼라 지진 이후에 기소된 이탈리아 과학자들
은 아마 다시는 지질학적 확률에 관해 입도 벙긋하지 않을 것이다.
그럴 만도 하다. 그러나 오해받거나 대중에 의해 조작될까 봐 두려
워서 그런 정보를 공개하지 않기로 결정하면 국민에게 피해를 주게
된다. 자연재해가 일어난 직후에는 정보가 부족하다. 과학자들이 정
보를 채워주지 않으면 다른 누군가가 채운다. 라퀼라 지진은 그런
상황이 얼마나 위험한지를 충분히 보여주었다.

　과학자들은 평범하지 않은 환경에서 일한다. 대립과 논쟁이 일상
화되어 있고, 어느 정도 이상의 훈련과 전문성이 전제된다. 과학자
가 아닌 사람들이 과학자가 하려는 이야기를 알아듣지 못하거나 그
중요성을 깨닫지 못할 때, 과학자는 효과적으로 소통하지 못한 과학
자의 책임을 인정하지 않고 남들에게 책임을 전가하기 쉽다.

　과학 연구는 대개 학교와 정부 연구소에서 이루어진다. 이런 환
경에서 혁신적인 연구를 해내면 저명한 학술지에 좋은 논문이 실리
는 보상이 따른다. 평범한 사람들을 위해 과학을 쉬운 언어로 설명
하는 데 시간을 소모한다는 건, 곧 학자로서의 경력을 쌓는 가장 주
된 방법인 학문 연구를 그만큼 덜 한다는 뜻이다. 한편 반대쪽 끝에
는 최신 과학을 실생활에 적용할 책임을 진 지방자치단체, 도시계
획자, 기술자, 수도·전기·가스 관리자 등이 있다. 이들은 안전한 도

시를 건설하고 생태계를 관리하고 상수도와 교통 체계를 보호한다. 그들에게 책정된 자금은 과학자의 학문적 연구를 대중의 언어로 해석하는 데 쓰라고 준 것이 아니다. 오늘날의 과학 발전은 과학자와 최신 과학을 적절히 활용해야 하는 공무원 사이에 너무 큰 간극을 만들었다.

가장 근본적인 차원에서 우리는 지금도 지진의 작동 메커니즘을 연구할 지진학자가 필요하다. 오늘날에도 인간은 왜 어떤 지진의 단층은 수 미터 미끄러지다가 멈춰서 규모 1에 그치고, 다른 지진의 단층은 수백 킬로미터를 미끄러져 규모 7의 지진이 되는지 모른다. 지진이 일어나기 전에 지구 내부에서 일어난 일의 결과인지, 아니면 지진이 일어나는 중에 무언가에 부딪히거나 부딪히지 않아서 그런 것인지 모른다. 후자라면, 지진학자는 사람들이 원하는 종류의 예측을 영원히 제공하지 못할 가능성이 높다.

오늘날 과학자가 지진에 관해 확실히 말할 수 있는 지식은 전진, 여진, 그리고 지진이 다른 지진을 유발하는 현상뿐이다. 과학자는 이런 정보를 되도록 명확히 대중에게 공개해야 한다. 그리고 대중을 믿어야 한다. 오해가 두려워서 정보를 공개하지 않으면 그 정보로 도움을 받을 수 있는 너무 많은 사람이 아무것도 모른 채 우왕좌왕하게 된다. 과학은 연구 결과를 공유해야만 제 역할을 할 수 있다.

지금 나는 오늘, 그리고 날마다 캘리포니아에 지진이 '반드시 일어난다'고 말할 수 있다. 하지만 그 지진의 규모는 전혀 짐작할 수 없다.

CHAPTER 11

상처를 딛고
일어서는
법

**2011년, 일본
도호쿠 지진**

✦

"만일 지옥에서 낙원이 나타난다면,
그것은 기존 질서와 체제가 작동을 멈춘 상태에서
우리가 자유롭게 살며
다른 방식으로 행동한 덕분이다."
리베카 솔닛,《이 폐허를 응시하라》중에서

대재난은 한 가지 요인만으로 발생하는 법이 없다. 인간은 하나의 독립된 사건에만 반응하고 대처할 수 있다. 자동차 사고에 영향을 미치는 요소들을 생각해 보면 된다. 한 운전자가 자녀에게 신경 쓰느라 집중력이 떨어지지 않았더라면, 다른 운전자가 바로 그 순간에 차선을 바꾸지 않았더라면, 비 때문에 또 다른 자동차의 마찰력이 줄지 않았더라면 사고는 일어나지 않았을지도 모른다. 이 중에서 한 가지 요소만 없었어도 사고는 일어나지 않았을 것이다.

우리는 앞에서 자연재해가 일어난 사회에서 이 원리가 적용되는 모습을 보았다. 리스본 지진과 간토 지진은 격렬한 지진과 더불어 지진으로 유발된 화재 때문에 피해가 커졌고, 공교롭게도 하루 중 어느 시각, 또는 연중 어느 날에 일어났기 때문에 대재난이 되었다. 리스본 지진이 모든 성인의 날 대축일의 미사 시간에 발생하지 않았다면, 간토 지진이 점심시간에 일어나지 않았다면 어땠을까? 뉴올리언스가 파괴된 것은 허리케인 카트리나의 탓만이 아니고 허리케인으로 인해 인공 제방들이 무너졌기 때문이었다. 지역 제방위원회나 육군공병대가 아니라 미국 육군의 독립적인 부서에서 인공 제방들을 점검해 왔다면 어땠을까?

자연재해가 약점을 드러내고 약점에 압력을 가한다는 해석은 이제 친숙하다. 자연재해는 중대하고 구조적인 변화를 일으킬 수 있다. 기후가 뜨거워지고 건조해지면 숲은 얼마간은 견디지만 결국 산불이 나고 완전히 파괴되어 도저히 원래 상태로 돌아가지 못한다. 그 생태계는 사라지고, 새 기후에 더 잘 적응한 동식물이 그 자리를 차지한다. 앞에서 보았듯이 사회구조도 마찬가지다.

그런데 극한의 자연재해는 파괴와 더불어 좋은 기회도 불러온다. 자연재해는 문명을 붕괴시키기도 했지만, 꼭 필요한 사회적 변화의 촉매로 작용하기도 했다.

2011년 3월 11일 일어난 일본 도호쿠東北 지진 역시 그런 사건이었다. 물리적 힘과 인위적인 요인이 모여 참사를 일으켰고, 또한 새로운 기회를 제공했다. 지진의 충격은 너무도 극심해서 뿌리 깊은 문화적 전통이 흔들렸고 지금도 변화하고 있다. 이 장에 등장하는 여성들은 이런 변화를 상징한다. 그들은 재난이 닥치기 전에 상상조차 할 수 없었던 방식으로 지역사회에 이바지했다. 2011년 도호쿠 지진은 전통문화의 수많은 제약을 부수어버렸고 이 여성들에게 공동체를 이끌 기회를 주었다.

✦

일본은 본질적으로 일련의 화산으로 구성되었기에, 평평한 땅은 수백만 년에 걸쳐 강물이 산마루와 골짜기를 깎아서 만든 소중한 자원이다. 일본의 가장 큰 섬인 혼슈에 자리한 도쿄 북쪽에 기다란 골짜기가 있다. 이 골짜기는 교역이 이루어지는 통로였고 이곳에 도시가 여럿 세워졌다. 후쿠시마福島는 이 골짜기에 있는 곳으로 도쿄로부터 약 300킬로미터 북쪽에 있고 일본의 중심부와 가깝다. 후쿠시마라는 지명은 '복이 많은 섬'을 뜻한다. 2011년 3월 11일까지

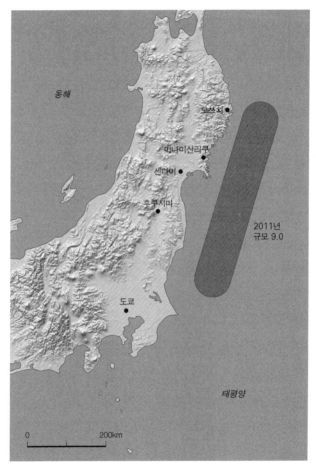

일본 혼슈 동북부의 지도. 2011년 도호쿠 지진의 단층을 표시했다.

는 사실이었다. 후쿠시마는 부유하고 번창하는 공동체였다.

그날, 사하라 마키佐原真紀는 후쿠시마 시내 자신의 집에 있었다.

날씬하고 키가 크며 앞머리가 길고 머리카락이 어깨까지 내려온 젊은 주부 사하라는 이튿날 딸의 유치원 졸업을 고대하고 있었다. 일본에서는 한 학년이 3월에 끝나고, 어린이들이 삶의 다음 단계로 넘어가는 것을 기념해 공식적으로 유치원 졸업식을 치른다. 이틀 전에 규모 7.2의 지진이 일어나 집이 흔들렸지만, 이 정도 규모의 지진은 일본 어딘가에서 1년에 한두 번씩 일어나서 익숙하므로, 사하라는 크게 신경 쓰지 않았다.

사하라는 졸업식에서 학부모·교사 모임 대표를 맡았기에 식장에서 입을 기모노를 펼쳐보았던 것을 기억한다. 전통 기모노는 복잡하게 구성되어 있어서 모든 부분이 갖추어졌는지 확인해야 했다. 사하라는 유치원에 간 여섯 살 난 딸뿐만 아니라 가까운 호텔에서 일하고 있는 남편을 생각했다. 부모님 댁에 간 두 조카도 생각했다. 언니가 백혈병으로 병원에 입원하는 바람에 치료 중에는 사하라가 조카들을 종종 돌보았다.

오후 2시 46분, 사하라의 침대에 기모노가 놓인 상태에서 땅이 흔들리기 시작했다. 어마어마한 힘이어서 사하라는 바닥에 쓰러졌다. 사하라는 흔들림이 멈추기를 기다리며 마음을 다잡았다. 계속 기다렸다. 서 있을 수조차 없을 정도로 강한 흔들림이 1분 이상 지속되었다.

규모 9의 지진이 해안 근처에서 일어났다. 단층 길이는 약 400킬로미터였고 단층의 정중앙은 후쿠시마 동쪽에 있었다. 이 지진은 인류가 기록한 지진 가운데 네 번째로 강력했고 단층이 미끄러진 거리가 가장 컸다. 그때까지 세계에서 가장 길게 미끄러졌던 단층은 1960년 칠레 지진의 단층이었다. 그 단층의 길이는 약 1300킬로미터였고 미끄러진 거리는 최대 40미터였다. 이는 곧 단층 경계에 나란히 놓여 있던 두 개의 사물이 눈 깜빡할 사이에 30미터 이상 멀어졌다는 뜻이다.(오늘날 샌앤드리어스단층은 여기에 비해 불과 9미터 정도 미끄러질 것으로 예상된다.) 도호쿠 지진의 단층 길이는 1960년 칠레 지진의 3분의 1에 불과했지만, 미끄러진 최대 거리는 80미터로 두 배였다. 대다수 지진학자가 예상치 못한 규모의 지진이었다.

다른 나라에서였다면 수많은 건물을 무너뜨렸을 규모 9.0의 지진으로 사하라의 집에서 그릇 몇 개만 깨진 것은 일본이 마련한 내진 규정과 그 철저한 시행 덕분이었다. 집에는 문제가 없었지만 정전이 되었고 휴대전화는 통신망이 과부하되어 먹통이었다. 사하라는 먼저 유치원으로 달려가 딸을 집에 데려왔다. 곧 남편도 돌아와 가족이 안전한지 확인하고 다시 호텔로 가서 공포에 질린 투숙객들을 돌봤다. 사하라와 딸은 진정하고 평범한 일상으로 돌아가기를 기다렸다. 그러나 사하라는 다시는 어머니로서, 주부로서의 삶으로 돌아갈 수 없었다.

✦

후쿠시마에서 계곡을 따라 북쪽으로 가면 센다이라는 도시가 있다. 사하라가 딸의 유치원 졸업식을 준비하는 동안, 서른다섯 살의 캐나다인 정치학자 재키 스틸Jackie Steele은 딸 세나가 생후 6개월이 되는 날을 기념하는 일본 전통의식에 참여하고 있었다. 스틸 부부는 세나를 커다란 쇼핑몰에 있는 사진관으로 데려가서 기모노, 드레스, 꿀벌 의상을 입히고 사진을 찍었다. 세나를 원래 입고 갔던 옷으로 갈아입히고 사진을 고르기 시작하려는데 지진이 시작되었다. 부부는 바닥에 엎드렸고, 흔들림이 계속되면서 점차 강해지는 가운데 쇼핑몰의 전기가 끊어져 어둠에 휩싸였다. 스틸은 딸을 몸 아래로 넣어 껴안고 도저히 끝날 것 같지 않은 흔들림을 견디면서 직원들의 차분함에 놀랐다. 마침내 흔들림이 멈추자 흐릿한 붉은 비상등이 켜졌고 직원들은 자주 연습했던 대피 계획에 따라 사람들을 건물 꼭대기 층으로 안내했다.

꼭대기 층은 주차장이었고 스틸의 차가 가까이에 있었지만 스틸은 바로 떠나지 않았다. 건물은 거의 손상되지 않았지만 주변 사람들이 충격에 빠져 있었다. 어떤 남자는 차를 운전해서 떠나려고 했는데 운전하는 법을 잊은 듯했다. 그는 액셀과 브레이크를 번갈아 쾅쾅 밟았다. 차가 수직으로 들릴 것만 같았다. 스틸은 이런 상태의 사람들과 함께 도로를 달리고 싶지 않았기에 쇼핑몰 직원들이 건네준 담요를 두르고 주차장에서 기다리기로 했다.

후쿠시마에서 남쪽으로 300킬로미터 내려가면 기다란 계곡의 남쪽 끝에 3800만의 인구가 살고 있는 도쿄 광역권이 있다. 호리호리하고 에너지가 넘치는 이시모토 메구미石本めぐみ는 도쿄의 수많은

고층 건물 중 하나에서 금융서비스 회사 최고경영자의 비서로 일했다. 자신의 직업이 불만스럽고 투자자의 돈을 불려주는 일보다 더 의미 있는 일을 하고 싶었던 이시모토는 외국에서 인도주의 활동에 도전해 보려고 생각하고 있었다.

지진이 나서 고층 건물이 흔들리기 시작했을 때 이시모토는 바닥으로 쓰러지지 않았다. 후쿠시마와 센다이는 단층의 서쪽에 있었고 진앙과 가까웠지만, 도쿄는 지진 파열의 남쪽 끝보다 더 남쪽에 있었다. 도쿄까지 오려면 지진파는 더 먼 거리를 이동해야 했다. 그래서 매우 강한 흔들림이 거의 2분 간 지속되었지만, 가장 빠르고 주파수가 높은 파동은 약해진 상태였다. 도쿄 고층 건물의 38층에서 이시모토는 이 느린 파동 때문에 마치 험한 바다 위의 대형 여객선에 탄 기분이었다.

지진 직후에 정전이 되었고 도쿄의 자랑인 기차와 지하철이 멈추었다. 수백만 명의 통근자가 걸어서 귀가해야 했다. 이시모토는 다행히 상대적으로 가까운 곳에 살고 있었는데도 걸어가는 데 두 시간이 걸렸다. 많은 직장 동료가 여섯 시간에서 여덟 시간을 걷고 나서야 집에 도착해서 가족들이 괜찮은지 확인할 수 있었다. 하지만 전체적으로 도쿄에는 피해가 별로 없었다.

이 시점에 일본은 상상하기 어려운 엄청난 지진을 잘 견뎌낸 것처럼 보였다. 이게 전부였다면 일본은 조금 상처 입었어도 여전히 건실한 나라였을 것이다. 잠시 자녀에게 정신이 팔렸다가 겨우 충돌을 모면한 운전자, 가뭄이 들어 위기를 맞았지만 결국 되살아나무성해진 숲처럼. 그런데 지진 이후 일어난 대참사에는 지진 말고도 여러 원인이 있었고, 도저히 예측할 수 없었던 결과를 낳았다.

✦

남아시아 지진은 도호쿠 지진보다 7년 앞서 일어났다. 그때와 마찬가지로 바다에서 발생한 지진의 가장 큰 피해는 육지의 흔들림이 아니라 해저면의 이동에 의해 일어났다. 도호쿠 지진에서는 400킬로미터 길이의 암석 덩어리가 최대 80미터 미끄러졌으므로 막대한 양의 물을 이동시켜 필연적으로 쓰나미가 뒤따랐다.

쓰나미는 혼슈의 동북부인 도호쿠 지방을 강타했다. 도호쿠의 해안선은 불규칙하고, 작은 어촌들이 분포해 있다. 고립된 시골인 이곳은 일본의 옛 전통이 가장 많이 남아 있는 지역이다. 장남은 가족의 농장을 물려받고 부모를 모신다. 여자는 결혼하면 시댁 식구들과 함께 살아야 하고, 젊은 엄마는 어린 자녀를 남들 눈에 띄지 않게 보살펴야 한다. 이런 환경에서 여성은 매우 억눌린 삶을 살게 된다.

일본에서 쓰나미는 지진처럼 삶의 일부이고, 대부분의 마을에 대비 시설이 세워져 있다. 2011년 3월에도 많은 마을에서 최대 7미터 높이의 해벽을 세워둔 상태였다. 항구 주위의 저지대에 자리 잡은 마을들을 보호하기 위해서였다. 쓰나미가 바닷가에 도달하려면 15~30분이 걸릴 예정이었고, 주민들은 대규모 지진 직후 고지대로 이동하는 훈련을 받은 상태였다. 주민들은 닥쳐오는 위험을 알고 있었고 충분히 준비되어 있다고 생각했다.

지진학자들이 예측한 쓰나미에 주민들이 준비되어 있었던 건 사실이다. 그러나 이 지진은 바닷속 단층이 유발하는 현상에 관한 모든 예측을 뛰어넘었다. 실제 쓰나미는 예상보다 몇 배나 강했고, 많은 곳에서 파도 높이가 15미터를 넘었다. 한 곳에서는 무려 30미터가 넘는 파도가 관찰되었다. 다들 어찌할 바를 몰랐다. 단층이 가장 많이 미끄러진 지점을 포함하고 있는, 파열의 북쪽 절반에서 발생한 파도는 전부 높이 10미터 이상이었다. 그 지역에서는 거센 파도에 검조기해수면의 오르내림을 측정하는 도구─옮긴이가 부서져서 정확한 높이를 알 수 없다.[17] 다만 부서진 검조기가 있던 높이보다 높았다는 사실만 안다.

우에노 타쿠야上野拓也는 도호쿠 지방의 정町ㆍ일본의 행정구역 단위로 우리나라의 읍면동에 해당한다.─옮긴이인 오쓰치大槌의 조상 대대로 살았던 집에서 부모와 함께 살고 있었다. 서른세 살의 봉급생활자였던 우에노는 마을에 몇 안 되는 학사학위 소지자였다. 오쓰치는 인구가 1만 6000명인 작은 마을이었고 많은 주민이 어부나 생선가공 공장 직원으로 일했다. 우에노는 제조업체 관리팀에서 일했고 40킬로미터 북쪽에 있는 이 지역에서 가장 큰 도시로 날마다 출근했다. 지진이 멈추자마자 우에노는 직장 동료들과 함께 고지대로 올라갔다. 그들은 쓰나미가 휩쓰는 도시를 내려다보았다. 몇 시간 동안이나 높은 파도가 연달아 들이닥쳤다. 우에노와 동료들은 살아남았지만 갈 곳을 잃었다. 우에노는 자가용으로 퇴근할 때 이용하던 도로가 파괴되어 집으로 갈 수 없었다. 그는 근처 친척 집에 가서 기다렸다.

우에노의 어머니 히로는 그날 거의 하루 종일 당뇨병 환자인 오빠가 진료를 받는 오쓰치의 병원에 있었다. 그녀는 운전을 하지 않았으므로 아버지가 그들을 병원에 데려다주었다. 지진 직후 쓰나미 위험을 인지하고 있었던 병원 직원과 환자 모두 건물 지붕으로 올라갔다. 이를 수직대피라고 부른다.(다른 방법으로는 그 많은 노인과 병약한 사람들을 안전하게 대피시키는 일이 불가능했을 것이다.) 건물은 파도보다 아주 조금 높았다. 환자들은 목숨을 건졌고 지붕 위에서 파도, 그리고 뒤따른 화재로 자신들의 집이 파괴되는 광경을 지켜보았다.

그들은 운이 좋은 편이었다. 오쓰치정의 지도부는 지진 직후 정청사에서 긴급회의를 열었다. 재난 지침에는 정청사를 떠나 고지대로 이동하라고 적혀 있었지만, 그들은 그곳에 머무르기로 했다. 이틀 전에 규모 7.2의 지진이 났을 때에도 쓰나미 경보가 내렸지만 아무 일도 일어나지 않았기 때문이다. 이번 지진의 경우에는 쓰나미 경보가 5미터의 해일을 예측했다. 정청사와 바다 사이에는 7미터 높이의 해벽이 서 있어서 충분히 안전해 보였다.

많은 주민이 회의에서 어떤 사항이 결정되는지 들으려고 정청사 앞에 모여들었다. 15미터 높이의 쓰나미가 해벽을 넘어 쏟아지자 사람들은 건물로 달려가 지붕 위로 올라가려고 했지만, 위로 올라가는 유일한 통로는 사다리 하나뿐이었다. 겨우 네다섯 명이 살았고 수백 명이 물결에 휩쓸려 사망했다. 정장町長과 많은 공무원들도 사망했다. 오쓰치의 인구 1만 6000명 중에서 1300명이 목숨을 잃었다. 우에노의 어머니와 외삼촌은 대피소로 보내졌고 그곳에서 가족 중 누군가가 찾으러 오기를 기다리는 수밖에 없었다. 우에노의 집은 바닷가 가까이에 있었고 쓰나미가 모조리 휩쓸어갔다. 집은 완전히 사라졌다.

사흘 후에도 도로는 여전히 복구되지 않았다. 우에노는 오쓰치 사람들이 옛 산길을 통해 북쪽으로 피난을 가고 있다는 이야기를 들었다. 그 산길을 반대 방향으로 타고 우에노는 오쓰치로 돌아가 대피소에서 어머니를 찾았다. 어머니는 우에노를 보고 비명을 지르며 쓰러졌다. 우에노의 아버지는 찾을 수 없었다.

이후 몇 주 동안 도호쿠 지방은 피해를 복구하는 데 열중했다. 중앙정부가 보낸 긴급재난 대응 요원들이 이재민 수용소를 세웠고, 쓰나미의 잔해를 치웠다. 시신은 정부가 운영하는 안치소로 보내 성별, 나이, 키에 따라 분류했다. 우에노의 친한 친구가 어머니를 잃어서 두 사람은 매일 모든 안치소에 가서 우에노는 남자 시신, 친구는 여자 시신을 살펴보며 각자 부모의 유해를 찾으려 애썼다. 수백 명의 사람들과 함께 그들은 날마다 시신을 담은 포대를 열고 시신을 확인하면서 어서 이 일이 끝나기를 기다렸다.

쓰나미가 닥치고 한 달 후, 우에노의 아버지의 시신이 마침내 발견되어 안치소로 보내졌다. 우에노는 시신을 확인할 수 있었다. 아버지는 차 안에서 발견되었다. 아마도 대피하거나 어머니를 찾으러 병원으로 가는 길이었을 것이다. 한 달이 지난 뒤에야 쓰나미의 잔

규모 9.0의 지진과 뒤어이 밀어닥친 쓰나미로 완전히 파괴된 일본 도호쿠의 한 마을.

해 속에서 발견된 우에노의 아버지의 신원을 확인할 수 있는 방법
은 그가 찬 독특한 손목시계뿐이었다. 오쓰치의 사망자 중 400명은
시신이 발견되지 않았다.

　이와 유사한 참사가 도호쿠 지방 바닷가 마을들에서 벌어졌다.
미나미산리쿠南三陸에서는 방재대책청사 3층에서 방송으로 쓰나미
경보를 알리고 지시사항을 전달하던 젊은 여성이 끝까지 자리를 지
켰다. 쓰나미가 그 건물을 휩쓸고 지나갔고 그녀는 목숨을 잃었다.
이치노세키一関의 초등학교에서는 쓰나미 경보에 대응하는 훈련을
받지 못한 교사들이 어린 학생들을 학교 운동장에 모아두었다. 바
다에서 3.5킬로미터 이상 떨어져 있었기 때문에 안전하다고 여겼던

것이다. 거리가 멀었는데도 쓰나미가 밀려와 학생 102명 중에서 74명이 사망했다.

최종적으로 규모 9의 지진으로 인한 사망자는 150명, 쓰나미로 인한 사망자는 1만 8000명이 넘었다. 이 죽음 하나하나가 비극이었고, 이것만으로도 중대하고 끔찍한 재난이었다. 그렇더라도 유례없는 대규모 지진과 쓰나미치고는 어느 국가라도 부러워할 정도로 잘 견뎌낸 편이었다. 지진으로 무너진 건물은 몇 채뿐이었고 탈선한 열차는 없었다. 예상보다 너무 컸던 쓰나미는 소름끼치게 많은 사람의 목숨을 앗아갔지만, 피해자는 1억 명이 넘는 일본 인구를 감안하면 비교적 적은 비율이었고, 1923년 간토 지진의 사망자 14만 명보다 훨씬 적었다. 이 일을 전국적인 참사로 만든 것은 지진도 아니었고, 지진과 쓰나미의 결합도 아니었다. 지진과 쓰나미에 또 하나의 중대한 인공적인 요인이 합쳐진 결과였다. 일본은 제2차 세계대전 이래 최대 위기에 빠졌다.

✦

원자력발전소는 우라늄처럼 질량수가 큰 원자의 원자핵을 붕괴시킬 때 발생하는 엄청난 열을 이용해서 증기를 만든다. 이 증기로 전기 터빈을 돌리고 우리가 일상생활에서 사용하는 에너지를 생산한다. 그런데 이런 핵반응에서 생성된 열은 핵연료에서 재빨리 분리시키고 주의해서 관리해야 한다. 그러지 않으면 핵연료가 녹고,

핵연료가 담긴 원자로가 폭발한다. 따라서 핵연료의 열을 식혀주기 위해 그 둘레에 냉각수를 순환시킨다. 냉각을 쉽게 하기 위해 원자력발전소는 항상 물이 많은 곳, 종종 바다 가까이에 짓는다. 그리고 냉각 체계가 중단되지 않도록 여분의 예비 전력을 갖추고 있다.

지진과 쓰나미가 항상 일어나는 일본에서 바다 근처에 원자력발전소를 세울 때에는 발생할 수 있는 최대 규모의 쓰나미를 반드시 고려해야 한다. 1960년대에 후쿠시마 제1원자력발전소를 세울 때 예상한 쓰나미의 최대 높이는 3.3미터였고 이를 바탕으로 원자력발전소를 설계했다.[118] 원자력발전소는 해발고도 11미터에 지었고, 핵연료 냉각에 사용할 바닷물을 끌어올리는 펌프의 엔진은 해발고도 4.3미터에 설치했다. 2002년에는 과거의 쓰나미에 관한 더 상세한 연구를 바탕으로 예상 쓰나미 최대 높이를 7미터로 상향 조정하였고, 침수에 대비해 해수 펌프를 밀봉했다. 나중에 오랜 옛날의 기록을 연구한 결과, 기원후 869년에 지진이 일어났고 규모가 더 큰 쓰나미가 발생했다는 사실이 밝혀졌다. 2011년 지진이 일어났을 무렵에는 더 큰 쓰나미의 가능성을 아직 논의하는 중이었고 어떤 조치를 취할지 합의하지 못한 상태였다. 지진 연구 위원회는 이에 관한 보고서를 4월에 공개할 계획이었다.

후쿠시마 제1원자력발전소는 큰 손상 없이 지진을 견뎠다. 원자로는 설계된 대로 자동으로 멈추었다. 다만 핵반응이 멈춘 후에도 잔류 반응은 계속되어 열을 발생시키므로 반드시 냉각되어야 했다. 지진 때문에 냉각 펌프를 가동하는 전력망이 고장 났지만 예비 전력이 공급되기 시작했다. 대응 체계가 제 역할을 다하고 있는 듯 보였다.

첫 쓰나미의 물결은 지진 후 한 시간 가까이 지난 3시 41분에 후쿠시마에 도달했고, 8분 후 더 큰 물결이 몰려왔다. 9년 전에 엔진을 밀봉한 해수 펌프는 거대한 쓰나미를 이겨냈다. 약점은 예비 전력을 생산하는 발전기에 있었다. 발전기가 너무 낮은 고도에 있어서 13미터 이상의 파도에 완전히 잠겼다. 그 결과, 원자로 여섯 기중 세 기의 냉각 체계가 멈췄다. 냉각 효과가 사라지자 원자로들이 과열되었다. 압력이 높아졌고 핵연료가 녹았다. 원자로가 폭발하는 건 시간문제였다.

지진과 그로 인한 쓰나미는 금요일 오후에 발생했다. 그날 저녁, 일본 정부는 비상사태를 선포하고 후쿠시마 제1원자력발전소에서 반경 3.5킬로미터 이내에 거주하는 주민들을 대피시켰다. 토요일에는 대피 지역이 반경 10킬로미터로 확장되었다. 그랬다가 원자로 1호기의 연료가 녹아 발생한 폭발로 원자로 건물 지붕이 날아가 더 많은 방사능이 유출되었고 대피 지역은 반경 20킬로미터로 넓어졌다.[19] 일요일에는 다른 원자로에서 냉각수 주입 시설이 고장 나서 냉각수 수위가 급격히 낮아지기 시작했다. 당시에는 잘 몰랐지만 원자로 노심원자로에서 연료를 담고 있는 중심부−옮긴이 그날 아침 일찍 손상되기 시작했고 최소한 한 기의 원자로에서 연료의 전부 혹은 대부분이 녹았다. 화요일에는 폭발이 또 발생해서 대피 지역이 반경 35킬로미터로 확장되었다.

후쿠시마 제1 원자력발전소는 지진과 쓰나미까지도 잘 이겨냈지만, 예비 전력 발전기가 아킬레스건이었다. 냉각이 불충분해서 이후 나흘 사이에 원자로 노심이 녹고, 수소가 공기와 만나 화학적 폭발이 일어나고, 세 기의 원자로에서 방사성 물질이 유출되었다. 그 결과, 방사성 물질이 공기 중으로, 주변 바다로 흘러들어 갔다. 이 물질들은 접촉하는 원자를 바꿔놓기에 충분한 에너지를 지닌 이온화 방사선을 방출한다. 이 방사선이 사람에게 닿으면 세포를 변이시켜 태아 기형과 암을 일으키고, 심하게 피폭된 사람은 방사능에 중독되고 죽기에 이른다.

✦

후쿠시마 시내의 사하라의 집은 후쿠시마 제1 원자력발전소에서 약 50킬로미터 떨어져 있었다. 사하라를 비롯한 약 30만 명의 후쿠시마 시민들은 쓰나미가 일어나고 나흘이 지날 때까지 원자력발전소에 문제가 생겼다는 걸 전혀 몰랐다. 정전이 되어 텔레비전을 볼 수 없었고 사하라와 이웃들은 아직 지진과 여진의 피해를 수습하느라 바빴다. 딸의 유치원 졸업식은 연기되었고 전기가 다시 공급되기를 기다리고 있었다. 시민들은 지진으로 흐트러진 집을 청소했다. 찬장에서 바닥으로 떨어진 식료품, 깨진 접시와 유리병 등을 치워야 했다. 해안가에서 피난 온 사람들이 후쿠시마에 도착한 화요일, 사하라와 가족들은 지금 상황이 여느 큰 지진보다 훨씬 심각한 문제라는 사실을 알게 되었다. 집에서 강제로 쫓겨나 (어떤 경우에는 옷 가지만 겨우 챙겨서 등에 지고 온) 후쿠시마로 온 피난민들은 방사 능 피폭 검사를 받았다. 어떤 사람들은 피폭량이 너무 높아서 옷가 지마저 압수되었다.

일본 정부는 처음에는 후쿠시마 원자력발전소 사고를 0~7로 분 류된 국제 원자력 사건 등급International Nuclear Event Scale, INES 중에서 '4등급'으로 지정했다. 참고로 1979년 미국 스리마일섬 원자력발전 소 사고는 5등급이었고, 1986년 소련 체르노빌Chernobyl 원자력발전 소 사고는 유일한 7등급 사고였다. 일본 정부는 원자로가 추가로 폭 발할 가능성이 있다고 경고했지만, 외부로 유출된 방사능이 지금은 인간의 건강에 위험하지 않다고 말했다.[120] 사하라는 "지금은"이라 는 구절에 주목하고 앞으로 어떻게 되려나 걱정했다.

후쿠시마 원자력발전소 사고가 진행되는 걸 지켜보면서 후쿠시 마 시민들은 정부가 말한 것보다 상황이 훨씬 나쁘다는 것을 알게 되었다. 원자로와 사용후핵연료가 계속 과열되어, 처리하지 않은 바 닷물에 담가 식히는 수밖에 없었다. 바닷물은 금속을 부식시키므로 여기저기에 구멍이 생겼다. 더군다나 불이 나서 더 많은 방사능이 유출되었다. 바람이 불어 북서쪽의 후쿠시마를 향해 방사능을 몰고 갔다. 근처의 방사능 수치가 증가했다. 2주 후, 300킬로미터 남쪽의 도쿄 수돗물의 방사능 수치가 유아 안전 기준치의 두 배였다.[121] 3 월 말, 후쿠시마 원자력발전소 바로 옆 바닷물의 방사능 수치는 안 전 기준치의 4385배였다. 사고가 터지고 한 달이나 지나 이렇게 절대적인 증거가 나오고 나서야 일본 정부는 후쿠시마 원자력발전소 사고의 등급을 체르노빌 원자력발전소 사고와 같은 7등급으로 수정했다.

위험 반경이 커지면서 원자력발전소 부근의 작은 마을에 살던 많은 주민이 후쿠시마 시내의 이재민 수용소로 이주했다. 후쿠시마도 위험했다. 대피 지역 바깥에서 가장 방사능 수치가 높은 곳이었다. 하지만 인구 30만 명에다가 몰려든 피난민까지 전부 대피하려면 만만치 않을 것이었다. 정부는 주민들에게 후쿠시마에 머물러도 안전하다고 말했다. 초등학생은 실외에서 노는 것이 금지되었지만, 사고 이후 도시가 재정비되면서 중고등학생은 실외 운동을 계속했다.

그러나 방사성 물질이 계속해서 배출되고 확산되고 있었다. 무거운 편이고 방사능의 대부분을 내보내는 세슘과 요오드가 풀밭과 모래밭에 내려앉았다. 여름이 끝날 무렵, 후쿠시마의 방사능 수치가 너무 높아져서 정부는 도시 내에 겉으로 드러난 모든 흙을 제거하기로 했다. 학교 운동장, 공원, 뒷마당의 흙에서 몇 센티미터 깊이의 겉흙을 긁어모아 커다란 비닐에 넣어 밀봉했다. 이 작업을 마치는데 5년이 걸렸다.

사고 초기에는 정부가 상황이 양호하다고 확언했지만 그 뒤에 정부의 말이 거짓임을 보여주는 사건들이 일어나면서 시민들은 정부를 불신하게 되었다. 사하라는 정보가 부족한 데 분노해 항의 시위에 참여하러 도쿄까지 갔다. 쓰나미 이후 몇 달 동안 최대 20만 명이 거리로 나가 계속되는 원자력발전소의 가동과 후쿠시마 사태에 관한 소통 부재에 대해 항의했다.[122] 원자폭탄으로 도시를 통째로 잃은 유일한 나라인 일본에서는 반핵운동의 역사가 오래되었다. 후쿠시마 원자력발전소 사고로 반핵활동가들은 새롭게 할 일이 생겼다. 그들은 후쿠시마로 가서 복구 작업을 도왔다. 그리고 주민들에게 방사능 정보를 제공하는 '후쿠시마 30년 계획'이 시작되었다. 활동가들은 기부금으로 식품 안전을 평가하는 방사능 검출기와 인체에 흡수된 방사능의 양을 측정하는 전신 방사능 측정기를 샀다. 강의와 실습을 통해 주민들에게 자신과 가족을 방사능으로부터 보호하는 방법을 가르쳤다. 그리고 공원마다 방사능 검출기를 설치하라고 정부에 압력을 넣었다. 지진이 나고 2년 후에 마침내 공원에 검출기가 설치되었다.

사하라는 그들을 돕겠다고 자원했다. 먼저 접수를 담당해 주민들이 필요한 서비스를 받을 수 있게 도왔다. 경력은 없었지만 의미 있는 일을 하고 싶었다. 방사능 측정 일정을 짜고 수강신청을 받았다. 측정 결과 수치가 높은 사람에게는 방사능 노출을 최소화하는 방법을 알려주는 상담이 제공되었다. 수업에서는 이를테면 부모에게 자녀를 풀밭이나 모래밭에서 놀지 못하게 하고 콘크리트 바닥에서 놀게 하라고 교육했다. 시간이 흐르면서 사하라는 점점 더 중요한 역할을 맡았다. 자녀를 보호하려는 후쿠시마 출신의 어머니는 도쿄에서 온 활동가보다 훨씬 효과적인 목소리를 낼 수 있었다. 게다가 사하라는 지역사회를 잘 알고 있었고 사람들에게 무엇이 필요한지 알았다. 그녀는 휴대용 가이거 계수기를 구해서 어린 아이들에게 방

사능 측정법과 놀기에 안전한 장소를 찾는 방법을 가르치는 수업을
열었다. 사하라는 어린이들에게 상황을 이해하고 통제하는 능력을
길러주었다. 그녀는 할 일을 찾았다.

✦

우에노 타쿠야는 오쓰치 주민 대다수처럼 예전 삶의 거의 모든
것을 잃었다. 조상 대대로 물려받았고 어릴 때부터 살았던 바닷가
근처의 집이 흔적도 없이 사라졌다. 정부는 그 지역이 쓰나미 피해
를 입을 위험이 너무 커서 마을을 다시 세울 수 없다고 결정했다.
그가 일하던 공장이 무너져 일자리를 잃었다. 아버지는 돌아가셨고
어머니는 비탄에 빠졌다.

중앙정부가 지원 인력을 보냈지만, 그들과 함께 일할 지방자치단
체가 없었다. 쓰나미로 사망한 이들을 대신해 일할 새 정장과 의원
을 뽑을 수 있을 정도로 마을이 재정비된 것은 8월의 일이었다. 아
무것도 남지 않았을 땐 어떻게 해야 다시 시작할 수 있을까? 우에노
는 재건을 돕고 싶어 하는 사람들과 모임을 만들었다. 그들은 일자
리를 만들 방법을 궁리했다.

외부에서 구호 인력이 도와주러 왔다. 그중에는 응급 전문 간호
사 카미타니 미오神谷未生가 있었다. 카미타니는 2008년 허리케인 아
이크Ike가 텍사스주 갤버스턴Galveston 시내를 물에 잠기게 했을 때
갤버스턴의 병원에서 일했다. 그곳에서 병이 깊어서 대피시킬 수

없는 환자들을 돌보았다. 카미타니는 오쓰치에 심리치료를 하러 갔고, 계속 머무르며 공동체 재건을 도왔다. 우에노와 카미타니는 사랑에 빠져 결혼했다. 그들은 마을의 유일한 주거용 시설인 임시 주택에서 살았다.

오쓰치가 직면했던 큰 어려움 중 하나는 재난의 감정적 충격을 감당하는 것이었다. 사망자 중에서 400명은 시신조차 찾을 수 없이 완전히 사라졌다. 죽은 사람이 많았을 뿐만 아니라, 재난의 정신적 충격으로 인한 슬픔에서 벗어나는 일도 매우 어려웠다. 마을의 모든 사람이 외상 후 스트레스 장애를 겪고 있기에, 그들을 도울 사람이 남아 있지 않았다. 쓰나미가 덮치고 몇 년 후, 마을 사람들은 성스러운 오소레恐산으로 단체 여행을 계획했다. 유황 섞인 암석으로 이루어진 적막한 화산인 오소레산은 불교에서 1000년 넘게 사후세계로 가는 문으로 숭배되었다. 남편과 부인, 자녀와 부모를 잃은 많은 가족이 이 여행에 동참해 고인을 위해 기도하고 애도를 마무리 지으려고 애썼다. 우에노의 어머니 히로는 죽은 남편을 위해 기도하고 슬픔을 내려놓기 위해 이 여행에 참여했다.

앞으로 나아갈 길을 찾던 오쓰치 주민들은 스스로 조직을 만들었고, 그 결과 '우리 마을 오쓰치의 꿈의 광장おらが大槌夢広場'이라는 공식적인 비영리단체가 세워졌다. 이 단체의 목표는 재건을 추진하고, 약해지거나 중단된 지방자치단체의 역할을 보완하고, 지역 산업과 관광업을 활성화하는 것이었다. 그들은 힘들여 이룬 자신들의 사례를 바탕으로 와해되기 직전의 지역사회를 민간단체의 힘으로 어떻

게 되살릴 수 있는지 다른 지역사회에 알려주는 워크샵을 열었다. 우에노와 카미타니는 그렇게 끔찍한 재난을 계기로 둘이 만나서 새 삶을 살 수 있었다는 사실에 대해 지금도 생각에 잠기곤 한다.

카미타니는 이 대참사에서 새로운 깨달음을 얻었다. 그녀가 목격한 대재난에 관해 다른 이들에게 나누어주고 싶은 메시지가 있느냐고 묻자 그녀는 이렇게 말했다. "살아 있는 날이면 날마다 사랑하는 이들을 사랑하고 감사하고 소중히 여기라고 말하고 싶어요. … 진부하게 들리겠지만 참 많은 사람이 더 이상 하고 싶어도 할 수 없고 가장 아쉬워하는 일이거든요. … 우리 마을을 비롯한 재난 지역은 재난 방지, 준비성, 재건 측면에서 자주 언급되지만, 제 생각에 우리는 '사랑'을 말하기에 적합한 사람들이기도 합니다. 우리 중 많은 사람이 사랑이 무엇인가에 대한 자신만의 정의를 찾았거든요."

카미타니는 또한 사람들에게 "당신에게 스스로 결정할 힘과 능력이 있다고 믿으세요"라고 권했다. 2011년에 수많은 일본인이 정부 기관에 의존했지만 정부는 국민의 안전을 보장하는 데 실패했다고 그는 말했다. "사람들이 자신의 목숨이 걸린 결정을 내리는 주체가 경보 체계가 아니라 자기 자신임을 아는 것이 매우 중요하다고 생각합니다."

✦

도쿄의 이시모토 메구미는 후쿠시마 원자력발전소 사고의 영향을 간접적으로 느꼈다. 모든 원자력발전소 가동이 중지되어 전국에서 전기가 부족했다. 이시모토는 오랫동안 전기, 전등, 난방 없이 출근했다. 그는 다른 사람들이 더 힘들다는 것을 알고 있었고 그들을 돕고 싶었다. 하지만 그 시점에는 자원봉사 조직이 별로 없었다. 이시모토는 친구들과 함께 쓰나미로 심한 피해를 입은 마을 중 하나인 이시노마키石卷로 가서 잔해를 치우는 작업에 참여했다.

이 일은 이시모토에게 인생의 전환점이었다. 이시모토는 도쿄로 돌아가 직장을 그만두고, 재난이 일어나기 전부터 하고 싶었던 인도주의 활동에 참여할 기회를 찾기 시작했다. 5월 초, 그는 도호쿠의 바닷가 마을 미나미산리쿠로 갔다. 일본 전역에서 수만 명의 자원봉사자가 도호쿠로 갔고, 여러 단체가 본부를 세우고 중앙정부, 지방자치단체와 연계해 활동했다. 대다수 자원봉사자는 잔해를 치우는 육체노동을 하고 싶어 했다. 그러면서 지역 주민들과 교류할 수 있었기 때문이다.

이시모토는 미나미산리쿠의 시설에 도착했을 때, 필요한 일이면 뭐든지 하겠다고 나섰다. 그들은 이시모토가 비서 경력이 있었으므로 주목을 덜 받는 사무 업무를 맡아 팀을 조직하고 자원봉사자 지원 활동을 관리해 달라고 부탁했다. 원래 1주일 머무를 예정이었는데, 같이 일한 사람들이 더 오래 있어달라고 간청했다. 그래서 1~3개월 더 머무르기로 했다. 지방자치단체는 이재민 수용소의 여성을 지원하는 자원봉사자 팀을 꾸려달라고 요청했고, 이시모토는 이 일을 맡았다.

공무원과 이 지역 출신 여성과 함께 이시모토는 이재민 수용소를 방문했다. 처음에 그들이 한 일의 대부분은 이재민 여성들에게 가장 필요한 것이 무엇인지 경청하는 것이었다. 그들과 대화한 여성들은 자기 자신보다 가족을 위해 살고 조용히 지내라고 교육받으며 자랐다. 수용소 생활이 불편해서 강제로 집을 떠난 아픔이 악화되는 상황에서도 이들 여성은 항의할 생각을 하지 못했다. 따라서 이시모토의 첫 과제는 이 전통적인 여성들이 자유롭게 말할 수 있는 환경을 제공하는 것이었다. 그는 뜨개질 모임을 만들어 사람들이 모일 구실을 만들었다. 처음 몇 번의 모임은 매우 조용했다. 시간이 흐르자 여성들은 말을 하기 시작했다. 비좁은 장소에서 생활하는 어려움에 대해 말했고, 그리고 어린 자녀들이 시끄럽다고 남자 어른들이 화를 낸다는 이야기를 했다. 수용소의 남자 물품 관리인이 생리대를 하나씩 손으로 집어 나누어준 일, 그리고 하루에도 몇 번씩 그 남자와 개인적인 생리 현상을 논의해야 하는 창피함에 대해 말했다. 몇몇은 망설이면서 수용소에서 일어난 성폭행에 대해 이야기했다.

이런 대화를 들으면서 이시모토는 가장 약한 피해자인 아기와 노인들을 도우려면, 그들을 주로 돌보는 성인 여성들의 안전과 삶의 질을 보장해야 한다는 사실을 깨달았다. 그리고 이재민 수용소에서 임시 주택으로 이주한 가족들이 아직 도움이 필요한데도 이재민 수용소에 위치한 담당 부서와 연락이 끊어지고 있다는 사실도 알아차렸다.

이런 공백에 주목한 이시모토는 별도로 폭넓은 대상을 관리하는 여성지원단체를 세우기로 했다. 자금 없이 시작했지만 이시모토는 각종 사립재단에서 후원을 받아냈고 점차 정부 지원도 받았다. 처음에는 임시 주택에 살거나 쓰나미 피해를 입은 여성을 지원하는 시설이었다. 그들과 대화를 나누고 행정적 문제가 생겼을 때 도와주었다. 이시모토가 세운 단체는 5년 사이에 워먼즈아이Women's Eye라는 비영리단체로 발전했고 도호쿠 지방에서 가정과 공동체를 재건하는 여성들을 지원하는 데 주력했다.

워먼즈아이 회원들은 도호쿠 지방을 되살리는 사업체와 비영리단체를 세운 여성 사업가들이다. 사하라, 카미타니, 현대적 분만 시설을 막 개원한 조산사, 사진작가, 김 가공공장 주인 등이 이곳 회원이다. 여성의 눈은 회원들의 교류를 촉진해 그들이 혼자가 아님을 깨닫게 하고, 사업과 리더쉽 관련 교육을 제공한다.

워먼즈아이는 또한 전국적인 규모의 단체인 남녀공동참여재해부흥네트워크男女共同参画と災害·復興ネットワーク와 연계되어 있다. 이 단체를 이끄는 도모토 아키코堂本暁子는 지바千葉현 최초의 여성 현지사였다. 도모토는 재난에 대응할 때 여성에게 발생하는 현실적인 문제를 처리하면서, 재난이 드러내는 근본적인 성불평등 쟁점들에도 주목한다.

센다이의 캐나다인 학자 재키 스틸은 지진으로 인해 생후 6개월 딸을 데리고 집을 떠나야 했다. 난방과 수도 시설이 없는 곳에서 아기를 어떻게 안전하게 돌봐야 할지 알 수 없었다. 사하라와 달리 스틸은 후쿠시마 원자력발전소 사고가 진행되는 동안 사고 소식을 들을 수 있었고, 스틸의 집은 후쿠시마 제1원자력발전소에서 바람이 불어오는 방향에 있었다. 아기들이 가장 위험하다는 사실을 그는 알고 있었다. 부모와 친구들은 캐나다로 돌아오라고 애원했지만, 그렇게 하면 센다이에서 맺은 인간관계, 그리고 거의 끝나가고 있던 2년 간의 정치학 박사 후 연구과정을 저버리는 셈이었다. 하지만 몹시 추운 이틀 밤을 보내고 나니 어딘가로 가는 수밖에 없었다. 다행히 자동차 연료가 절반 남아 있어서 운전해서 멀리 갈 수 있었다. 스틸은 원자력발전소 사고 현장에서 멀리 떨어진 나가노長野의 친구들 집에 머물렀다.

스틸은 결국 센다이를 떠났지만 일본을 떠나지는 않았다. 3월 11일 이전에 스틸의 연구 주제는 다양성과 여성의 정치적 시민권이었다. 그런데 지진을 겪고 재난 대응 및 복구를 관찰한 경험을 바탕으로 스틸은 자연재해가 일어난 위기 상황에서 정부가 기능하는 방식에 관심이 생겼다. 대처 과정에서 여성이 어떤 취급을 받는지에 특히 주목했다. 그러다가 도모토의 남녀공동참여재해부흥네트워크, 이시모토의 비영리단체 워먼즈아이를 알게 되었다.

스틸은 이제 도쿄대학 정치학과 부교수가 되었고, 도호쿠 지방을 방문해 주민들이 새로운 활동을 해나가는 모습을 연구한다. 이 여성들은 그저 가족을 돌보는 어머니로만 머물지 않는다. 그들은 지역사회의 중요한 일원으로 공동체의 생명을 되살리고 여성을 위한 새롭고 덜 배타적인 미래를 만들고 있다.

✦

    2017년 봄, 나는 사하라와 하루를 보내면서 그가 후쿠시마 주민들에게 방사능 데이터를 제공하고, 위험을 알려주고, 교육을 하는 모습을 살펴보았다. 그때 사하라는 후쿠시마 30년 계획을 운영하는 주체가 되어 있었다. 6년 전 주부로서의 삶은 멀게만 느껴졌다. 사하라에게는 30년 계획을 꾸준히 추진하려는 의지가 있었다. 복구 작업의 어려운 점 중 하나는 인간의 집중력이 흐려진다는 사실임을 사하라는 잘 알고 있다. 필연적으로 다른 자연재해, 다른 위기, 다른 필요에 세상의 관심이 쏠릴 것이다. 그러나 도호쿠 지방 사람들에게 복구 작업은 여전히 진행 중이다. 몇 년이 지났는데도 많은 주민이 지금도 임시 주택에서 살고 있다. 후쿠시마 제1 원자력발전소 주변 지역에는 아직 사람이 살 수 없다. 오쓰치는 파괴된 정청사 건물을 기념물로 보존할지, 주민들이 새 삶으로 나아갈 수 있게 철거할지 결정하기 위해 아직 의논하는 중이다. 복구는 괴로울 정도로 오래 걸릴 수 있다.

    사하라와 헤어지기 전에 나는 그에게 세상 사람들과 가장 나누고 싶은 이야기를 딱 하나만 들려달라고 말했다. 사하라는 20년 뒤에 과거를 되돌아보면서 자신과 동료들이 어린이들의 안전을 위해 필요 이상으로 많은 일을 했다고 안심할 수 있기를 바란다고 말했다. 그들의 노력이 부족했다는 사실을 깨닫는 건 너무나 끔찍할 것이기 때문이다.

CHAPTER12

미래의
재난에
대비하기

머지않은 미래, 미국
샌앤드리어스단층 지진

✦

"시간이 흐를수록 다들 부러워하던
미국의 물리적, 경제적, 사회적 상황은 점차 자연재해와
기술적 재해에 취약해지고 있다. …
미국은 지금까지, 그리고 지금도 점점 더
참혹한 미래의 재난을 스스로 만들고 있다."
데니스 밀레티, 《계획된 재난》중에서

로스앤젤레스는 지진 덕분에 존재하는 도시이다. 무척 건조한 미국 남서부에 위치한 로스앤젤레스는 도시를 둘러싼 산들이 없었다면 사람이 살 수 없는 사막으로 남을 수도 있었다. 활성 단층들이 밀어올려 생긴 산들은 바다에서 온 구름에서 비가 내리게 한다. 이 단층들은 또한 지하수를 가둔다. 초기 정착민들은 그 덕분에 생긴 샘에서 물을 대서 농사를 지었다. 20세기 초 석유가 발견되면서 로스앤젤레스는 현대적인 도시로 번창하기 시작했다. 석유 역시 단층 때문에 고인 것이었다. 석유가 가장 많이 매장된 곳은 롱비치와 웨스트사이드Westside를 통과하는 뉴포트-잉글우드Newport-Inglewood 단층 근처이다.

단층은 로스앤젤레스를 존재할 수 있게 하지만, 언제라도 지진을 일으킬 수 있는 위험한 자산이기도 하다. 뉴포트-잉글우드 단층은 1933년 규모 6.3의 지진을 일으켜 700개 이상의 학교를 손상시켰고 이를 계기로 미국 최초의 지진 관련 안전법이 제정되었다. 필드법Field Act은 공립학교 건물의 엄격한 건설 기준을 의무화했다. 이는 최초의 내진 설계 규정이었다. 1971년 샌퍼낸도San Fernando 지진으로 수십 년 된 건물뿐 아니라 최근에 지은 신식 건물까지 무너지자(특히 올리브뷰Olive View병원의 새 정신병동 건물), 내진 규정을 대폭 수정했다. 1994년 노스리지 지진으로 고가 고속도로 두 개가 무너지자, 캘리포니아주의 고속도로가 안전하지 않다는 인식이 퍼졌고 캘리포니아주 교통과는 100억 달러의 예산을 들여 고속도로를 전반적으로 보강하기로 했다.

1933년, 1971년, 1994년 세 번의 지진은 우리에게 모순된 신념을 심어주었다. 우리는 반드시 지진에 견디고 대처할 준비가 적절히 되어 있어야 한다고 인식하고 대비하게 되었다. 하지만 동시에 우리가 지진에 대처할 줄 안다고 착각하게 되었고, 이를 간과해서는 안 된다. 로스앤젤레스는 세 번의 지진에 적절히 대응했고 매번 잘 이겨냈다. 1933년에 700개의 학교가 무너졌을 때 학생들은 2년 동안 텐트로 만든 임시 학교에 등교했지만, 결국 모든 학교를 더 견고하게 다시 지었다. 1971년에는 화재가 110건이나 났지만 잘 싸워냈다. 댐 하나가 물이 거의 넘쳐 마을이 물에 잠길 위기에 놓였는데, 8만 명의 주민이 모두 대피했고 다행히 때맞춰 수위가 내려가서 범람하지 않았다.[123] 1994년, 로스앤젤레스 전체가 정전되었다가 24시간 후 전력 공급이 복구되었다. 지진이 날 때마다 안전 법규가 추가되었고 학교, 병원, 고속도로의 경우 더 엄격한 내진 규정이 적용되었다. 그래서 지진이 날 때마다 우리는 지진을 관리할 능력이 있고 로스앤젤레스가 그리 위험하지 않다고 생각하게 되었다.

하지만 여기에는 두 개의 위험한 문제가 있다. 첫째, 지진에 대한 대응으로 시작된 사업은 언제나 대중의 분노를 가라앉히기 위해 계획되었고, 시 예산을 너무 많이 쓰지 않도록 애썼다. 지진에 관한 법 하나를 제정할 때 동시에 제안된 수많은 다른 법도 그만큼 중요했지만, 비용이 너무 많이 드는 경우에는 제정할 수 없었다. 예방을 위한 활동보다는 직접적인 대응이 가장 쉬웠다. 대중은 인력과 장비를 넉넉히 갖춘 소방서를 환영한다. 하지만 건물 주인에게 내진 기준에 못 미치는 건물을 보수하라고 요구하긴 어렵다. 결정에 책임을 지는 것은 건물 주인이다. 그렇다면 위험 확률이 어떻든 건물 주인 스스로 결정해야 할까?

여기서 자연스럽게 두 번째 문제로 넘어갈 수 있다. 바로 이 세 지진(각각 1933년, 1971년, 1994년의 지진)은 그렇게 큰 지진이 아니었다는 사실이다. 물론 피해액(각 5천만 달러, 5억 달러, 400억 달러)과 사망자 수(각 115명, 64명, 57명)를 고려하면 대규모 지진처럼 보인다. 그러나 이들의 규모(각 6.3, 6.6, 6.7)를 보면, 수십 킬로미터의 비교적 짧은 단층이 일으킨 지진이었다. 나와 동료들이 만든 샌앤드리어스단층 지진 모형에 한참 못 미친다. 이 지진들은 대재난이 아니었다.

진짜 대재난이랄 수 있는 지진이 일어나면, 개인의 선택이 많은 사람에게 영향을 미친다. 지진 직후 도쿄를 휩쓴 화재는 그것이 시작된 건물에 국한되지 않았다. 제방의 구멍에서 쏟아져 나온 물은 행정구역의 경계가 어디든 상관없이 흐른다. 대재난은 사회에 충격을 주는 데 그치지 않고 사회를 완전히 바꿔놓는다. 1860년대 캘리포니아주 홍수처럼 지역의 핵심 산업을 파괴할 수 있다. 라키산 분화 후의 아이슬란드처럼 국민 모두가 이재민이 될 수도 있다. 18세기 포르투갈에서 그랬듯이 경제를 수십 년 퇴보시킬 수 있다. 정치가들의 운명을 좌지우지할 수도 있다. 대재난에 대비하는 일은 제법 큰 재난에 대비하는 일과 아예 차원이 다르다.

2013년부터 로스앤젤레스시 시장을 맡고 있는 에릭 가세티Eric Garcetti는 전형적인 로스앤젤레스 사람이다. 로스앤젤레스는 이민자들의 도시이고, 가세티의 핏줄에는 수많은 나라와 문화가 섞여 있다. 그의 이탈리아인 선조는 멕시코에 정착했다. 멕시코혁명 당시 증조부가 살해된 후 가족은 아기였던 할아버지를 데리고 캘리포니아로 이주했다. 가세티의 어머니는 러시아 출신 이민자였다. 덕분에 가세티는 로스앤젤레스의 첫 번째 유대인 시장이자 두 번째 라틴아메리카계 시장이었다. 그는 1971년 샌퍼낸도 지진을 일으킨 단층과 가까운 샌퍼낸도밸리에서 지진이 나기 5일 전에 자신이 태어났다는 이야기를 자주 한다. 아마도 지진에 대처하는 일이 자신의 운명임을 강조하려는 것 같다.

가세티를 아는 친구이자 동료의 권고로 나는 가세티가 시장으로 취임하고 몇 달 후에 그를 만났다. 솔직히 시간 낭비가 아닐까 의심하면서 갔다. 나는 과학 지식을 구체화해서 보여주면 사람들이 자신의 힘으로 결과를 바꿀 수 있음을 깨닫고 예방 활동에 뛰어들기를 기대하며 6년 전 셰이크아웃 시나리오 연구를 이끌었다. 셰이크아웃 시나리오는 많은 관심을 받고 널리 읽혔으며 많은 정부기관이 대규모 지진 대처 계획을 세우는 데 활용되었다. 그러나 내가 생각했던 방식으로 예방 활동에 이용되지는 않고 있었다. 사람들은 자연재해로 인한 피해 가능성을 이해하는 수준에 머물렀고, 자신들의 행동으로 피해를 막을 수 있다는 생각을 하지는 못했다.

그래도 한 줄기 희망이 있었다. 샌프란시스코에서 천천히 진행되고 있던 어느 프로젝트가 그것이었다. 샌프란시스코의 공학자와 과학자들이 10년 간 추진한 결과, 지진 발생 시 피해를 줄이기 위해 시정부가 취할 수 있는 조치들을 정리한 '지진 안전을 위한 행동 계획Community Action Plan for Seismic Safety'이 마침내 만들어졌다. 이를 염두에 두고 나는 샌프란시스코의 프로젝트에 관해 알리고 도시 간 경쟁심을 부추겨보겠다는 생각으로 가세티 시장과의 미팅을 요청했다.

나중에 가세티는 나와의 미팅이 유쾌하면서도 공포스러웠다고 말했다. 그는 시장 업무가 아직 손에 익지 않은 상태였다. 그는 6년 동안 시의회 의장이었다가 시장이 되는 걸 소형차를 타다가 중형차로 바꾸는 것과 비슷할 거라 생각했다고 한다. 더 유용한 도구들을 이용할 수 있는 비슷한 직위일 거라고 말이다. 그런데 현실은 소형차 대신 트레일러트럭을 몰게 된 것에 가까웠다고 한다. 그는 시장의 책임의 무엇무엇인지 여전히 파악하는 중이었다. 그때 내가 찾아와서 어느 시점인지 알 수 없지만 미래에 어떤 일이 벌어질지 분명하고 확실하게 말해주었다. 누가 봐도 소화할 내용이 너무 많았다. 내가 그를 트럭에서 끌어내 항공기 조종석에 앉힌 셈이었다. 정부의 가장 기본적인 역할은 주민의 안전을 확보하는 일이다. 가세티와 만났을 때 나는 그에게 주민의 안전을 보장하지 못할 수도 있다고 말했다.

하지만 그는 미팅을 중단하지 않았다. 우리는 계속 대화했다. 가세티는 선거로 선출된 공무원이었지만 내가 기대했던 것보다 더 과학자처럼 사고했다. 데이터와 현재 진행되는 작업의 정량적 평가를 중시했다. 시장으로서 그가 추진한 주요 계획 중 하나는 시의 데이터를 공개하는 것이었다. 데이터를 공유하는 것만이 상황을 개선하는 확실한 길임을 인정했던 것이다. "필요하면 창피함도 감수하겠습니다"라고 그는 덧붙였다.

로스앤젤레스에서 나고 자란 우리는 서로를 이해했고, 원하는 바도 같았다. 바로 로스앤젤레스가 지진을 견뎌내는 것이었다. 그래서 우리는 유례없는 일을 시도했다. 내가 소속된 연방정부기관인 미국 지질조사국과 로스앤젤레스시는 협약을 맺었고, 나는 1년 동안 시청에서 직원들과 함께 도시의 가장 시급한 지진 문제의 해결책을 찾기로 했다. 그리고 한쪽의 힘만으로 도달할 수 없는 해결책을 찾기 위해 협력한다는 공식 성명을 거창하게 발표했다.

그 뒤에 경계가 허물어졌다. 나에게는 이 일이 대재난이 닥쳤을 때 어느 데이터가 도시에 가장 의미 있는지와 더불어, 어떤 정보가 시민들의 마음을 열고 그들을 행동하게 하는지를 파악하는 1년짜리 실험이었다. 정책 입안자들에게는 기술적 측면에 몰두해 보는 실험이었다. 공학 기술자들이 시청에 왔고, 시청 직원들은 수도국을 방문했다.

나는 재난 예방의 정치적 현실에 관한 첫 교훈을 아주 초기에, 사실은 일을 아예 시작하기도 전에 얻었다. 나를 시청에 배치한 미국

지질조사국과 로스앤젤레스시 사이의 협약은 1년 안에 해결할 문제를 명시하라고 요구했다. 시에서는 내가 생각했던 포괄적인 지진 대비 계획 대신 지진에 취약한 오래된 건물을 보강하고, 로스앤젤레스의 수도망을 보호하고, 통신망을 강화하는 세 가지 구체적 문제를 해결하길 원했다. 이것들은 물론 중요한 문제들이었다. 하지만 이것 말고도 문제가 많았다. 그때 나는 큰 목표를 추구하는 것뿐만 아니라, 확실하고 구체적인 성과를 보여주는 일이 얼마나 중요한지 깨달았다. 성과가 있어야만 프로젝트를 끝까지 밀고 나가기 위한 정치적 지지를 얻을 수 있었다.

그리고 적당히 감정적으로 호소할 필요도 있었다. 셰이크아웃 시나리오는 수십 년의 연구 결과를 종합한 것이었지만, 행동을 불러일으키려면 샌앤드리어스단층 지진을 생생한 현실로 느끼게 해줄 이야기가 필요했다. 2008년에 셰이크아웃 시나리오를 발표했을 때 우리는 일종의 시놉시스 역할을 할 짧은 동영상과 그것을 글로 옮긴 버전을 준비했다.[124] (과학 논문보다는 쉽게 읽히기를 바랐다.) 우리가 만든 이야기는 지진이 일어나기 10분 전에 시작되어 6개월 후에 끝났다.[125] 시장이 제시한 목표들을 달성하기 위해 나는 둘 모두에 크게 의존했다.

우리는 자신도 모르게 이 이야기에 등장하게 될 사람들, 많은 것을 잃게 될 사람들에게 직접 다가가기로 했다. 나는 10개월 동안 130번의 공청회를 열고 주관했다. 건설공무원, 건물 주인, 구조기술자, 토목기사, 아파트 주인과 세입자, 도시계획자와 도시개발자 등과 만났다. 우리가 구성한 지진 이야기를 전달하는 한편 상대의 반응, 아이디어, 해결책을 경청했다. 최종 제안서의 많은 세부 사항이 공청회에 참석했고 우리 계획에 영향을 받을 시민들로부터 나왔다. 그들은 가치 있는 아이디어들을 제시했고, 계획이 성공하기를 바라게 되었다.

내가 배운 또 하나의 사실은 확률에 관한 논의를 무조건 피해야 한다는 것이었다. 지진이 언제 닥치는가의 문제는 피할 수 없지만, 두려움을 유발하면 문제를 회피하고픈 마음이 든다. 미래의 지진 발생 시점은 불확실한 확률로 나타난다. 과학자로서 나는 불확실성이 얼마나 중요한지 안다. 동료 과학자들에게 내 연구 결과가 옳다고 설득하려면 불확실성도 분석하고 고려했다는 것을 입증해야 한다. 그러나 정책 입안자는 '언제'가 아니라 '무엇'에 집중해야 한다. 정책은 지진이 언제 일어날지에 영향을 줄 순 없지만, 지진으로 인한 피해의 정도를 크게 좌우할 수 있다. 나는 대재난이 일어날 확률이 높고 제법 가까운 미래에 일어날 것이므로 대비할 가치가 있다고만 강조했다.

나는 일부러 생명의 위협이 아니라 경제적 피해를 강조했다. 역시 사람들의 공포심을 자극하지 않기 위해서였다. 지진이 일어나기 전이든 후든 어차피 막대한 비용을 치러야 하는데, 일어나기 전에 그 비용을 써서 손상을 피하는 편이 낫지 않겠느냐고 말했다. 또한 누군가가 대비하지 않기로 결정하면 그 지역의 다른 사람들까지 피해를 입을 가능성이 높아진다는 사실에 초점을 맞추었다. 지진이 일어나면 소수의 취약한 부분이 다수에게 영향을 미친다.

사람들은 우리 메시지를 받아들였다. 가세티 시장은 2014년 말에 우리의 계획, '계획된 회복 탄력성Resilience by Design'을 공표했다. 내가 시청에서 1년 동안 한 일의 결실인 이 계획에는 세 가지 우선 과제를 해결하기 위해 시청 직원 스무 명과 함께 작성한 열여덟 가지 권고 사항이 들어 있다. 모든 문제를 해결하지는 못했지만, 캘리포니아주에서 지진 대비와 관련해 내딛은 가장 커다란 발걸음이었다.

이 계획은 시장이 주도한 것이었다. 어떤 내용을 담을지 그가 최종적으로 결정했다. 우리는 긴밀하게 협력했지만, 나는 과학과 정책을 분리하는 일이 얼마나 중요한지 알게 되었다. 과학자가 정책을 짠다면, 반대로 정치인도 과학에 간섭하게 된다. 그 대신 정치인이 합리적 결정을 내릴 수 있도록 과학자가 정보를 제공하면, 협동의 결과물을 더 강력하게 밀어줄 든든한 지지자들이 생긴다.

이 계획의 몇몇 측면을 시행하는 일은 온전히 시장에게 달려 있었다. 시장은 지방자치단체에서 관리하는 수도망을 보호하는 데 광범위한 접근법을 택했다. 수도망이 지진에 더 잘 견딜 수 있도록 새로운 프로젝트들을 검토하기로 한 것이다. 오래된 목제 터널로 샌앤드리어스단층을 가로질러 시에라네바다산맥으로부터 물을 끌어오는, 1908년에 건설된 낡은 상수도를 보호하기 위한 공사가 시행되었다. 그리고 수돗물을 가정과 기업에 공급할 때 내진 설계가 된 관을 쓰기로 했다. 다섯 개의 시험 프로젝트로 내진 배관이 설치되었다. 수도국은 소방국과 함께 지진을 견딜 수 있는 응급 소방용수

저장소를 만들고 있다. 휴대전화 기지국의 네 시간짜리 예비 전력이 소진될 경우를 위한 대비책으로 태양열발전에 기반해 도시 전역을 아우르는 와이파이 구축 계획도 진전되고 있다.

제안된 안건 중 다수가 시의회의 결정을 필요로 했다. 두 유형의 부실한 건물의 내진 설계를 보강하고, 이를 위한 대출 상품을 만들고, 앞으로 지을 휴대전화 기지국의 내진 규정을 강화하는 여러 조례가 제안되었다. 1년 가까이 협상이 이어지다 2015년 10월, 조례들이 시의회에서 만장일치로 통과되었다. 평소 같으면 극심하게 반대했을 많은 건물주 단체가 이 조례를 만드는 절차에 참여했다. 그들은 조례 통과를 발표하는 시장을 지지했다. 건물을 보수하는 비용은 건물 주인이 감당해야 했지만, 우리는 건물을 보수하지 않으면 더 많은 돈을 잃는다고 그들을 설득했다. 더욱 뜻깊은 사실은, 건물 주인들이 이웃이 건물을 보강하지 않았을 때 자신들도 피해를 입는다는 사실을 이해하게 된 것이다. 모두가 각자의 역할을 다해야만 하고, 수도망을 개선하고 시 소유의 건물을 보강하는 데 드는 비용은 시에서 지출한다는 사실이 알려지자 비용을 함께 나누어 부담한다는 인식이 생겼다. 앞으로 7~25년 사이에 거의 2만 채의 건물이 내진 규정에 맞게 보강될 것이다.

진짜 대재난이 왔을 때, 우리가 함께 세워둔 대비책 덕분에 많은 사람의 생명을 구할 수 있게 되었다. 이 사실은 나에게 언제나 경이롭게 느껴진다. 과학자가 자신의 연구 성과를 이토록 구체적으로 목격하게 되는 경우는 드물다. 놀랍게도 가세티 시장도 같은 생각이었다. 그는 나에게 이렇게 말했다. "정책을 만드는 사람으로써 제게 매우 뿌듯한 경험입니다. 우리는 엄청나게 복잡하고 비용이 많이 드는 일을 별다른 반대 없이, 그리고 정부가 하는 일치고는 아주 빠르게 해냈습니다."

지역 주간지인 《로스앤젤레스 다운타운 뉴스Los Angeles Downtown News》는 사설에서 이런 계획의 정치적 어려움을 언급했다. "몇 년 안에 대재난이 일어난다면, 가세티가 추진한 정책이 효과를 보기엔 시간이 모자랄 것이다. 만약 가세티가 임기를 마친 후에 대규모 지진이 일어났는데 잘 대비한 덕에 로스앤젤레스의 피해가 적다면, 가세티에게 공이 돌아가지 않을 것이다. 이로 미루어보면, 가세티는 지진 대비가 로스앤젤레스를 위해 반드시 해야 하는 일이기 때문에 열중하고 있는 것이다."¹²⁶

그들의 말이 옳다. 그런데 예측 불가한 묘한 정치적 상황 속에서 가세티 시장은 결국 지진 계획 덕분에 많은 이득을 보았다. 언론은 이구동성으로 이 계획을 칭찬했다. 그리고 지진 대비가 가세티 시장이 첫 임기 동안 한 유일한 활동은 아니었지만, 81퍼센트의 표를 얻으며 재선에 성공했다. 다른 지방자치단체 수장들도 자극을 받았다. 남부캘리포니아지방자치단체연합Southern California Association of Governments은 여기 소속된 191개 도시들이 지진 대비 계획을 마련하도록 지원하고 있다. 로스앤젤레스가 강제 내진 보강 조례를 통과시키고 2년이 되지 않아 샌타모니카Santa Monica와 웨스트헐리우드West Hollywood가 뒤따라 비슷한 조례를 통과시켰다. 2017년 푸에

블라Puebla 지진으로 멕시코시티Mexico City의 많은 건물이 무너지자, 《로스앤젤레스 타임스》는 독자들에게 가세티 시장의 용기 있는 행동력을 상기시키며 더 많은 도시들이 동참하기를 권했다. 이제는 남부 캘리포니아의 서른 곳이 넘는 도시가 지진 대비 프로그램을 운영하고 있다.

✦

남부 캘리포니아의 이런 조치, 미국 전역의 많은 도시에서 내진 규정 전문가를 고용하려는 움직임(그들 중 다수가 록펠러 재단의 '100개 내진 도시' 계획의 예산을 배정받았다), 유엔의 전 지구적 재해 위험 감소 운동의 목적은 모두 재난의 위험을 더 널리 인식하게 하는 데 있다. 지난 10년 간 전 세계 곳곳에서 이런 움직임이 일어났다. 그러는 가운데 인간의 기억보다 훨씬 긴 세월 동안 일어나는 현상을 파악할 수 있게 해주는 우리의 과학 지식에 힘입어 인간의 뿌리 깊은 편향을 극복하고 있다.

인류 문명은 먼 옛날부터 지금까지 자연재해를 모르는 영역, 예측 불가능한 영역으로 여기며 공포에 떨었다. 자연재해에서 규칙성을 찾으려 했고, 문화적으로 적합한 설명을 만들어냈다. 신들의 싸움, 신의 복수, 하늘의 균형 회복 등의 설명을 통해 사건에 의미를 부여했다.

인간의 철학과 윤리 체계가 정교해지면서 우리는 이런 관점들의 논리적 모순 앞에서 고심했다. 모두를 사랑하는 신이 왜 우리 중에서 가장 죄 없는 자들을 죽인 것일까? 아내가 바람을 피워 분노한 신이 난동을 부려 화산이 터졌다는 설명은 더 이상 충분하지 않았다. 그래서 인간은 자연을 설명하고 이 사건들의 맥락을 파악하기 위해 과학에 의지하기 시작했다. 오늘날에는 자연재해가 지구의 자연적인 변동 때문에 일어난다는 관점이 지배적이다.

자연에 대한 인간의 이해가 깊어지면서, 자연과 상호작용하는 인공적인 체계를 더 잘 설계하면 자연재해의 여러 피해를 줄이거나 막을 수 있게 되었다. 더 체계적인 범람원 관리, 강풍이나 지진을 견디는 건물, 허리케인과 쓰나미에 대한 경보는 생명을 보호하고 사회가 재난으로부터 회복하는 능력을 길러준다. 그러나 도시계획자와 건설공무원의 말에 귀 기울이는 건 소방관을 지원하는 것보다 훨씬 힘들다. 자연재해 대처에 초점을 맞추는 경향 때문이다. 다행히 이런 경향은 달라지기 시작했다. 2005년 허리케인 카트리나 직후의 뉴스는 사회질서 붕괴를 강조한 반면에, 2017년 휴스턴을 강타한 허리케인 하비에 관한 뉴스는 곧바로 휴스턴에 토지 이용을 제한하는 법이 없어서 피해가 커졌다는 주제에 집중되었다.

그런데 최근의 가장 큰 변화는 인간이 편협한 지역주의적 관점에서 벗어난 것이다. 처음으로 한 곳에서 일어난 자연재해가 지구 반대쪽에 사는 사람들에게 동기를 부여했다. 통신의 발달로 타인의 고통을 직접 경험할 수 있게 되었고 피해자와의 공감이 깊어졌다. 인간이 마주한 마지막 시험은 피해자가 어디에 있든지 자신과 동일시하는 것이다. 철학자 피터 싱어Peter Singer는 《사회생물학과 윤리The Expanding Circle》에서 인간이 '우리'의 정의에 포함시키는 영역이 점차 확장하는 과정이 바로 인간 윤리의 진화라고 서술했다. 자기에서 시작해 가족, 부족, 국가, 종국에는 인류 전체까지, 인간은 공정한 대우를 받아야 마땅한 집단의 정의를 넓혀가고 있다.

2017년 여름, 세 개의 허리케인(하비, 어마, 마리아Maria)이 미국에 왔다. 셋 다 극심한 피해를 일으킨 자연재해였지만, 제각기 달랐다. 허리케인 하비는 미국에서 단일한 열대저기압으로는 사상 최대 강우량을 기록했고 주로 침수 피해를 일으켰다. 텍사스주 네덜랜드 Nederland와 그로브스Groves 두 곳에 150센티미터 이상의 비가 내렸다. 10만 채 이상의 집이 손상되거나 파괴되었고, 대다수가 홍수 보험에 들지 않은 상태였다.

2주 후에 허리케인 어마가 플로리다주에 다가갔다. 규모가 어마어마하게 커서 플로리다주 전역에 큰비가 내리고 강풍이 불어댔다. 모든 플로리다주 주민에게 허리케인에 대비하라는 지시를 돌리느라 허리케인의 눈 근처에서 바람이 특히 강력하다는 사실에 주목하지 못했다. 그래서 허리케인의 눈이 지나간 몇몇 장소는 훨씬 큰 피해를 입었다. 비록 피해가 제법 컸지만, 결과적으로 플로리다는 운이 좋았다. 허리케인의 눈은 서쪽 해안을 스치고 지나갔고 가장 극심한 강풍은 인구밀도가 높은 곳을 피해갔다. 물론 플로리다주 주민, 특히 집을 잃은 많은 이재민들은 운이 좋았다는 생각이 들지 않았을 것이다. 하지만 해안가를 따라간 허리케인 경로와 플로리다주의 앞선 계획 덕분에 그들의 재난은 대참사로 번지지 않았다.

1주일 후 푸에르토리코에서는 같은 말을 할 수 없었다. 이곳에서는 사회를 완전히 갈아엎을 만한 진정한 대재난이 일어났다. 허리케인 마리아는 허리케인 어마보다 최대 풍속이나 규모가 작았지만, 허리케인의 눈이 길쭉한 섬의 한쪽 끝에서 다른 쪽 끝까지 가로질러 지나갔다. 그 바람에 푸에르토리코 주민들이 맞이한 바람은 플로리다주 대부분 지역보다 훨씬 강했다. 게다가 1주일 전에 허리케인 어마에도 피해를 입었고, 안 그래도 침체된 경제와 낡은 사회기반시설 때문에 현대사회의 기본 토대가 무너졌고, 이후로도 상상을 초월할 정도로 오랫동안 회복하지 못했다.

2017년의 맹렬했던 허리케인 철에 인간이 자연재해에 대응한 양상을 살펴보면 조심스럽게 낙관할 법도 하다. 허리케인 카트리나 때 초기 뉴스는 피해자를 탓한 반면에, 허리케인 하비 때의 뉴스는 지역사회가 힘을 합친 방식에 초점을 맞추었고 도시를 개발할 때 규제 없이 불투수성 표면흙바닥이 아니라 물이 스며들지 않는 콘크리트와 같은 표면−옮긴이을 늘리는 바람에 이런 재난이 초래되었다고 보도했다. 휴스턴은 뉴올리언스처럼 다양한 민족이 사는 도시이다. 여기서도 재난에 대응하는 와중에 약탈이 들끓었다. 그러나 이번에는 무법상태에 관한 이야기가 무성하게 퍼지지 않았다. 덕분에 인간의 공감 영역이 점차 넓어지고 있다는 희망이 생겼다.

여기서 주의할 점은 허리케인 카트리나 때 물에 잠긴 지역은 가난한 동네였던 반면에, 허리케인 하비 때에는 부유한 동네와 가난한 동네가 거의 비슷하게 물에 잠겼다는 것이다. 사람은 자신이 피해를 입을 가능성이 있을 때 더 쉽게 공감한다. 허리케인 마리아와 푸에르토리코의 피해에 대한 초기 반응으로 미루어볼 때, 미국인들은 영어를 쓰지 않는 미국인에게는 즉시 공감하지 못하는 듯하다푸에르토리코는 미국 자치령으로 스페인어를 주로 사용한다.—옮긴이.

공감은 의미 있는 출발점이다. 그런데 공감을 넘어서 행동하려 할 때 벽에 부딪힐 수 있다. 자연재해가 불러일으키는 무력감을 개인이 혼자서 극복하기가 쉽지 않기 때문이다. 주체적으로 행동하는 자세는 두려움을 이겨내는 최고의 해결책이다. 여기까지 읽은 독자라면 여러분의 집과 공동체가 자연재해를 잘 견뎌내기 위해 스스로 어떤 일을 할 수 있을지 궁금할 것이다. 첫걸음으로 알맞은 몇 가지 방법을 소개하겠다.

더 많이 배운다. 모든 도시나 마을은 어떠한 형태로든 자연재해를 겪게 마련이다. 여러분의 지역사회가 처한 자연재해 확률을 알아보고, 어느 것이 더 중대한지 합리적으로 따져보자. 예를 들어 지진의 무작위성과 불확실성은 무척 두렵지만, 어떤 곳에서는 범람이 가장 두드러진 위협일 수 있다. 과학자들이 자연재해를 정량화한 결과를 살펴보되, 그들이 정량화한 것은 지구의 변화지 자연재해가 여러분에게 미칠 영향이 아님을 명심해야 한다. 기상재해에 관해서는 해양대기청, 지질 변동으로 인한 재해에 관해서는 미국지질조사국이 제공하는 자료를 보면 된다.

지역사회가 당할 수 있는 실제 피해를 가늠해 보는 일 역시 중요하다. 그중에는 예방할 수 있는 것이 많다. 연방긴급재난관리청에는 다양한 재해가 발생했을 때의 피해 방지 전략들을 수록한 자료가 있다. 마을, 카운티, 주의 긴급재난관리청 지부도 지역에 관한 자연재해와 피해 방지 정보를 갖추고 있다. 거기에 적힌 조치들을 따르려면 비용이 많이 들 수도 있지만, 그것을 이행하면 장기적으로 큰 도움이 될 것이다.

정부가 알아서 보호해 줄 것이라고 안심하지 않는다. 내 집, 내 아파트 건물, 직장이 위치한 건물의 내구성과 안전에 관해 정부에 의존하지 말아야 한다. 여기에는 세 가지 이유가 있다. 첫째, 정부는 개인의 경제적 피해를 줄여주기 위해 내진 규정을 통과시킨 것이 아니다. 개인은 부실공사를 할 자유가 있다. 그 과정에서 자신이나 타인을 죽이지만 않는다면. 둘째, 건물을 지을 당시의 내진 규정은 현재의 기준과 다를 수 있다. 빅토리아시대에 지은 아름다운 저택에 살고 있는가? 그 저택은 내진 규정이 전혀 없을 때 지어졌다. 셋째, 내진 규정이 효력을 발휘하려면 강제로 집행되어야 한다. 직원이 모자라 업무가 밀리는 지방자치단체 건설 부서는 여러분을 보호할 수 없다.

건물주는 자신을 위해서라도 재해 확률과 건물이 재해를 견디는 능력을 조사해 볼 의무가 있다. 기초공사 전문가나 구조공학 기술자(큰 건물의 경우)에게 문의하면 된다. 건물을 튼튼하게 보강하려면 비용이 얼마나 드는지 알아보자. 세입자라면 다른 세입자, 건물주인과 대화하자. 재난이 일어났을 때 완전히 무너질 상태에 있던 건물을 사소한 피해만 입고 버틸 수 있도록 미리 보강하는 데 드는 비용은 500달러에 불과할 수도 있다.

지역 지도층과 교류한다. 로스앤젤레스의 사례에서 보았듯이 지역사회의 중요한 조치들은 지방자치단체가 주도할 수 있다. 그런데 특히 선거로 선출된 지도자는 유권자가 강하게 요구하는 일만 할 수 있다. 철저한 내진 규정을 만들고, 범람원을 보존하고, 안전한 사회기반시설을 위해 투자하는 일이 중요하다고 생각한다면 지도자에게 그 사실을 알려야 한다.

동시에 예방 조치는 계속되는 물리적 현상을 막기보다 그것을 받아들이고 맞춰줄 때 가장 효과적이라는 사실을 기억하자. 강의 흐름이나 퇴적을 막으려는 시도는 결국에는 항상 실패한다. 지진이 일어나지 않도록 막는 방법은 존재하지 않고, 앞으로도 존재하지 않을 것이다. 하지만 시에서 사회기반시설을 (당시의 법정 최저 기준만 만족하는 게 아니라) 정말로 필요한 만큼 튼튼하게 짓기로 결정하면, 사람들의 생명을 구할 수 있다. "절대로 일어나서는 안 되는 결과는 무엇이고, 그것을 막기 위해 우리는 무엇을 해야 할까?"를 생각하면 최선의 선택을 할 수 있다.

공동체와 함께 일한다. 정말 위험에 처한 것이 무엇인지 명심하자. 여러분 개개인은 아마 자연재해에서 살아남을 것이다. 폼페이 화산이 폭발했을 때조차 주민의 90퍼센트가 도망쳤다. 위험에 처한 것은 공동체, 즉 사회이다. 피해는 이미 약해진 곳에서 발생한다는 것을 우리는 알고 있다. 사람들이 서로를 알고 서로에게 관심을 가지는 공동체가 끝까지 견디는 법이다. 분열된 공동체, 자연재해에 대비해 총을 구하고 개인 벙커를 만드는 사람들의 공동체는 위험에 처해 있다. 생각하는 대로 현실이 되는 법이다. 당신이 이웃을 잠재적 적으로 대하면, 당신은 그를 적으로 만들어 사회 붕괴에 일조하는 것이다.

재난이 발생하고 수개월이나 수년 이후, 상황이 어느 정도 진정된 다음에야 공동체의 대처가 진행되고 그 미래가 시험대에 오른다. 공동체가 회복되고 번창하는 건 타인의 이익을 위해 희생하는 사람들 덕분이다. 스타인그림손은 크나큰 개인적 고통과 아픔에도 불구하고 공동체를 단결시켰다. 드카르발류는 왕과 시민들이 슬픔과 절망에 휩싸이기 전에 신속히 리스본 재건을 시작했다. 일본에서 사하라는 주부로서의 삶에서 벗어나 후쿠시마의 어머니들이 방사능의 공포에 대처하도록 돕는 활동을 주도했다. 카미타니는 과거의 삶을 남겨두고 새 보금자리가 된 오쓰치를 주민들이 꿈꾸는 미래로 이끌고 있다. 공적으로 선출된 지도자들만 재난 복구에 앞장서는 것은 아니다.

자연재해는 일어난 순간에만 영향을 끼치지 않는다는 사실을 기억한다. 재난에 효과적으로 대처하려면 우리는 공동체로서, 개인으로서 세 시기에 초점을 맞추어야 한다. 먼저 재난 이전에 건물과 시설을 적절하게 짓고 보강해야 한다. 재난이 일어나는 동안에는 효과적으로 대응해 생명을 구해야 한다. 그리고 재난 이후에는 공동체의 힘을 합해 피해를 복구해야 한다. 이 세 시기가 모두 중요하다는 사실을 인식해야 한다. 준비의 정의를 재난 대처 준비보다 폭넓게 확장할 필요가 있다.

이 일을 이웃, 친구와 함께 하기를 바란다. 재난 이전에 계획을 세워두고, 건물을 보강하고, 비상연락망과 예비 조직을 짜둔 교회나 이슬람 사원은 재난 이후에 더 큰 공동체를 재건하기 위한 구심점이 될 것이다.

스스로 생각하라. 오쓰치의 공무원들이 도호쿠 지진 직후에 쓰나미가 밀려오는 해벽 바로 뒤에서 회의를 연 것은 기존의 기술적 해결책을 지나치게 신뢰하고 의존했기 때문이다. 그들은 스스로 책임을 지는 대신에 누구인지도 모르는 과학자들의 손에 목숨을 걸었다. 다른 사람들이 정보를 주면 우리는 온 힘을 다해 그 정보를 이해해야 한다. 그러나 결국 행동은 우리 스스로 해야 한다.

✦

자연재해는 자꾸만 잦아지고 있다. 앞에서 설명했듯이 바다와 대기의 열은 맹렬한 열대저기압을 유발하는 근본적인 원인이고, 현재의 기후 변화 경향으로 인해 자연재해의 숫자와 공간적 분포는 늘어날 것으로 예상된다. 더욱 중요한 것은 도시의 확장과 도시 생활의 복잡성 증가이다. 휴대전화와 인터넷이 삶의 전반을 좌지우지하는 가운데 도시 사람들은 식품, 식수, 하수도, 전력을 가져다주는 복잡한 공급망에 점점 더 의존하고 있다. 피해를 입게 될 인원이 급격히 늘고 있다. 20세기 초에는 세계 인구의 14퍼센트만 도시에 살았는데, 지금은 절반 이상인 40억 명 가까이가 도시에 산다.[127] 그리고 많은 도시가 바닷가, 토네이도가 자주 발생하는 지역, 단층 근처, 화산 아래에 있다.

인간은 자연재해 발생 시점이 한 치의 의심도 없이 무작위적이라는 사실을 받아들여야만 한다. 우리는 각자가 겪을 대재난의 발생 시점을 영원히 예상할 수 없을지도 모른다.

인간은 자신이 하는 모든 일에서 의미를 찾는다. 어떤 차원에선 생존의 문제이다. 의미를 찾는 경향 덕분에 인간은 위험한 상황에서 규칙성을 찾고 미래에 닥칠 위협을 예측하게 되었다. 그런데 더 깊은 차원에서 보면 그런 행동을 통해 이익을 얻으려는 욕구가 드러난다. 너무 의미만 추구하다 보면 재난이 왜 우리에게 일어났는지 한탄하는 데 그치게 된다. '이웃과 힘을 합쳐 재난에 대비하고 피해를 복구하려면 어떻게 해야 할까?'라고 궁리하는 대신에 말이다.

미래는 대개 알 수 없다. 인간은 규칙성을 찾아내고 확률을 가늠해 볼 수 있지만, 시간은 한쪽 방향으로만 흐른다. 우리가 살아 있는 동안 지구의 어느 도시들이 대재난을 겪을지 알 수 없다. 하지만 어딘가에서 반드시 겪을 것이라고 확실히 말할 수 있다.

그리고 대재난이 닥쳤을 때, 거리에 상관없이 전 세계가 연결되어 있는 현대사회에서 우리 모두가 당사자가 될 것이다. 정보가 휴대전화와 컴퓨터를 통해 널리 퍼지고 피해자들의 고통을 함께 느낄 것이다. 피해자를 탓하려는 충동을 느끼고 그들이 무슨 짓을 저질러서 불운을 초래했는지 파악하려고 할 것이다. 자신이 같은 운명에 처하지 않을 이유를 찾으려 애쓸 것이다. 다시 말해서 우리는 무작위성에서 싹튼 공포를 경험할 것이다. 하지만 우리 자신과 주변 사람들의 이런 충동을 인정하고 이를 이겨내기로 마음먹을 수도 있다. 자연재해에 대한 뿌리 깊은 본능적 반응을 인정하면서, 그 대신에 인간의 풍부한 공감 능력과 서로 도우려는 의지를 북돋울 수 있다. 이제는 우리가 알게 된 지식을 바탕으로 재난에 가장 큰 상처를 입은 이들을 돕고, 미래의 자연재해로 인한 피해를 방지하는 데 힘쓸 수 있다. 자연재해는 우리 모두에게 닥칠 수 있고, 우리는 힘을 합쳐야 다시 일어설 수 있다.

이 책에는 내가 다양한 이들과 함께한 평생의 경험이 담겨 있다. 일일이 나열할 수 없을 정도로 많아서 가장 중요한 몇몇 이들만 언급하려 한다. 빠뜨린 분들께 용서를 구한다. 먼저 문학에이전트 팔리 체이스Farley Chase는 내게 연락해서 글을 써보라고 설득했고, 과학 속에서 이야기를 찾아내는 작업을 도와주었다. 더블데이 출판사의 내 담당 편집자 야니브 소하Yaniv Soha는 내가 과학자의 사고방식에서 벗어나 이야기꾼으로서의 목소리를 발견하도록 도와주었다. 소하는 나를 탁월하게 이끌어주었고 그의 보조 편집자 새러 포터Sarah Porter에게도 많은 격려를 받았다.

이 책은 두 명의 학자로부터 싹트기 시작했다. 브라운대학의 중어중문학 교수 지미 렌Jimmy Wrenn은 내가 지진학을 접하고 지진학에 평생을 바치기로 하자, 나에게 고대 중국 고전 속의 자연재해에 대한 접근법을 소개해 주었다. 옥스퍼드대학 신학과의 레지우스 신학교수이자 성공회 신부이며 내 어머니의 가까운 친구인 메릴린 매코드 애덤스Marilyn McCord Adams는 유대교와 기독교 전통에서 자연재해의 개념이 어떻게 변화했는지 가르쳐주었다.

두 분과 더불어 많은 친구와 동료가 내가 자연재해를 이해하는 데 도움을 주었다. 아이슬란드 출신인 남편 에길과 그의 가족은 아이슬란드 전통문화에 관해 많은 지식을 나누어주었고, 알렉산드라 윗제Alexandra Witze는 아이슬란드 화산의 역사에 관한 연구 내용을 나와 공유했다. 마이크 슐터스Mike Shulters는 캘리포니아주의 홍수와 관련된 과학과 사회의 상호작용을 이해할 수 있도록 도와주었고, 밥 홈스Bob Holmes는 수문학과 미시시피강에 관해 많은 지식을 전해주었다. 피터 몰너Peter Molnar는 나를 중국으로 보내주었고, 중국의 많은 친구들은 위험한 시대였는데도 자신들의 경험을 내게 털어놓았다. 케리시Kerry Sieh와 존 갈레츠카John Galetzka는 인도네시아 주변의 판구조와 더불어 현장에 나가 연구하는 지질학자들이 어떤 식으로 생각하고 일하는지를 알려주었다. 재난 방지의 사회적 측면에 관한 나의 식견은 로스앤젤레스시 시청에서의 특별한 경험과 그때 함께 일한 사람들 덕분에 깊어졌다. 특히 아일린 데커Eileen Decker, 피터 막스Peter Marx, 맷 피터슨Matt Petersen이 큰 도움이 되었다.

이 이야기는 나에게 개인적 경험을 선뜻 나눠준 많은 친구와 동료가 아니었다면 완성되지 못했을 것이다. 특히 도니엘 데이비스Donyelle Davis, 앤드리어스 데이비스Andreas Davis, 대릴

오즈비Daryl Osby, 톰 조던Tom Jordan, 사하라 마키佐原真紀, 이시모토 메구미石本めぐみ, 재키 스틸Jackie Steele, 카미타니 미오神谷未生, 에릭 가세티Eric Garcetti에게 감사한다.

미국지질조사국 다중재해 시연 프로젝트에서 나와 함께 일한 데일 콕스Dale Cox, 수 페리Sue Perry, 데이브 애플게이트Dave Applegate에게 큰 빚을 졌다. 자연재해과학을 활용하려는 정책 입안자를 지원하는 루시존스박사과학사회연구소를 세우는 데 동참한 존 브와리John Bwarie, 케이트 롱Kate Long, 이네스 피어스Ines Pearce에게도 마찬가지로 큰 도움을 받았다.

무엇보다도 37년 전부터 나의 개인적, 학문적 동반자였으며 내 삶의 주춧돌이 되어준 남편 에길 회이크손Egill Hauksson에게 깊은 고마움을 전한다.

주

들어가며

1 Jones et al., *ShakeOut Scenario*.

2 https://www.parliament.nz/en/pb/research-papers/document /00Plib-CIP051/economic-effects-of-the-canterbury-earthquakes.

3 Lucy Jones, Richard Bernknopf, Susan Cannon, Dale A. Cox, Len Gaydos, Jon Keeley, Monica Kohler, et al., *Increasing Resiliency to Natural Hazards-A Strategic Plan for the Multi-Hazards Demonstration Project in Southern Californi*a, U.S. Geological Survey Open-file Report 2007-1255, 2007, http:// pubs.er.usgs.gov/publication/ofr20071255.

1 하늘에서 유황과 불이 쏟아지다

4 John Day, "Agriculture in the Life of Pompeii," in *Yale Classical Studies*, vol. 3, ed. Austin Harmon (New Haven, CT: Yale University Press, 1932), 167.208.

5 Pliny the Elder, *Complete Works*, trans. John Bostock (Hastings, East Sussex, UK: Delphi Publishing, Ltd., 2015).

6 Pliny the Younger, *Letters*.

7 Pliny the Younger, *Letters*.

8 Pliny the Younger, *Letters*.

9 U.S. Geological Survey, "Pyroclastic Flows Move Fast and Destroy Everything in Their Path," https://volcanoes.usgs.gov /vhp/pyroclastic_flaws.html.

10 Augustine, *Confessions*, trans. H. Chadwick (Oxford: Oxford University Press, 1991).

11 St. Thomas Aquinas, *The Summa Theologica*, trans. Fathers of the English Dominican Province (New York: Benziger Bros., 1947).

2 죽은 자는 묻고 산 자는 먹여라

12 H. Morse Stephens, *The Story of Portugal* (London: T. Fisher Unwin, 1891), 355.

13 John Smith Athelstane, Conde da Carnota, *The Marquis of Pombal* (London: Longmans, Green, Reader and Dyer, 1871), 28.

14 Fordham University, "Modern History Sourcebook: Rev. Charles Davy: The Earthquake at Lisbon, 1755," https://sourcebooks.fordham.edu/mod/1755lisbonquake.asp. From Eva March Tappan, ed., *The World's Story: A History of the World in Story, Song, and Art*, vol. 5, Italy, France, Spain, and Portugal (Boston: Houghton Mifflin, 914), 618-28.

15 Judith Shklar, *Faces of Injustice* (New Haven, CT: Yale University Press, 1990), 51.

16 Susan Neiman, *Evil in Modern Thought* (Princeton, NJ: Princeton University Press, 2004), 39.

17 Ryan Nichols, "Re-evaluating the Effects of the 1755 Lisbon Earthquake on Eighteenth-Century Minds: How Cognitive Science of Religion Improves Intellectual History with Hypothesis Testing Methods," *Journal of the American Academy of Religion* 82, no. 4 (December 2014): 970.1009.

18 Voltaire (Francois-Marie Arouet), "Poem on the Lisbon Disaster," in *Selected Works of Voltaire*, trans. Joseph McCabe (London: Watts, 1948), https://en.wikisource.org/wiki/Tolera tion_and_other_essays/Poem_on_the_Lisbon_Disaster.

19 Kenneth Maxwell, "The Jesuit and the Jew," *ReVista: Harvard Review of Latin America*, "Natural Disasters: Coping with Calamity" (Winter 2007). https://revista.drclas.harvard.edu/book/jesuit-and-jew.

20 Voltaire (Francoise-Marie Arouet), *Candide* (New York: Boni and Liveright, Inc., 1918), http://www.gutenberg.org/files/19942/19942-h/19942-h.htm.

21 John Wesley, *Serious Thoughts Occasioned by the Late Earthquake at Lisbon* (Dublin, 1756).

3 전 지구적인 재난

22 Katherine Scherman, *Daughter of Fire: A Portrait of Iceland* (Boston: Little, Brown and Co., 1976), 71.

23 Jon Steingrimsson, *Fires of the Earth: The Laki Eruption, 1783-1784*, trans. Keneva Kunz (Reykjavik: University of Iceland Press, 1998).

24 Alexandra Witze and Jeff Kanipe, *Island on Fire* (New York: Penguin Books, 2014), 87.

25 Witze and Kanipe, *Island on Fire*, 174.

26 Witze and Kanipe, *Island on Fire*, 120.

4 왜 우리는 재난을 망각하는가

27 Sherburne F. Cook, *The Population of the California Indians, 1769-1970* (Berkeley: University of California Press, 1976).

28 A Brief History of the California Geological Survey, http://www.conservation.ca.gov/cgs/cgs_history.

29 William H. Brewer, *Up and Down California in 1860-1864*, ed. Francis Farquhar (New Haven, CT: Yale University Press, 1930), book 3, chapter 1.

30 W. L. Taylor and R. W. Taylor, *The Great California Flood of 1862* (The Fortnightly Club of Red-lands, California, 2007), http://www.redlandsfortnightly.org/papers/Taylor06.htm.

31 Brewer, *Up and Down California*, book 4, chapter 8.

32 "Decrease of Population in California," *New York Times*, October 17, 1863, http://www.nytimes.com/1863/10/17/news/decrease-of-population-in-california.html.

5 단층 찾기, 희생양 찾기

33 David Bressan, "Namazu the Earthshaker," *Scientific American*, March 10, 2012, https://blogs.scientificamerican.com/history-of-geology/namazu-the-earthshaker/.

34 Joseph Needham, *Science and Civilisation in China*, vol. 2, *History of*

Scientific Thought (Cambridge: Cambridge University Press, 1956).

35 Haiming Wen, *Chinese Philosophy* (Cambridge: Cambridge University Press, 2010), 71.

36 W. T. De Bary, *Sources of Japanese Tradition*, vol. 1 (New York: Columbia University Press, 2001), 68.

37 Gregory Smits, "Shaking Up Japan," in *Journal of Social History* (Summer 2006): 1045.78.

38 Cliff Frohlich and Laura Reiser Wetzel, "Comparison of Seismic Moment Release Rates Along Different Types of Plate Boundaries," *Geophysics Journal International* 171, no. 2 (2007): 909-20.

39 Joshua Hammer, *Yokohama Burning* (New York: Simon and Schuster 2006), 86.

40 Smits, "Shaking Up Japan."

41 Sonia Ryang, "The Great Kanto Earthquake and the Massacre of Koreans in 1923: Notes on Japan's Modern National Sovereignty," *Anthropological Quarterly* 76, no. 4 (Autumn 2003): 731-48.

6 홍수가 드러낸 사회의 어둠

42 De la Vega, *L'Inca Garcilaso, Historia de la Florida* (Paris: Chez Jean Musier Libraire, 1711), http://international.loc.gov/cgi-bin/query/r?intldl/ascfrbib:@OR(@field(NUMBER+@od2(rbfr+1002))).

43 John Barry, *Rising Tide: The Great Mississippi Flood of 1927 and How It Changed America* (New York: Simon and Schuster, 2007), 547.

44 A. A. Humphries and Henry L. Abbot, "Report upon the physics and hydraulics of the Mississippi River; upon the protection of the alluvial region against overflow: and upon the deepening of the mouths: based upon surveys and investigations made under the acts of Congress directing the topographical and hydrographical survey of the delta of the Mississippi River, with such investigations as might lead to determine the most practicable plan for securing it from inundation, and the best

mode of deepening the channels at the mouths of the river" (Washington, DC: Government Printing Office, 1867), https://catalog.hathitrust.org/Record/001514788.

45 Mark Twain (Samuel Clemens), *Life on the Mississippi* (Boston: James R. Osgood and Co., 1883).

46 J. D. Rodgers, "Development of the New Orleans Flood Protection System Prior to Hurricane Katrina," in *Journal of Geotechnical and Geoenvironmental Engineering* 134, no. 5 (May 2008).

47 U.S. Army Corps of Engineers, *Annual Report of the Chief of Engineers for 1926* (Washington, DC, 1926), 1793.

48 Kevin Kosar, *Disaster Response and Appointment of a Recovery Czar: The Executive Branch's Response to the Flood of 1927*, CRS Report for Congress, Congressional Research Service, October 25, 2005, https://fas.org/sgp/crs/misc/RL33126.pdf.

49 George H. Nash, The Life of Herbert Hoover, vol. 1, *The Engineer, 1874-1914 (New York: W. W. Norton and Company, 1996), 292-93.*

50 Barry, *Rising Tide*, 270.

51 Alfred Holman, "Coolidge Popular on Pacific Coast," *New York Times*, February 27, 1927.

52 "Veto of the Texas Seed Bill," Daily Articles by the Mises Institute, August 20, 2009, https://mises.org/library/veto-texas-seed-bill.

53 Calvin Coolidge, "Speeches as President (1923-1929): Annual Address to the American Red Cross, 1926," archived by the Calvin Coolidge Presidential Foundation, https://coolidgefounda tion.org/resources/speeches-as-president-1923-1929-17/.

54 Winston Harrington, "Use Troops in Flood Area to Imprison Farm Hands," *Chicago Defender*, May 7, 1927.

55 Barry, Rising Tide, 382.

56 American National Red Cross, Colored Advisory Committee, *The Final Report of the Colored Advisory Commission Appointed to Cooperate with*

the American National Red Cross and President's Committee on Relief Work in the Mississippi Valley Flood Disaster of 1927 (American Red Cross, 1929).

57 "Flood Victim Exposes Acts of Red Cross," *Chicago Defender*, October 15, 1927.

7 정치와 재난의 상관관계

58 Peter Molnar and Paul Tapponier, "Cenozoic Tectonics of Asia: Effects of a Continental Collision," *Science* 189, no. 420 (August 8, 1975): 419-26.

59 Jeffrey Wasserstrom, *China in the 21st Century: What Everyone Needs to Know* (New York: Oxford University Press, 2013).

60 Wang et al., "Predicting the 1975 Haicheng Earthquake."

61 Q. D. Deng, P. Jiang, L. M. J ones, and P. Molnar, "A Preliminary Analysis of Reported Changes in Ground Water and Anomalous Animal Behavior Before the 4 February 1975 Haicheng Earthquake," in *Earthquake Prediction: An International Review*, Maurice Ewing Series, vol. 4, ed. D. W. Simpson and P. G. Richards (Washington, DC: American Geophysical Union, 1981), 543-65.

62 Wang et al., "Predicting the 1975 Haicheng Earthquake," 770.

63 Wang et al., "Predicting the 1975 Haicheng Earthquake," 779.

64 James Palmer, *Heaven Cracks, Earth Shakes: The Tangshan Earthquake and the Death of Mao's China* (New York: Basic Books, 2012).

65 Tu Wei-Ming, "The Enlightenment Mentality and the Chinese Intellectual Dilemma," in *Perspectives on Modern China: Four Anniversaries*, ed. Kenneth Lieberthal, Joyce Kallgren, Roderick MacFarquhar, and Frederic Wakeman (London and New York: Routledge, 2016).

66 Palmer, *Heaven Cracks, Earth Shakes*.

67 Ross Terrill, The White-Boned Demon: A Biography of Madame Mao Zedong (New York: William Morrow and Co., 1984).

8 재난에는 국경이 없다

68 Z. Duputel, L. Rivera, H. Kanamori, and G..W. Hayes, "Phase Source Inversion for Moderate to Large Earthquakes (1990.2010)," *Geophysical Journal International* 189, no. 2 (2012): 1125-47.

69 James Meek, "From One End to Another, Leupueng Has Vanished as If It Never Existed," *Guardian*, December 31, 2004, https://www.theguardian.com/world/2005/jan/01/tsunami2004.jamesmeek.

70 Betwa Sharma, "Remembering the 2004 Tsunami," *Huffington Post India*, December 26, 2014, http://www.huffingtonpost.in/2014/12/26/tsunami_n_6380984.html.

71 K. Sieh, "Sumatran Megathrust Earthquakes: From Science to Saving Lives," *Philosophical Transactions of the Royal Society of London* 364 (2006): 1947-63.

9 실패에서 배워야 하는 것들

72 Hurricane Research Division, National Oceanic and Atmospheric Administration, "Frequently Asked Questions," http://www.aoml.noaa.gov/hrd/tcfaq/E11.html.

73 David Woolner, "FDR and the New Deal Response to an Environmental Catastrophe," *The Blog of the Roosevelt Institute*, June 3, 2010, http://rooseveltinstitute.org/fdr-and-new-deal-response-environmental-catastrophe/.

74 Madhu Beriwal, "Hurricanes Pam and Katrina: A Lesson in Disaster Planning," *Natural Hazards Observer*, November 2, 2005.

75 Robert Giegengack and Kenneth R. Foster, "Physical Constraints on Reconstructing New Orleans," in *Rebuilding Urban Places After Disaster*, ed. E. L. Birch and S. M. Wachter (Philadelphia: University of Pennsylvania Press, 2006), 13-32.

76 American Society of Civil Engineers Hurricane Katrina External Review Panel, *The New Orleans Hurricane Protection System: What Went Wrong*

and Why (American Society of Civil Engineers, May 1, 2007).

77 Beriwal, "Hurricanes Pam and Katrina: A Lesson in Disaster Planning."

78 Madhu Beriwal, "Preparing for a Catastrophe: The Hurricane Pam Exercise," statement before the Senate Homeland Security and Governmental Affairs Committee, January 24, 2006, https://www.hsgac.senate.gov/download/012406beriwal.

79 "Chertoff: Katrina Scenario Did Not Exist," *CNN*, September 5, 2005, http://www.cnn.com/2005/US/09/03/katrina.chertoff/

80 R. Knabb, J. Rhome, and D. Brown, *Tropical Cyclone Report: Hurricane Katrina 23-30 August 2005* (Miami: National Hurricane Center, 2006), available at www.nhc.noaa.

81 Sun Herald Editorial Board, "Mississippi's Invisible Coast," *Sun Herald* (Mississippi), December 14, 2005, http://www.sunherald.com/news/local/hurricane-katrina/article36463467.html.

82 The White House, "The Federal Response to Hurricane Katrina: Lessons Learned," https://georgewbush-whitehouse.archives.gov/reports/katrina-lessons-learned/index.html.

83 U.S. Department of Health and Human Services, "Secretary's Operations Center Flash Report #6," August 30, 2005, quoted in The White House, "The Federal Response to Hurricane Katrina: Lessons Learned," https://georgewbush-whitehouse.archives.gov/reports/katrina-lessons-learned/index.html.

84 Scott Gold, "Trapped in an Arena of Suffering," *Los Angeles Times*, September 1, 2005, http://articles.latimes.com/2005/sep/01/nation/na-superdome1/.

85 Carl Bialik, "We Still Don't Know How Many People Died Because of Katrina," *FiveThirtyEight*, August.26, 2015, https://fivethirtyeight.com/features/we-still-dont-know-how-many-people-died-because-of-katrina/.

86 "Despite Huge Katrina Relief, Red Cross Criticized," *NBC News*, September 28, 2005, http://www.nbcnews.com/id/9518677/ns/us_

news-katrina_the_long_road_back/t/despite-huge-katrina-relief-red-cross-criticized/#.WWLCzdNuIkg.

87 Select Bipartisan Committee to Investigate the Preparation for and Response to Hurricane Katrina, *A Failure of Initiative*, 109th Congress, Report 109-377, February 15, 2006, http://www.congress.gov/109/crpt/hrpt377/CRPT-109hrpt377.pdf.

88 United States Senate, Committee on Homeland Security and Governmental Affairs, *Hurricane Katrina: A Nation Still Unprepared*, 109th Congress, Session 2, Special Report 109-322, U.S. Government Printing Office, 2006, https://www.hsgac.senate.gov/download/s-rpt-109-322_hurricane-katrina-a-nation-still-unprepared.

89 Russel L. Honore, Survival (New York: Atria Books, 2009), 103.

90 Interview with Daryl Osby, Los Angeles County fire chief, May 8, 2017.

91 Spencer Hsu, Joby Warrick, and Rob Stein, "Documents Highlight Bush-Blanco Standoff," *Washington Post*, December 4, 2005, http://www.washingtonpost.com/wp-dyn/content/article/2005/12/04/AR2005120400963.html.

92 "New Orleans Police Fire 51 for Desertion," *NBC News*, October 31, 2005, http://www.nbcnews.com/id/9855340/ns/us_news-katrina_the_long_road_back/t/new-orleans-police-fire-desertion/#.WTxrBBP1Akh.

93 United States Department of Justice Civil Rights Division, *Investigation of the New Orleans Police Department*, March 16, 2011. https://www.justice.gov/sites/default/files/crt/legacy/2011/03/17/nopd_report.pdf.

94 Campbell Robertson, "Nagin Guilty of 20 Counts of Bribery and Fraud," New York Times, February 13, 2014, https://www.nytimes.com/2014/02/13/us/nagin-corruption-verdict.html.

95 Jeff Zeleny, "$700 million in Katrina Relief Missing," *ABC News*, April 3, 2013, http://abcnews.go.com/Politics/700-million-katrina-relief-funds-missing-report-shows/story?id=18870482.

96 "Looters Take Advantage of New Orleans Mess," *NBC News*, August 30,

2005, http://www.nbcnews.com/id/9131493/ns/us_news-katrina_the_
long_road_back/t/looters-take-advantage-new-orleans-mess/.

97 "Relief Workers Confront 'Urban Warfare,'" *CNN*, September 1, 2005,
http://www.cnn.com/2005/WEATHER/09/01/katrina.impact/.

98 Honore, *Survival*, 16.

99 "New Orleans Police Officers Cleared of Looting," *NBC News*, March
20, 2006, http://www.nbcnews.com/id/11920811/ns/us_news-katrina_
the_long_road_back/t/new-orleans-police-officers-cleared-looting/#.
WVlTPhP1Akg.

100 Trymaine Lee, "Rumor to Fact in Tales of Post-Katrina Violence," *New
York Times*, August 26, 2010, http://www.nytimes.com/2010/08/27/
us/27racial.html.

101 John Burnett, "Evacuees Were Turned Away from Gretna, LA," *National
Public Radio*, September 20, 2005, http://www.npr.org/templates/story/
story.php?storyId=4855611.

102 Lee, "Rumor to Fact in Tales of Post-Katrina Violence."

103 John Simerman, "Nine Years Later, Katrina Shooting Case Delayed In-
definitely," *New Orleans Advocate*, August 14, 2014, http://www.thead-
vocate.com/new_orleans/news/article_736270ed-87ff-58fa-afa4-
9b14702854ec.html.

104 "Danziger Bridge Officers Sentenced: 7 to 12 Years for Shooters, Cop in
C over-up Gets 3," *Times-Picayune* (New Orleans), April 21, 2016,
http://www.nola.com/crime/index.ssf/2016/04/danziger_bridge_offi-
cers_sente.html.

10 과학은 재난에 책임을 져야 할까

105 Pliny the Elder, *Complete Works*, trans. John Bostock (Hastings, East
Sussex, UK: Delphi Publishing, Ltd., 2015), chapter 81.

106 Pliny the Elder, *Complete Works*, chapter 82.

107 P. Gasperini, B. Lolli, and G. Vannucci, "Relative Frequencies of Seismic

Main Shocks After Strong Shocks in Italy," *Geophysics Journal International* 207 (October 1, 2016): 150-59.

108 International Commission on Earthquake Forecasting for Civil Protection, "Operational Earthquake Forecasting, State of Knowledge and Guidelines for Utilization," *Annals of Geophysics* 54, no. 4 (2011).

109 Richard A. Kerr, "After the Quake, in Search of the Science-or Even a Good Prediction," *Science* 324, no. 5925 (April.17, 2009): 322.

110 Thomas Jordan, "Lessons of L'Aquila, for Operational Earthquake Forecasting," *Seismological Research Letters* 84, no. 1 (2013).

111 Jordan, "Lessons of L'Aquila," 5.

112 Stephen Hall, "Scientists on Trial: At Fault?" *Nature* 477 (September 14, 2011): 264-69.

113 Hall, "Scientists on Trial: At Fault?"

114 John Hooper, "Pope Visits Italian Village Hit Hardest by Earthquake," *Guardian*, April 28, 2009.

115 Jordan, "Lessons of L'Aquila."

116 Edwin Cartlidge, "Italy's Supreme Court Clears L'Aquila Earthquake Scientists for Good," *Science Magazine*, November 20, 2015, http://www.sciencemag.org/news/2015/11/italy-s-supreme-court-clears-l-aquila-earthquake-scientists-good.

11 상처를 딛고 일어서는 법

117 Japanese Meteorological Agency, *Lessons Learned from the Tsunami Disaster Caused by the 2011 Great East Japan Earthquake and Improvements in JMA's Tsunami Warning System*, October 2013, http://www.data.jma.go.jp/svd/eqev/data/en/tsunami/LessonsLearned_Improvements_brochure.pdf.

118 World Nuclear Association, *Fukushima Accident*, updated April 2017, http://www.world-nuclear.org/information-library/safety-and-security/safety-of-plants/fukushima-accident.aspx.

119 *Scientific American*, "Fukushima Timeline," https://www.scientificameri-

can.com/media/multimedia/0312-fukushima-timeline/.

120 "Timeline: Japan Power Plant Crisis," BBC, March 13, 2011. http://www.bbc.com/news/science-environment-12722719.

121 *Scientific American*, "Fukushima Timeline."

122 Mizuho Aoki, "Down but Not Out: Japan's Anti-nuclear Movement Fights to Regain Momentum," *Japan Times*, March 11, 2016, http://www.japantimes.co.jp/news/2016/03/11/national/not-japans-anti-nuclear-movement-fights-regain-momentum/#.WVBl5RP1Akg.

12 미래의 재난에 대비하기

123 Kenneth Reich, "'71 Valley Quake a Brush with Catastrophe," *Los Angeles Times*, February 4, 1996, http://articles.latimes.com/1996-02-04/news/mn-32287_1_san-fernando-quake.

124 "Preparedness Now, the Great California Shakeout," https://www.youtube.com/watch?v=8Z5ckzem7uA.

125 Suzanne Perry, Dale Cox, Lucile Jones, Richard Bernknopf, James Goltz, Kenneth Hudnut, Dennis Mileti, Daniel Ponti, Keith Porter, Michael Reichle, Hope Seligson, Kimberly Shoaf, Jerry Treiman, and Anne Wein, *The ShakeOut Earthquake Scenario-a Story That Southern Californians Are Writing*, U.S. Geological Survey Circular 1324 and California Geological Survey Special Report 207 (2008), http://pubs.usgs.gov/circ/1324/.

126 Editorial Board, "The Mayor and Preparing for the Big One," *Los Angeles Downtown News*, December 15, 2014, http://www.ladowntownnews.com/opinion/the-mayor-and-preparing-for-the-big-one/article_24cf801a-824a-11e4-a595-1f0a5bc2e992.html.

127 *The World Population Prospects, the 2007 Revision*, United Nations Publications, www.un.org/esa/population/publications/up2007/2007WUP_Highlights_web.pdf.

참고문헌

이 책을 쓸 때 참고한 문헌과 자연재해를 더 깊이 공부하는 데 좋은 자료를 정리
했다.

Barry, John. *Rising Tide: The Great Mississippi Flood of 1927 and How It Changed America*. New York: Simon and Schuster, 2007.

Birch, Eugenie, and Susan Wachter. *Rebuilding Urban Places After Disaster*. Philadephia: University of Pennsylvania Press, 2006.

Brewer, William H. *Up and Down California in 1860–1864*. Edited by Francis Farquhar. New Haven, CT: Yale University Press, 1930. Available online at http://www.yosemite.ca.us/library/up_and_down_california/.

Byock, Jesse. *Viking Age Iceland*. London: Penguin Books, 2001.

Carnota, John Smith Athelstane, Conde da. *The Marquis of Pombal*. London: Longmans, Green, Reader and Dyer, 1871.

Honore, Russel L. *Survival*. New York: Atria Books, 2009.

Hough, Susan. *Earth Shaking Science: What We Know (and Don't Know) About Earthquakes*. Princeton, NJ: Princeton University Press, 2002.

Jones, Lucile M., Richard Bernknopf, Dale Cox, James Goltz, Kenneth Hudnut, Dennis Mileti, Suzanne Perry, et al. *The ShakeOut Scenario*. U.S. Geological Survey Open-File Report 2008-1150 and California Geological Survey Preliminary Report 25, 2008. http//pubs.usgs.gov /of/2008/1150/.

Jordan, Thomas. "Lessons of L'Aquila for Operational Earthquake Forecasting." *Seismological Research Letters* 84, no. 1 (2013): 4-7.

Meyer, Robert, and Howard Kunreuther. *The Ostrich Paradox: Why We Underprepare for Disasters*. Philadelphia: Wharton Digital Press, 2017.

Mileti, Dennis. *Resilience by Design: A Reassessment of Natural Hazards in the United States*. Washington, DC: Joseph Henry Press, 1999.

National Research Council. *Living on an Active Earth*. Washington, DC: The

National Academies Press, 2003.

Palmer, James. Heaven Cracks, *Earth Shakes: The Tangshan Earthquake and the Death of Mao's China*. New York: Basic Books, 2012.

Perry, Suzanne, Dale Cox, Lucile Jones, Richard Bernknopf, James Goltz, Kenneth Hudnut, Dennis Mileti, et al. *The ShakeOut Earthquake Scenario: A Story That Southern Californians Are Writing*. U.S. Geological Survey Circular 1324 and California Geological Survey Special Report 207, 2008. http://pubs.usgs.gov/circ/1324/.

Pliny the Elder. *Complete Works*. Translated by John Bostock. Hastings, East Sussex, UK: Delphi Publishing, Ltd., 2015.

Pliny the Younger. "Letter LXV," *The Harvard Classics*, IX, Part 4. Edited by Charles W. Eliot. New York: Bartleby: 1909.

Porter, Keith, Anne Wein, Charles Alpers, Allan Baez, Patrick L. Barnard, James Carter, Alessandra Corsi, et al. *Overview of the ARkStorm Scenario*. U.S. Geological Survey Open-File Report 2010-1312, 2011.

Scherman, Katherine. *Daughter of Fire: A Portrait of Iceland*. Boston: Little, Brown and Co., 1976.

Steingrimsson, Jon. *Fires of the Earth: The Laki Eruption, 1783–1784*. Translated by Keneva Kunz. Reykjavik: University of Iceland Press, 1998.

Wang, Kelin, Qi-Fu Chen, Shihong Sun, and Andong Wang. "Predicting the 1975 Haicheng Earthquake." *Bulletin of the Seismological Society of America* 96, no. 3 (June 2006): 757–95.

Witze, Alexandra, and Jeff Kanipe. *Island on Fire*. New York: Pegasus Books, 2014.

재난의 세계사

미래의 자연재해에 맞서기 위한 과거로부터의 교훈

초판 1쇄 발행일 **2020년 4월 20일**
초판 2쇄 발행일 **2021년 5월 17일**

지은이 **루시 존스**
옮긴이 **권에리**
감수자 **홍태경**

펴낸이 **김효형**
펴낸곳 **(주)눌와**
등록번호 **1999.7.26. 제10-1795호**
주소 **서울시 마포구 월드컵북로16길 51, 2층**
전화 **02-3143-4633**
팩스 **02-3143-4631**
페이스북 **www.facebook.com/nulwabook**
인스타그램 **www.instagram.com/nulwa1999**
블로그 **blog.naver.com/nulwa**
전자우편 **nulwa@naver.com**
편집 **김선미, 김지수, 임준호**
디자인 **이현주**

책임편집 **김지수**
표지·본문디자인 **이현주**

제작진행 **공간**
인쇄 **현대문예**
제본 **장항피앤비**

ⓒ**눌와, 2020**
ISBN **979-11-89074-17-3 03900**